八重山・祭りの源流

シチとプール・キツガン

大城公男

榕樹書林

RYUKYUKO LIBRARY 31

八重山諸島

調査地

鳩間島
ユクジ湾
川平
崎枝湾
川平湾
於茂登岳
名蔵湾
石垣島
(石垣市)
石垣空港
シカムラ
宮良
白保
大浜
竹富島
小浜島
由布島
干立
船浦
祖納
フカバナリ（外離島）
ウチバナリ（内離島）
高那
古見岳
美原
西表島
古見
大富
豊原
大原
新城島
黒島
波照間島
上ノ根島
横当島
大島
喜界島
与路島
加計呂麻島
硫黄鳥島
請島
徳之島
沖永良部島
東シナ海
伊平屋島
与論島
伊是名島
伊江島
鳥島
粟国島
渡名喜島
久米島
沖縄本島
座間味島
渡嘉敷島
慶良間諸島
久場島（黄尾嶼）
大正島（赤尾嶼）
魚釣島
尖閣諸島
北大東島
南大東島
大東諸島
宮古諸島
池間島
伊良部島
大神島
宮古島
水納島
多良間島
下地島
伊良部島
鳩間島
小浜島
与那国島
西表島
石垣島
新城島
竹富島
黒島
波照間島
八重山諸島
太平洋
沖大東島

ナカマムリ（仲間岡、左）とシシムリ（シシ岡、右）。川平村発祥の地とされ、一帯は「川平貝塚」として国指定の史跡

祖納集落。右手はシチの祭場となる前泊浜。沖の小島はマルマブンサン。大正時代の末頃まで、村は岬の高台にあり、「上村」と呼ばれた。（写真提供：竹富町役場）

前良川（マイラ）の河口左に位置するウチミチャリ（内三離島、右）とフカミチャリ（外三離島、左）。ウチミチャリにはかつて「クロマタ神」が出現したといわれる「三離御嶽」があった。（古見村）

綱引き前のガーリー(乱舞)。ここでは男たちが主人公である

ムラプールのツィナヌムン。東から神が幼児を伴って現れる。幼児の一人は印し旗を持ち、他の一人は豊穣の象徴であるイネ、アワの籠を持つ(石垣市シカムラ)

二人の幼児からイネ、アワの籠を受けるマイツバオン(真乙姥御嶽)のツカサ

ユンタ巻踊り(始番狂言、竹富島のキツガン)

研いでもらった犂を牛に引かせて試す(カンザクキョンギン、小浜島のキツガン)

宮島御嶽イビ内の祭儀（石垣村のオンプール　写真提供：市川規子氏）

川平村のマユンガナシ
（撮影・提供：平井順光氏）

フダツミとアンガー(踊り子)たち(祖納村のシチ　撮影・写真提供：平井順光氏)

アンガー踊り子(祖納村のシチ)

はじめに

八重山地方には大小多種多様な形態の祭りが存在する。その中で、シチ・プール・キツガンは、年中行事の中で最も大きな祭りと位置づけられている。しかし、プールはすべての村で行われているが、キツガンは行う村と行わない村があり、さらに行う村でも毎年行う村と、期間を決めて行う村に分かれる。シチは、戦後のある時期まではほとんどの村で行われていたが、現在は数か村で行われているだけである。

この三者、全く異なる祭りであるが、成立の上では切り離せない関係にある。源はシチである。『琉球国由来記』(一七一三年)に、「七月中に亥日節之事　由来年帰しとて家中掃除家蔵辻迄改め諸道具至迄洗拵皆々年縄を引き三日遊ひ申也」の記述がある。この文の中の「節之事」がシチである。これから、シチ(節)は正月であったこと、七月(旧暦)に行われていたことがわかる。そして、「三日遊ひ申也」は、正月に続けて行われた予祝祭であった。

この祭りの前には、六月にシュビニガイと呼ばれる祭りがあった。すべての農作物の収穫を終え、一年の神の加護を感謝し、願解きをする。それから二〇日あまりでシチが来る。つまり、一年はシチで始まり、シュビニガイで終わる構図である。シュビニガイからシチまでの二〇日あまり、人々は物忌みに入り、すべての農作業を休み、歌舞音楽はいうに及ばず、大きな物音を立てない控えた日常生活を送った。

ところが、現在はその間にプールとキツガンが設定されている、祭りだけを一年の時間軸で見るならば、シチ・シュビニガイ・プール・キツガンと続き、そして次の年のシチが来るサイクルである。この連続する祭りが、実践される場(村)で、そして実践される過程(年月)で、例えばある村では来訪神が出現するなど、多様な形態に発展した。このような現象はどのようにして生まれたのか。一つ一つの儀礼は、どのような意味付けで導入されたのか。このようなことを考えてみたいと思っている。

八重山の祭りについては多くの先学者、喜舎場永珣・伊波普猷・牧野清・宮良賢貞・柳田國男・折口信夫・石垣博孝・宮良高弘・比嘉政夫・伊藤幹治・小野重朗・佐々木高明などなどの名前とすぐれた業績がたちまちに思い浮かぶ。それらの研究・報告は歴史学・民俗学・宗教学・民族学など、多方面に及ぶ。それでも、あえてこの問題を取り上げてみたいと惹かれたのは、八重山の祭りを単独にではなく、このような視点で考察してみようと思ったからである。

本書の題は、「八重山・祭りの源流」とした。一つには、「八重山の祭り」では、祭りすべてを網羅するような誤解を与えると思うからである。そして二つには、テーマをシチとプール・キッガンの関係に限定し、記録ではなく、考察と解釈に重点を置いているからである。調査地も、これらの祭りを行うすべての地域を取り上げていない。すべての地域を訪ねることができない物理的理由もあったが、推して他を知ることができるという判断もあったからである。とはいっても、学術論文のスタイルは取っていない。文章も、読みやすいことに心掛けた。

八重山地方の民俗を調査し、まとめるには用語に戸惑う。八重山地方には島の数だけ言葉(方言)があると言われる。同じ事柄を表現するにも、島により微妙に違う。「節之事」(『由来記』)でもシチ・シツ・節・節祭・節祭りなどと呼ばれる。本書においては、「シチ」で通すことにする。一般に豊年祭と呼ばれる祭りも、プール・プーリィ・ポーロなどの呼び方があるが、これも「プール」で通す。また結願祭については、「キッガン」を使うことにした。

祭儀や祭祀組織に関してはさらに分かりにくい。村には守護神を祀り、村人の信仰の基盤となる拝所がある。それもヤマ・ウガン・ワー・ウッカンなどと呼ばれる。これについては、学術用語として一般に通っている「御嶽（うたき）」を用いる。御嶽には神を祀る女性神職と男性神職がいる。最も重要な女性神職は、ツカサ・カン（神）ツカサ・チカー・サカサなどと呼ばれるが、こちらはより一般的と思われる「（カン）ツカサ」を用いる。男性神職にはティジリビ・ティジリベ、チチビなどの呼び方がある。これについては「ティジリビ」を用いる。

祭儀と祭祀については一般的、恒常的な行為については「祭祀」を、個々の具体的な、祭りに伴う限定的行為については「祭儀」を用いている。また前者に関連して「祀る」、後者に関連して「祭る」を用いることにした。これらの用語は生活と密接に結びついた、いわば土地のにおいのする言葉である。かたくなに定義付けして、一般化できない場合もある。そのようなときは柔軟に説明して、土地の人々に従うことにした。

本書には調査した村々の歌謡・ニガイフチ（願い口、唱え言）をかなりの数取り挙げている。それらを当地の人々の発音通りに表記することは困難である。ここでは、一般の人の耳に聞こえるままをカタカナで表記し、訳あるいは大意を日本語で書き表すことにした。当地の人々から見れば不自然に思われるかもしれないが、お許し願いたいと思う。

八重山・祭の源流—シチとプール・キツガン／目　次

本書掲載の写真でことわりなきは私自身の撮影によるものである。
それ以外はすべて許可を得た上で、提供者名を記してある。

第一部　シチと祖霊

第一章　祭りの発生と設定

一　イモとアワの古代文化

九州の南から弓なりに連なる島嶼郡は南西諸島と言われるが、その先端の海域に石垣・西表の両島を中心として散在する島々はまとめて「先島諸島」、あるいは「八重山諸島」と呼ばれる。その地域の政治・経済・文化の中心となる石垣市（石垣島）は鹿児島から一一二〇km、沖縄本島の那覇からは四三〇kmの距離にある。今では石垣空港から日本全土へ数時間で行ける距離であるが、かつては文字通り「先の島」であった。最西端の与那国島からは台湾が見え、最南端の波照間島からは南十字星が見える。

今日では、一般に「ヤエヤマ」と呼ぶことが多い。「八重山」と表記されるが、歴史的には、その以前から「ヤエマ」・「ヤイマ」と呼ばれていたようである。名称の由来ははっきりしない。石垣島には沖縄県内で最も高いオモトダケ（於茂登岳、五二六m）があり、西表島《いりおもて》には二番目に高いコミダケ（古見岳、四六九・五m）がある。山々が連なって見えるその景観から、「八重山」の名称が自然に発生したのかもしれない。

八重山諸島は大小一九の島々から成り立っている。そのうち、人の住む有人島は石垣・竹富・黒島・上地《かみじ》・小浜・西表・鳩間・波照間・与那国の島々で、他は無人島である。行政区画としては石垣島一島と無人島の尖閣列島を含めて石垣市、与那国島一島で与那国町、他は竹富町で一市・二町の構成となる。竹富町は島々が多く、集落も散在してそれぞれの間の連絡は困難である。何より行政上効率が悪い。それゆえ、町役場は石垣市に置かれてきた。石垣市は経済・文化の中心であり、高等学校がある。竹富町の離島の人々は石垣市から生活用品を仕入れ、子供を石垣市にある高等学校へ通わせる。石垣市との関係が深いのである。しかし、町役場が他の行政区にあるのは不自然として、町内の西表島に移そうとする動きも出ているようである。

考古学や歴史学の研究によると、日本本土の縄文文化が早くから沖縄本島や周辺の島々まで南下し（約六〇〇〇年前）、続く弥生文化の一部も南漸していたが、それらは先島までは届かなかった。沖縄本島と宮古島とは三〇〇km離れている。その間には、水深約一〇〇〇mの宮古凹地がある。当時の人々の交通手段では、その海域を越えて南下することは不可能であった。この障害は南から北上する人々にとっても同じで、両地域間で安定的な通交が行われるようになるには一二世紀ごろまで待たなければならなかった。

八重山地方には一〇世紀ごろ、沖縄本島の影響を受けない独自の文化が形成されていたという。地理的空間で見ると、八重山諸島は大陸や南方の島々と距離的に近い。そして、島々を包むように黒潮が北上して流れている。八重山文化の源流は南方の島々にあるといわれる。先史時代のはるか昔、南方の島々、たとえばバタン島やバブヤン諸島方面から焼畑農耕と漁労を生業とする人々が黒潮に乗って北上してきた。彼らは波照間島や西表島にたどり着き、さらに他の島々へと拡散していった。以下は、主として佐々木高明氏の御教示による（『南からの日本文化』上）。

彼らが持ってきた焼畑農耕の作物はヤムイモ（サツマイモではない）で、ウビと呼ばれていた。そのウビがウモとなり、さらにウム（ンム）となって沖縄語に、ウンとなって八重山方言になった。そしてさらに変化して、日本語のイモ（芋）になったという。イモは後にサツマイモが導入され、それも含め、一千年近く人々の生活を支えてきたことになる。イモを祭る祭儀があり、またイモを供物とする祭りがあるのも頷けるのである。

イモの文化をもたらした人々は、海からの獲物を燻製にして保存する漁労の知識と技術も持っていた。獲物はトビウオとシイラであった。そこで思い出すことがある。八重山地方の大きな年中行事の祭儀では、「クバン」(クッパンとも)が重要な供物となる。燻製にした魚肉を二cm角、長さ一〇cmほどの短冊に切りそろえ、五本・七本・九本を束ねて供える。これなどは、燻製の魚が遠い先祖たちの貴重な食料であったという意識が、聖なる供物、神饌として形を変えさせたと思うのである。そして、クバンあるいはクッパンも彼らの用語に由来すると思われる。

後にアワが入ってきた。琉球史は、一二世紀以前を先史時代として時代区分する。日本の歴史では縄文時代・弥生時代・古墳時代・奈良時代・平安時代にかかる長い期間である。考古学上の編年では「貝塚時代」(安里進氏)とも、「新石器時代」(高宮廣衛氏)とも言われる。従来この時代は狩猟・採種の時代で、農耕が営まれるのは一二世紀以後とされてきた。ところが、波照間島や西表島の貝塚発掘により、出土した土器などから既に農耕が行われていたことが分かってきた。土器の形態などから、主たる作物はアワであったと考えられている。つまり、今日知られている限りの古代八重山地方の文化はイモ・アワを基盤としていた。

二 イネの伝来と祭り

続いてイネが入ってきた。中国大陸の南部あるいは東南アジアの一部から台湾を経由して入ったと考えられている。後の研究で、本土で栽培されていた弥生時代のイネの品種、温帯ジャポニカに対して熱帯ジャポニカと呼ばれるイネである。イネの導入によって人々の生活形態が大きく変わっていく。私はここで、八重山の文化史を語ろうとしているのではない。八重山地方の祭りや祭儀・儀礼の成立や形態の基盤を押えておこうと思っているのである。もう少し続ける。

南方から伝えられた当初のイネは水陸未分化の品種で、原初的な農法で栽培されていた。人々は焼畑でイモやアワなどの雑穀を作り、天水田でイネを植えていたと考えられている。やがて焼畑が常畑化に進み、イネも水利のよい平地で水田稲作農耕が行われるようになった。一二世紀ごろと見られている。先に先史時代、つまり一二世紀以前は狩猟・採種の時代で農耕は行なわれていなかったという学説を紹介したが、事実は、全く農耕が行われていなかったわけではなく、原初的に営まれていた農耕が進化して一二世紀前後に顕在化した、と現在は考えられている。

それでは、稲作はどのように行われていたのか。一気に時代は下るが、一五世紀半ばごろの与那国島の事例を挙げてみる。一四七七年(尚真王即位)、朝鮮済州島の漁民が嵐に遭って難破し、三人が与那国島の漁民に救助された。三人の漂流民は与那国で約半年手厚く保護され、それから西表・波照間・黒島・宮古、那覇へと送られ、さらに博多を経由して三年ぶりに故郷へ帰っていった。彼らの残した見聞録は、当時の八重山の状況を知る第一級の歴史的資料となっている。その中に、与那国島の稲作に関する記述がある。

> 一、鉄冶有り。而れども耒耜を造らず。小鍤を用《もっ》て田を剔《えぐ》り草を去りて以て粟を種う。水田は、則ち十二月の間、牛を用て踏ましめ播種す。正月の間、移秧す。鋤草せず。二月、稲方《まさ》に茂る。高さ一尺許《ばか》り。四月、大いに熟す。早稲は四月刈るを畢《おわ》り、晩稲は五月方に刈るを畢る。刈るの後、根荄復た秀で、其の盛《さか》ること初めに愈《まさ》る。七、八月、収穫す。(池谷望子・内田晶子・高瀬恭子『朝鮮王朝実録　琉球資料集成』榕樹書林、二〇〇五)

要点を整理するとこのようになる。アワとイネが輪作で行われていたことが分かる。牛を田に入れて踏ませて水田を整えること、一二月（旧暦）に播種して一月に植え、早稲は四月に、晩稲は五月に収穫する。さらに刈り株から芽を出させ、七、八月に再び収穫することである。この稲作の最大の特徴は、田を牛に踏ませることとヒコバエの育成である。この農法が、八重山地方では戦後も行われていた。牛・馬の繁昌願いや牛馬祭も行われている。

「マイヤフマシィダーヌマイ」（イネは牛馬に踏ませて植えた田によく実る）という諺がある。ターフミ（田踏み）は訓練された牛または馬に、牛は角に馬は首に縄をかけ、他の牛や馬を括り付けて二、三頭、または四、五頭を追い回し田を踏ますと、田の土はまたたくまにドロドロになり、代掻きをしたようになると同時に、田の底が牛馬の蹄で打ちかためられるので保水力が強まるし、稲の生長も良いので、やはり田は牛馬に踏ませた方がよいとされていた。（石垣稔、一九九二、『八重山在来米栽培体験記』八島印刷）

大型動物の牛や馬に踏ませて田を整える稲作は踏耕、あるいは蹄耕《どうこう》と言われる。八重山地方では水牛もよく使われる。宮古・八重山と沖縄本島間の航路が開けると本土・沖縄の文化が南下し、先島の文化も北上して混交文化が形成されていった。踏耕稲作も沖縄本島から島伝いに北上したが、北限はトカラ列島あたりまでという。つまり、本土にはこのような農法はないということである。刈り株から芽を出させ再び収穫する育成法は「ヒコバエ」と呼ばれるが、八重山地方では「マタバイ」、奄美諸島では「マタベ」といわれる。

そして、イネの伝来とともに入ってきた習俗に「稲魂信仰」がある。イネそのものを神とする信仰で、八重山諸島からトカラ列島まで、南西諸島に広く分布する。稲魂は移ろいやすく、大きな物音や荒々しいこと、不浄の人や物が触れるとイネから離れて飛び去ってしまうと考えられている。稲魂がイネから離れてしまう物忌みと禁忌が課せられる。

先に紹介した朝鮮済州島漁民の記録によると、与那国島のイネ作りでは、続けて「収穫の前には皆、謹慎して大きな声を立てない。口をすぼめて囁くようなこともしない」と述べる。『慶来慶田城由来記』(西表島祖納)には、女は月の障りがあり、三月一五日から稲刈り初めまでは海で水浴びをしたり磯下りをしてはならない、男共も、四月一五日後は磯下り・港あさりをしてはならない、と厳しく戒める。その外、その期間、山留め・海留め、笛・太鼓・三味線などの鳴り物を慎む。

稲魂信仰は、本土には痕跡がないといわれる。一方で、東南アジアから南方の島々では広く行われているという。ならば、稲魂信仰もイネとともにまず八重山地方に伝えられ、その後徐々に北上してトカラ列島まで達したと考えることができる。しかし、今日では信仰対象としての稲魂の存在意識は薄れ、例えば虫や牛のダニを食べてくれる野鳥を驚かさないようになど、現実的な解釈と対応が行われているようである。

踏耕とヒコバエ育成を特徴とするイネの栽培は「オーストロネシア型栽培法」といわれる。「オーストロネシア」は言語学の用語で、インド洋から東はイースター島までの諸部族で話される言語(三語族に分けられる)の総称である。その言語を話す人々の営む農法ということになるが、ここでは台湾から東南アジア、南太平洋上の島々をまとめて南島と理解しておきたい。イネの特徴は草丈が高く、株分けが少ない。イネには芒《のげ》がある。いろいろな品種があるが、後に昭和の初め頃、台中六五号を始めとして穂数の多い新しい品種が導入され、蓬莱米と呼ばれるようになると、それに対して従来のイネは在来米と呼ばれるようになった。

オーストロネシア型といわれる稲作(踏耕とヒコバエを特徴とする)は、済州島漁民の記録からも既に定着していた感があり、八重山諸島へはかなり古くから入っていたと思われる。稲作は早稲や晩生稲、ヒコバエ育成・

二期作など、いろいろな品種や栽培法なども現れたが、結局一年一作の栽培が主流となった。冬の湿潤時に苗を育てて植え、夏台風の襲来前に収穫するという農法に移行したとも(伊波普猷)、先行のアワが冬に種をまき夏に収穫する栽培法で、それを踏襲したとも言われる(佐々木高明)。

一年一作の栽培法は、本土の「夏作農耕」に対し、南西諸島の場合は「冬作農耕」といわれる。八重山地方では一〇月に播種、一二月から一月の間に植え付け(だから冬作)、五月から六月にかけて収穫をする。そして、この農法が安定的に繰り返されていく過程で農事の始めと終わりが形式化され、祭儀が設定されるようになった、と考えている。すなわち、ムヌスクリ(物作り、農作業)の始めとしてのシチと、終わりとしてのシュビニガイである。

三　シュビニガイとシチ

イネの栽培は田打ちから苗代作り、播種・田植え・田草取り・施肥…と、ほとんど一年を通して時間と手間がかかる。イネが成長し、収穫を迎えるまでの期間、虫が付かないように、病気が発生しないように、イノシシが田を荒らさないように、折々にわたりいくつもの祈願をする。イネが色づく五月、成熟した株を選んで一束刈取り、家の守り神(座床)・先祖(仏壇)・御嶽の神に捧げる。初穂の祭りでスクマ(スキョマとも)と呼ばれ、宮中の新嘗祭に当たる。スクマが済むとイネはいつでも刈り取ることができ、六月まで稲刈りが続く。六月すべての農作物(イネが主)の収穫が終わると、日を選んで収穫感謝祭が行われた。一年間の加護を神に感謝する祭儀であるが、シュビニガイ(首尾願い)といわれ、性格は願解きの祭儀であった。この祭儀の特徴は、神職のツカサ・ティジリビ・村の幹部らが潔斎して臨み、祭儀は二日から三日、村によっては五日から七日、夜通しかけて厳かに執り行われた。ユードゥシー（夜通し）・ユーグマリ（夜籠り）・オングマリ（御嶽籠り）ともいわれ、年中行事の中で最も厳粛な祭儀である。

この祭儀から二〇日あまりでシチが来ることになる。『琉球国由来記』（以下『由来記』、一七一三年）巻二一は「八重山編」である。『由来記』は首里王府が王城で行われる諸公事や毎年行われる儀式（年中行事）の由来を考察するために編纂したといわれる（序文）。その目的を徹底するため、王府は各間切や蔵元を通して、村々の御嶽や祭儀を調査して報告するよう求めた。八重山蔵元では役人が島々、村々を回って調査し、報告書をまとめた。調査したのは一七〇一年から一七〇三年、報告書を首里王府に提出したのは一七〇五年である。『由来記』の八重山編はその報告書がそのまま採用されている。その報告書は喜舎場永珣氏によって「八重山島由来記」と命名され、今日ではそれが通用している。

その中の「年中祭事」の項に、七・八月中に己亥の日、節の事として「由来。年帰シトテ家中掃除、家・蔵・辻まで改メ、諸道具至迄洗拵、皆々年縄ヲ引キ、三日遊ヒ申也」という記述がある。「節」は、八重山地方では現在一つの祭り（シチ）を指し、固有名詞のように用いられているが、本来は普通名詞でオリメ・ウイメ（折目）と同じく、折々の節目の意で年中行事を指した。「年帰し」とあるように、この「節」は新しく年が変わることを表し、「正月」を意味した（ここからは「シチ」を用いる）。

シュビニガイからシチまで、この二〇日余りの期間に注目したい。二〇日余り、人々（農民）は物忌みに服した。煮炊きや食器を洗うにも、大きな音を立てないよう心がけ、日常の会話も声が大きくならないよう慎んだ。歌舞音楽は言うに及ばず、田畑を耕し、作物の種をまいて作物を植えることを厳しく戒めた。これは本土の習俗も同じで、沖縄地方とは時間的にずれるが、秋の収穫祭の後、一二月八日の事八日から二月八日の事八日まで、農民は物忌みの生活を送ったといわれる（宮家準《ひとし》『宗教民俗学』二〇〇〇年、東京大学出版会）。つまり、農事暦から見れば一年の終わり（シュビニガイ）から一年の初め（シチ）までの二〇日あまりの間、人々は一切の農作業を止め、物音を立てないように控えめの生活を送っていた。

後にシチは二、三か月ずらして行われるようになったが（後述）、その日になると、「シチの日は物音を立ててはいけない」、「土を動かしてはいけない」、「シチが来たら何を植えてもよい」などと、子どもの頃よく言い聞かされた。これなどは、かつての物忌みの戒めが一日の中に化石のように閉じ込められ、実践されていたことを知るのである。

さらに、先述の収穫感謝祭、シュビニガイは農作業の終わりであったが、シチは農作業の始めであったということも分かる。それはまた、暦を持たなかった当時の人々にとっては、一年の始めと終わりを表していた。一年の終わりの最も大きな祭儀「シュビニガイ」があって、その次に一年始めの最も大きな祭儀「シチ」が来る構図である。

第二章　仏教の伝来とシチ

まず始めに、シチが二、三か月あとへずらして行われるようになった理由について考えてみる。それについては、仏教が伝来して七月が仏教（法事）の月として普及していったためとする宮良賢貞氏の見解がある。正確に引用するとこうである。

一　仏教の伝来

沖縄での一月正月は舜天王の時代から、はじめられたと球陽にはあるが、仏教が伝来する迄は、節祭りが正月に相当する折目であったのである。仏教が伝来して旧暦七月が仏教の月となったので、七月の豊年予祝祭が穂利《プーリィ》と合流し、また遅れて節祭になったのではないかと思っている。（「根来神〃まゆん・がなしい〃について」『沖縄文化』一九七一、沖縄文化協会）

『由来記』の記述により、かつてシチが旧暦七月に行われていたことは事実である。また、そのシチが現在は二、三か月ずらして行われていることも事実である。そして、旧暦七月が「仏教の月」、法事の月として認識され、祝い事を避けようとする意識の強いことも事実である。これらの事実から推測して、上記宮良説は当を得ていると見ることができる。その通りであろう。

だが、「七月の豊年予祝祭が穂利《プーリィ》と合流し」が気になる。「七月の豊年予祝祭」は『由来記』で述べる「三日遊ヒ申也」を指すと思われる。しかし、この見解によれば、仏教の伝来によってシチが後へ移される以前、既にプール（穂利）が存在していたことになる。しかし、先に検証したように、旧暦六月すべての農作物を収穫した後、シュビニガイ（収穫感謝祭）を行い、人々は物忌みの生活に入った。それからシチまでの間は物音を立てることを慎み、農作業どころか、土を動かすことさえ控えた。鳴り物入りで賑やかに行われる「穂利」などは存在しなかったのである。

「三日遊ヒ申也」の内容は推測するほかないが、物忌みで抑圧された生活を送ってきた後だからこそ、人々は解放された気分で熱く燃えたと思われるのである。そして、正月に伴って行われていたことを考えると、それは予祝祭であった。その予祝祭に御嶽の祭儀が付けられ、現在のプールが形成されたと考えている。時間軸で推測するならば、プールは当初シチのあった七月に行われていたが（上記引用文中の「七月の豊年予祝祭」）、後に六月に移して行われるようになったと考えられるのである。

八重山地方への仏教の伝来は、「南海山桃林寺」の創建を持ってその起源と見る（一六一四年）。琉球に侵攻した薩摩（一六〇九年）は、次の年から二か年に亘って琉球全域の検地を行った。八重山地方の検地を行った薩摩の役人が、当地には寺院なく、人々は未だ神仏を知らず常に異端を崇信し、邪行に迷う、と国王（尚寧）に奏上した。王はたいそう喜び、早速八重山に寺院を建立することを命じた。こうして創建されたのが南海山桃林寺である。最初の住職は鑑翁和尚であった。

しかし、仏教の伝来と『由来記』の記述の間には一〇〇年の隔たりがある。さらにその後、宮良説の通り正月としてのシチが後へずらされたとするならば、仏教が民間に浸透するまでにそれだけの年月を要したと見るべきであろう。仏教伝来について新城敏男氏は、「桃林寺の創建は多分に政策的背景をもってなされ、その役割とする航海安全、五穀豊穣、国王長久などの祈祷は、八重山古来の御嶽信仰とならんで営まれた。一方、人々にたいする布教も祖先崇拝と結びついてなされたが、すべての住民を対象とするには至らなかった。」と、述べている（「仏教の伝播と信仰」宮良高弘編『八重山の社会と文化』木耳社）。つまり、仏教が一般民衆に浸透するには長期の時を要したということである。

二　姿を現した神

神は超自然的存在で、本来姿を現さない。八重山地方だけで見ても、身近な例として家の神・屋敷の神・門の神・火の神・フル（便所）の神・井戸の神などなど、様々な性格の神々が数多く存在する。これらの神々は姿を現さない。さらに馴染みの神として、御嶽の神がいる。もちろんこちらも姿を現さない。そして、沖縄古来の信仰として、ニライ・カナイの神がいる。これも姿を現さない。

ところが、姿を現した神がいる。マユンガナシ（川村）、アカマタ・クロマタ（古見・小浜・新城・宮良）は神として恭しく迎えられる。しかし、これらの神も元は姿が見えない神であった。そして、よく考えていくと、これらの神々がシチと深く関わっていることが分かる。つまり、これらの神々は、シチで迎えられていた神であった。

シチは正月であった。往昔正月は神を迎えてもてなす日でもあった。正月に訪れる神にはいろいろな解釈がなされてきたが、柳田國男は、その神は私たちとは血のつながる先祖神、祖霊であると繰り返し述べている。私は二〇一二年から、五年にわたり祖納・川平のシチ、古見のプールを調査してきたが、マユンガナシ（川村）、アカマタ・クロマタ（古見・小浜・新城・宮良）、そしてフダツミ（祖納）は祖霊であったと、強く思うようになっている。

本来見えない神(祖霊)がなぜ、そして何を契機として姿を現すようになったか。きわめて難しい問題である。ただし、このように考えることはできないであろうか。仏教が伝来し、仏教の教えで新しく死者や祖先を祭る習俗が入ってきた。そして、仏教の教えが民間に浸透していくなかで、正月としてのシチが後方へ移されて行われるようになった。ところが、年末年始の正月が重視されるような風潮もあって、その近くに移されたシチは次第にその重要性が薄くなっていった。そしてついには、シチはグショー(後生、あの世)の正月とまで意識されるようになり、亡霊や無縁仏が徘徊する日とまで貶《おとし》められていった。人々は夜村はずれや墓地近くまで出かけ、怪火が見えるとか死者の声が聞こえるとか、囁き合うようになった。それまで恭しく、そして懐かしく迎えていた祖霊がこのように変質していくことに忍び難く、人々は新しく神の祭り方を考えた。そして、神が誕生した(造られた)。

しかし、その神はすべての村に現れたのではなかった。また現れた神も、同じ姿ではなかった。村創建の伝承や生業の形態、一族共有の神観念、さらには山・川・海などの地理的環境などが反映して独自の神の姿になった、と考えている。そして、姿を現した神が共有して信仰されている村に祭りが伝承され、神が姿を現さなかった村からは祭りが消えた。

三　家々のシチ

戦後のある時期まで、八重山地方においてはどの村でも伝統的にシチ祭りが行われていた。シチ祭りの習俗は、今では西表の祖納村・干立村・船浮村と、石垣市の川平村で村の祭りとして残すのみで、ほとんどの村からは姿を消してしまった。

シチ祭りは十五夜後の九、一〇月、戊戌か己亥の日を選んで行われた。八重山地方の歴史・民俗研究で先駆的存在の喜舎場永珣氏はシチ祭りについて、「この行事は仏教伝来以前の往昔の暦のない時代に於いては一つの年の折り目、季節の折り目、つまり現今の新年に当たるわけで、新しい年の五穀の豊穣と安穏を乞い願うための行事であった。」と述べて、次のように続ける。

この日が来ると、「節掃除《シチ》」と称して各戸では内外の大掃除を取り行い、什器はもとより什器棚まで一切海水で洗い浄め、煤けた道具類はすべて海へ持参して奇麗に洗い浄める。また家に安置してある「火ぬ神」の前には「七サイヌ花《パナ》」をお供えすると共に白砂を宅地の隅隅までいたるところ撒布し、両門柱の間にはこの白砂を一線に敷きつめて悪疫が門内に入らぬよう魔除けをする習俗がある。（喜舎場、一九七七『八重山民俗誌』上巻、沖縄タイムス社）

上記『由来記』の記述と照らし合わせてみると、当時の習俗がほぼそのまま伝えられていることが分かる。現在は広大な面積で海が埋め立てられたり、あるいは海岸には護岸が築かれたり波消しブロックが累々と敷設されたりして、砂浜が狭小になったり姿を消したりしている。加えて、環境保全の面からも砂の運び出しが厳しくなっている。しかし、新年を迎えるに際し、かつてはどの家でも浜から砂を運び、屋敷内に白く撒いて清浄に努めた。

併せて、野山から採集してきたシチカザ（蔓、シチカンダとも）を家のすべての柱から農具をはじめ諸道具、庭木に至るまで巻きつける。さらに、家の四隅の軒にはクワの枝とススキのサン（葉を束ねてわっかを作るように結ぶ）をいっしょにして差す。『由来記』で述べる「年帰しとて家中掃除家蔵辻迄改め諸道具至迄洗拵皆々年縄を引き」がこれらの取り組みである。

シチの当日、各戸の婦女、娘たちは朝早く起き、我先にと井戸に駆けつけて水を汲んだ。その水はシディミジ（水）と呼ばれ、それで顔を洗ったり体を拭いたりすると若返ると考えられていた。「シディ」はシディルンで卵がかえる、ヘビやカニが脱皮するなどの意味がある。シディミジは飯を炊く時もおつゆをつくるときも少しづつ入れる。

ナナサイヌパナは波打ち際から取ってきた砂のこと。波が寄せて返す時、砂を一掬いする。それを七回行い、水のしたたる砂を持ち帰り、引用文では「火ぬ神」の前に供えるとあるが、鳩間村では次のように唱えながら、屋敷の奥から門まで撒布した。

この屋敷内　城（屋敷）内に
節をお迎えしてきて
屋敷内　城（屋敷）内
家の厄払い　屋敷内の厄払いをして　申し上げるので
子（北）の方の　神加那志（神様）
十二方の神加那志（神様）
御守護してください
七潮の花　潮の花を　取ってきて
家の厄払い　屋敷内の厄払いをするので
塵も芥も　あらしめ給わないように

御守護してください
家長　家内大将をはじめ
家族　家内子供たちを　御守護してくださって
家内の繁栄を　あらしめくださ い
（原文は方言、採集・訳とも大城学氏による）

夕方までに以上の作業を済ますと、母か祖母がシチダマを作り、家族の者の首に掛けてやる。チョマの糸に結び目（タマ）を七つ（男用）、あるいは五つ（女用）つくった。シチダマをつくるにはグシ（酒）一対とツカンパナ（米）を火の神に供え、次のように祝詞をあげた。

拝み奉ります。今日はシチの日でございますので、家族衆の守り珠を結ばせていただきます。なにとぞ悪風、魔物にも当たらぬよう、驚きごと心配事もなく、善道吉道を踏ませて下さるよう、お守り下さいませ。（宮城文『八重山生活誌』一九七二、城野印刷所）

その後で、シチフルマイをいただく。シチフルマイは、ふだんは食べられない晴れの日のごちそうであった。シチフルマイを食べて一つ歳を取るといわれた。シチフルマイ（四つ組膳）の例を、これも宮城文氏の『八重山生活誌』から引用してみる。

一、飯は米・粟・きび・小豆・青豆などを混ぜて炊き、握り飯にする。

一、汁はアオサノリのすまし汁。
一、なますはもやし・蓮芋・おごのりなどの胡麻酢。
一、ティーピキは野菜類に豚肉、揚げ豆腐などを加えた煮しめ。

夜になると、マジムン（妖怪）・亡霊・死者たちが動き回るといわれた。それを見ようと、若者たちは木に登ったり、村はずれの墓地近くまで三々五々、仲間同士組んで出かけた。そして、「××で火玉が見えた。あの墓の持ち主の家では何か不幸な出来事が起こる」、と囁き合った。また、木の根もとで坐り、鍋の蓋（藁や茅で作った大型鍋の蓋）をかぶっていると死者たちの囁きが聞こえるとも言った。家々では邪鬼を祓うといって、ピャーシンゴー（爆竹）を鳴らしたりもした。

四　消えたシチ

沖縄本島では旧暦の八月一〇日、「柴差《しばさし》」という祭りが行われる。この柴差祭を見ると、驚くほど八重山地方のシチに似ている。宮城真治氏の論稿から、少し長くなるが一部引用してみる。

当日は住宅・畜舎・倉庫等の建物の四隅の軒端に「しば」と称する藪肉桂の枝（所によっては桑の枝）に薄の穂を結んだものを添えて挿し、宅地内の樹木や井にも「しば」を挿し、諸道具等にも「ちからしば」の穂を挿し、昔は男女ともに髪にも挿した。晩には「シバシカシティ」と称し、小豆を入れた強飯を祖神、祖霊に供えた。（中略）

十一日目には「あそび」と称して一般に業を休み、部落によっては村踊りや闘牛等の余興があった。この祭の頃を山原では俗に「しばし」または「すばし」と云い、中頭や島尻では「ようかび」と云う。妖怪が出ると称して、夕刻より爆竹を鳴したり、法螺貝を吹いたりしている。また門に竹帯を横たえたり、磨臼に釜蓋を被せて置いたりする。これらは何れも邪鬼を避けるためと解されている。

「しばし」の夜は四五年以内に起る凶兆が現れると云われている。凶兆としては白煙が立ったり、火の玉が上がったり、泣き声が聞えたり、板音が有ったり、桶底を落す音が起ったりすると言われている。そのために、見通しのきく丘の上に小屋掛けをしたり、あるいは樹の上に櫓を架いて大人も子供もそれらの前兆を観察する風がある。これを物見というのである。(宮城真治、一九七二「沖縄の正月は八月であった」『古代の沖縄』)

宮城氏は、「古代沖縄の正月は旧暦八月であったと思うのである。私は沖縄神道の研究に際し、柴差祭の本旨を考察してはからずもこの結論に達した」と述べ、以下各地の習俗や文献等を引き合いに出す。そして末尾に、「以上論ずる所によって古代沖縄の正月は旧暦八月であってその満月の晩から新年は始まったものであろう」、と結論つける。

『球陽』によると、尚敬王二十三年(一七三五)、柴差祭は八月一〇日に行うことと定められたが、それ以前は吉日を選んで行われていたようである。柴差祭とシチは時期的にも、内容的にも驚くほど似ている。それは二つの祭りが農作物、特にイネの収穫を待って七、八月のいずれかの日に、吉日を選んで行われたからである。当時の民間歴では、それは一年の始まりであり、つまり「正月」であった。

本土では正月の一日目、現在の大晦日の夜をやはり「年の夜」と呼んだ。柳田國男氏はその「年の夜」に触れて、年の夜は年神を迎え、そしてもてなし、祭る夜であったと述べる。年神は後に歳徳陣《としとくじん》とも呼ばれたが、この呼称は恵方明きの方の思想とともに陰陽師らによったもので、年神の正体は先祖神であったと繰り返し述べる。そして、「もとは正月も盆と同じように、家へ先祖の霊が戻る嬉しい再会の日であった」とも述べる（『先祖の話』）。そして、年が改まって家々に訪れる神は先祖神、祖霊以外にはないと強く述べる。

ここで述べられた本土の習俗は、沖縄地方でも同じであった。シチの一日目の夜は年の夜と呼ばれ、古の人たちは「先祖」を迎え、祭っていた。先の引用文の中でも宮城真治氏は、「晩には『シバシカシティ』と称し、小豆を入れた強飯を祖神、祖霊に供えた。」、と述べている。八重山地方では「シチフルマイ」と称し、やはり仏壇に供え、祖霊をもてなす。

その習俗の痕跡を、かすかながら検証することができる。シチはグショー（後生、あの世）の正月、昔の正月といわれた。仏教が普及していくと、それと連動するように、年の夜に迎えていた先祖を七月の盆に迎えて祭るようになった。それまでの習俗が仏教の教説と共鳴し、容易に習合していったのである。その結果として、シチは「昔の正月とか後生の正月とかの口伝がある」（宮城文、前掲書）、あるいは「後生の正月というのは後生の人々の正月という意味に使っているが、ひいては昔の正月ということではあるまいか」（宮城真治、前掲書）などと伝えられるようになった。

これなどは、年の夜に先祖を祭らなくなった後の、いわば実体を失った祭りの呼称だと思うのである。さらには墓地近くまで出かけて怪火を見るとか、亡者の声を聞きに行くとまで変質してしまった。先祖の霊を迎える日という観念が次第に「後生の（人々の）正月」と見られるようになり、また一方では、祭られない人々の霊、亡霊・妖怪が動き回る日ヒいう観念を醸成していったのである。

時代とともに盆行事、八重山地方では正に「グショーの正月」と言われる「十六日祭」（旧暦の一月十六日）・お彼岸など、先祖をもてなす行事に重きを置くようになっていった。それと軌を合わせるかのように、シチ祭りからは先祖を迎え、祭るという意識と行為は次第に薄れていった。さらに、新暦による年末年始が一般的になり、「正月」というシチの本質も失われていった。こうして、シチは成立基盤が根底から崩れ、多くの村から姿を消していったことになる。

第三章　今に伝わるシチ（一）――川平村

一　村の概況

村の創建と発展

地図上で石垣島の北西部を見ると、西と東に湾を抱いて外洋に延びた半島が目に付く。東は風光明媚な景勝の地として名高い川平湾で、一年を通して県内外から多くの観光客を引き寄せる。反対側は崎枝湾、湾岸をさらに北へ進むとスクジ（底地）湾である。遠浅で海は穏やか、海岸線は広く長い砂浜が続き、格好の海水浴場となっている。こちらも海のレジャーを楽しむ多くの人々が訪れ、近くにはそれらの人々を目当てにした大きなリゾートホテルや、ペンションが散在して建っている。

集落（村）は川平湾を前（東）にして、湾の西岸から登る緩い斜面上に形成されている。八重山地方の政治・経済・文化の中心となってきたシカムラ（石垣・登野城・大川・新川の四箇村の総称）から約一六キロの道程である。村から西へ、半島のほぼ半ばまで登るとナカマムリ（仲間岡）・シシムリ（獅子岡）あたりに至り、地形はそこから次第に傾

景勝の地川平湾

斜してスクジ湾の海岸へと続く。

伝説によれば、ナカマムリ（標高およそ五〇m）のまわりで川平村は発生したといわれている。村の発生は空から降るのでもなく、地から湧くのでもない。遠い古の時代、安住の地を求めて移動をしてきた人々が、彼らなりに条件が揃うと認めた地に落ち着くようになった。その折、血縁関係を持つ一族が最初に住みついた。村の発生である。

その後、同じく血縁関係を持つ一族が次々と移動してきて、近くに住みつくようになった。やがて隣り合ういくつかの血縁集団が、婚姻・協同作業・祭儀などを行うようになり、血縁集団が地縁関係で結ばれるようになる。そしてリーダーが生まれ、秩序のある共同体としての村ができる。最初の川平村は南風野屋・仲底屋・仲間屋・高屋・田多屋の五家から成り、「仲間村」と呼ばれた。

ナカマムリ・シシムリ周辺に人が住んでいたことは、科学的にも実証されている。一九〇四年（明治三七）、東京帝国大学の鳥居龍蔵氏によってシシモリ周辺の発掘調査が行われた。そこから、土器・青磁・石斧・石皿・貝皿などが出土した。これらの遺物のうち、鳥居氏は耳の付いた土器に着目して「外耳（ソトミミ）土器」と呼称し、弥生土器の系統と想定した。しかし、その後の研究で製作年代はずっと新しく、一五～一六世紀ごろ在地で焼かれたことが分かった。それでも、この発掘調査は沖縄県における最初の考古学的調査で、シシモリ・ナカモリ一帯を遺跡として「川平貝塚」と呼び、一九七二年国指定の史跡となった。

一五～一六世紀は西暦に直すと一四〇〇年代の後半から一五〇〇年代の前半と見ることができる。一四〇〇年代の後半は、八重山歴史上群雄割拠の時代とも英雄時代とも呼ばれ、川平村では豪勇仲間満慶山《なかまみつけえま》英極《えいきょく》が活躍していた。つまり、仲間村時代である。一五〇〇年、大浜村のオヤケ・アカハチが首里王府に対して反旗を翻した。その折、アカハチに与した仲間満慶はアカハチと会談をして帰る途次、名蔵湾のケーラ崎で討たれた。スクジ湾の西岸の奥に墓がある。

川平貝塚や仲間満慶山英極は、一五～一六世紀の年代、ナカマモリ・シシモリ周辺に既に完成した村が存在したことを、伝説ではなく史実として証明してみせる。そこから私たちは、村の発生はさらに古く、一二世紀から一三世紀あたりまで遡るであろうと推測することができる。そこは完全に伝説の世界である。どの一族が先に住みついたかは闇の彼方であるが、仲間村を構成した五家はその後の村の発展の母体となり、ムトゥヌフヤン(元の大家)と呼ばれる。

村は、仲間村から分家、あるいは後続の一族があったであろうなどして、仲間・大口・仲栄・田多・古場(久場)川・西・慶田城・玉得・大津原の九か村に発展する。ところが、その後風水見の鑑定による強制移動(一六八六年)や自発的な移動により、結局古場川村と大津原村の二村に集約される。そのうち古場川村、通称久場川村の二男・三男も大津原村に移り、久場川村には本家(ヤームトゥ)だけが残るようになる。

豪傑仲間満慶山英極の墓

現在の川平村は、赤イロ目宮鳥御嶽を境にして上村と下村、地形的には内陸側と川平湾側、方位的には西と東に分かれる。いうまでもなく、集落の母体は久場川村と大津原村である。人々は、代々農業を生業として生計を立ててきた。マユンガナシのカンフツからは牛や馬を飼い、遠く平久保あたりまで通って田や畑を作っていたことが分かる。二〇一六年一〇月三一日現在の人口は六四四人(男三三一、女三一二)、世帯数三四六である(石垣市役所)。

二　御嶽と由来

村の年中行事および祭儀は、御嶽を中心にして行われる。『由来記』（一七一三年）は、八重山地方の村々の御嶽を載せる（すべての村、すべての御嶽ではない）。御嶽によってはその由来について述べているものもある。川平村の御嶽（いくつか表記が異なる）はすべて載せているが、由来はない。村人の語る由来伝承を踏まえ、まず川平村の御嶽の概略を述べることにする。

群星御嶽（シニブシィオンともユブシオンとも）

南風野家は村の創建と深く関わり、宗家といわれる家柄である。仲間村時代、その家に心優しい、美しい娘がいた。ある夜その娘が外に出てみると、中天にかかるムリカブシ（群星、ユブシィとも。和名「すばる」）と地上との間を細長い筒の怪火が下りたり上ったりしていた。不思議に思い、次の日の夜出てみると、やはり同じように怪火が地上との間を昇降していた。娘は、この出来事を家族や長老たちに話した。皆は驚き怪しみ、怪火が下りたあたりに行ってみた。するとそこには、米の白い粉で丸い印が付けられていた。神が天下りされたのだと確信し、そこに一宇を建て、拝むようになった。群星御嶽の由来である。川平村宗家の先祖によって拝み始められた群星御嶽は村の祭儀、行事の中心的存在となっている。

群星御嶽（シニブシオン）

山川御嶽（ヤマオン）

波照間家の先祖がチクドゥン（筑登之）になった。チクドゥンは琉球王国時代の位階で下級士族、一般百姓が功績によって取り立てられた。表敬挨拶で首里へ渡る途次暴風に遭い、宮古の山川の海岸に漂着した。彼ら一行は山川村の人々から手厚いもてなしを受け、村の拝所に航海安全の祈願をした。風がおさまると首里へ向けて出帆し、無事目的を果すことができた。帰途彼らは再び山川村に立ち寄った。村の人々にお礼を述べ、村の御嶽に参詣して感謝の祈願をした。その折、波照間家の先祖は村の人々に請い願い、御嶽の神を勧請して戻った。山川御嶽はその神を祀るといい、御嶽の香炉は宮古に向けて据えられるという。

赤イロ目宮鳥御嶽（アーラオン）

昔村には農作物を保護し、見回る役のヌブサ（シマブサとも）という職があった。その役の者は、農作物の生育の状況を石垣村の宮鳥御嶽の神ツカサを通して神に報告する慣わしになっていた。ほぼ四里も隔てた石垣村まで、険しい道を毎月往復するのはたいへんであった。そのことを気の毒に思った石垣村のツカサが、神を分けて川平村で祭ってはどうかと勧めた。曲折はあったが、このようにして建てられたのが赤イロ目宮鳥御嶽であるという。その時のヌブサの責任者はクモーマ屋の人であった。しかし、そのクモーマ屋が絶家となった。その

山川御嶽

赤イロ目宮鳥御嶽

後を宇根家の二男が相続することになった。神ツカサは宇根家の血筋から出ることになっている。

浜崎御嶽（キファオン）

川平湾沿岸の雑木林の中に建つ。川平湾は天然の良港である。その昔、近海を通る多くの船が寄港した。帆船時代であった。「風待ち」をして何日も停留することがあった。前田多屋に心の優しい娘がいた。娘は、家族と離れて何日も他郷で滞在する船乗りたちをふびんに思い、毎日一心に天気の回復と出船の航海安全を神に祈願した。娘のこの行いがやがて首里まで伝わり、王府から香炉を賜ることとなった。娘は一宇を建ててその香炉を据え、船乗りたちの無事を願って祈りを続けた。そこが御嶽になった。神ツカサは前田多家の血筋から出ることになっている。

浜崎御嶽（キファオン）

シコゼ御嶽（スクジオン）

浜崎御嶽の全く反対側、スクジ湾沿岸の雑木林の中にある。海に面して存在するところからも察せられるように、この御嶽の拝み始めも船乗りとのかかわりを持つ。この御嶽の由来については、「祭りの性格」の項で述べることにする。

祭祀組織と年中行事

御嶽は人々の信仰を支える装置である。そこには神職の神ツカサ（女性）とティナラビ（男性）が存在する。これらの神職は、御嶽創建者の系統の家筋から出ることになっている。しかし八重山地方の多くの村々では、その継承者が現れないという傾向が進んでいる。神職が欠ければ伝統行事が形骸化していく。多くの村々では行事が姿を消し、省略して簡略化される現象が起きている。

川平村の祭りを調査して強く感じることは、祭祀の仕組みがしっかりしているということである。どの御嶽にも神ツカサ・ティナラビが代々受け継がれている。祭祀を支えるのは氏子と呼ばれる集団である。結局は創建者を中心とする血筋の一族で、ピキとも呼ばれる。婚姻や外部からの流入、あるいは流出で輪郭のあいまいな面はあるが、集団メンバーの意識と連帯感は強い。神ツカサとティナラビ、氏子集団が御嶽祭祀の基本組織となる。

さらに、公民館組織の中に「神事部」が設けられ、伝統行事を村の行事として遂行している。この強力な組織に支えられ、川平村では今日なお多くの伝統行事が執り行われている。二〇一六（平成二八）年の行事計画を見ると、一月二一日（旧暦一二月二二日）の「種子取り祭」から一二月二日（同一一月四日）の「麦粟の種子出し」まで、二六の行事が組まれている。これだけの行事が、毎年伝統的なしきたりによって滞りなく行われているのは、村人の厚い信仰心と連帯感、強力な祭祀組織によって可能となる。

三　祭りの実際

『由来記』には、「七月中に己亥の日節の事　由来年帰しとて家中掃除家蔵辻まで改め諸道具に至るまで洗い拵え皆々年縄を引き三日遊び申すなり」という記述がある。わずか三十数文字だけの説明で、内容はよくわからない。しかし、川平村のシチは、八重山地方のどの村も伝えて来なかった往古の祭りをかなり具体的に、長期に伝承してきていたと思っている。

戦後のある時期まで、シチは八重山地方のほとんどの村、ほとんどの家で行われていた。しかし、一日だけであった。現在シチは川平村と西表(祖納)・干立・船浮の四か村で行われているが、川平村以外の三か村は、行事の期間は三日である。それに対し、川平村においては五日間、濃密な祭儀・祭りが行われていた。過去形にするのは、戦後のある時期に祭りの一部を簡略化したり、他の祭りに移したりしているからである。

それでもこれまでの伝承や報告等によって、ある程度再現することは可能である。川平村には公民館編集で、『川平村の歴史』が刊行されている。当事者の手によって作成されただけに、内容は広く深く、非常に充実している。研究者にとっては得がたい資料で、ありがたい。また川平村のシチ(祭り)については、外部の研究者によってもいくつかのすぐれた報告が世に出されている。その中で、宮良賢貞氏の「根来神〝まゆん・がなしい〟について」は多角的に調査がなされ、大きな示唆を与えてくれる。

私は二〇一五年と二〇一六年、二か年にわたって川平村のシチを調査した。本稿では二〇一六年の調査に基づき、先に祭りの実際を述べ、その後でこの祭りの性格を考えてみようとしている。その際、上記二つの資料の助けを借り、補いつつ述べていくことを断っておきたい。

二〇一六年の川平村のシチは旧暦一〇月一三日、つちのえ・いぬ(戊・戌)の日から五日間にわたって行われた。シチは戊の日を選んで行われる。ここからは日程に従って述べていくことになるが、祭りの実際については細部に深入りすることは控え、祭りの性格に主眼を置いて述べていくことにする。

一日目

『由来記』の「年帰し」は年が改まるで、つまり、「正月が来た」の意である。その日の夜をトゥシヌユ(年の夜)

と呼び、来訪神マユンガナシが現れ、家々を訪れて祝福する。五福、富貴・繁昌・長寿・健康・豊作を授けるといわれる。マユンガナシはサジ(手拭)で頬かむりしてクバ笠(シュロの葉で作る)をかぶり、胴蓑を着け、掛け蓑を羽織る。そして右手には神の杖とも魔除けとも言われる六尺の棒を持つ。

マユンガナシは具象神である。二人一組となって家々を回る。今は上村・下村とも五組で回るが、以前はもっと多かったといわれる。マユンガナシに扮する人物は戊年生まれの若者が選ばれる。しかし、戊年生まれの若者が揃わないときはそれ以外の若者を頼んだり、希望者を募ったりすることもあるという。さらに、昨今は若者が街へ移住し、移り住む者が多くなる傾向にあり、年長者にも役を引き受けてもらわざるを得ない状況にあるという。

マユンガナシは二人一組になって家々に訪れ、カンフツ(神口)を唱えて祝福するが、唱える側をムトゥ(元)、他をトゥム(供)と呼ぶ。そのムトゥのなかで、上村・下村とも、一人のムトゥはそれぞれのマユンガナシ群を束ねる役を与えられている。カンフツは唱えるに四〇分から五〇分に及ぶ長文である。そして代々口伝に受け継がれ、絶対口外してはならないことになっている。統括役のムトゥはもちろん戊年生まれで、カンフツを習得しているものである。マユンガナシ役の人選もそのムトゥが行う。シチが近づくと、選ばれた者たちは数日前から毎夜統括役のムトゥの家に集まり、カンフツの取得に励む。

年の夜はまた、マユンガナシの行事が行われるのでマヤーヨー(「真世ん夜」の転)とも言われる。その三日前、統括役のムトゥは総代に選んだそれぞれのマユンガナシの陣容を報告する。村にはンニブシィオン(群星御嶽)・ヤマオン(山川御嶽)・アーラオン(赤目色宮鳥御嶽)・キファオン(浜崎御嶽)の四つのオン(御嶽)がある。各オンには、そのオンの創建者の血筋の者といわれ、唯一神と交渉することのできるカンツカサ(神司、女性)と、その補佐役の神職(男性)がいる。それら神職とは別に、オンを中心とする年間行事・祭儀に総指揮を取り、采配を振る四人の総代がいる。総代は公民館の組織、神事部に属し、総会で各オンの氏子から選出される。

その日、総代は統括役のムトゥの家にマユンガナシ役の若者たちを集め、神になる心得と注意を与える。そして夜八時ごろ、神の杖といわれる六尺棒に笠・胴蓑・掛け蓑を抜き、人から神へ変身する斎場へ向かう。ここからは、一般の人が入ることは許されない。どのように取材を許可されたかは知らないが、先に挙げた宮良賢貞氏の論稿はかなり詳細にその儀式を記述している。『川平村の歴史』と宮良氏の報告を拠り所にしつつ、私の聞き取りも加味してその概略を述べてみたい。事例は上村の人から神になる儀式で、斎場はナーダス(地名)仲桝屋の畑である。

斎場には寅の方(神々が出現する)に藁が敷かれている。それに神衣となる胴蓑・掛け蓑・笠・神の杖が置かれる。手前には水瓶があり、傍らには塩が置かれている。初めに、統括役のムトゥ(宮良氏は「親マヤ」と呼ぶ)が甕の水を一口飲んで身を浄め、次にこれも身を浄める傍らの塩をつまんで口にする、以下同じ要領で全員が身を浄める。それが済むとサジで頬かむりして笠をかぶり、胴蓑を着け、掛け蓑を肩から羽織る。なお、五人のムトゥだけは、左右のモモの両側からバショウの葉を垂らす。これは「掛け裳」を意図し、女であることを表すという。しかし、女神でなければならない理由は分からない。そして、それから一〇人は杖を持って横一列になり、寅の方を向いて三拝の礼をする。これで神になったのである。

マユンガナシの一行は、宮良氏のいう親マヤを先頭にして、六尺の杖をつきながら村の中へ入っていく。神である故、人の言葉を話さない。口から発するのは。ただ応答の〝ンー〟の音声だけである。マユンガナシに出会うと不幸な目にあうと云い伝えられ、マヤーヨーには、村人は外出することを慎む。

マユンガナシの一行は、先に揃って早野家へ向かう。「早野」は「南風野」からの改姓で、その先祖は川平村建ての祖といわれ、イニブシオンの神を祀る由緒ある家である。イニブシオンは村の祭儀の中心となる御嶽である。祭儀を司る神司（女性）はその血筋から出ることになっている。早野家の庭では、統括役のムトゥ（親マヤ）が数歩前に出て神の杖を斜め前に差し、上部を肩にかけて両手で持つ。この態勢で体を支え、カンフツを唱え始める。カンフツは五〇分にも及ぶ。最初の三句目を唱え、四句目に入ると他の四組のマユンガナシはムトゥを先にしてそれぞれ立ち寄る家へと散っていく。

さてここからは、一般の家で迎えるマユンガナシについて述べてみる。私は二〇一五年と二〇一六年、上村と下村で某家の座敷に上げてもらってマユンガナシを見る機会を得た。マユンガナシを迎える家の主婦は、数日前からマユンガナシに持たせる土産の素材を用意する。そしてその日の朝から、あるいは前日の夜から調理したり整えたりする。ある家で出来たものを見せてもらったが、大振りの魚の油揚げ、紅白の色のついた五cm×二〇cmほどのカマボコ、三cm×一〇cmほどの煮たイノシシ肉、それに数枚のバショウの葉でくるんだ餅と、なかなか豪華である。その外に、膳に酒と盃、肉の煮しめ、吸い物（牛肉の二切れで汁はない）を用意してマユンガナシを待つ。

マユンガナシは人間の声を話さない、ただ〝ンー〟の音声だけである。その声を発しながら、着けている蓑のカサカサという音をさせてマユンガナシはやってくる。その音が聞こえてくると、〝さあ、おいでになる〟と、家の中は緊張する。主人は庭に向かって正座し、マユンガナシを迎える。以前は藍染の着物で正装したと聞くが、最近はそうでもないようだ。先述の態勢を取り、

村に入るマユンガナシ（撮影・提供：石垣佳彦氏）

カンフチ（神口）を唱えるマユンガナシ（撮影・提供：石垣佳彦氏）

ムトゥがカンフツを唱え始める。その間、供のマユンガナシは庭の隅で控えている。家の中から、ときどき戸主が〃ウー〃（「はい」の丁寧語）と返答する。

カンフツは田原（田地）・ムギ・アワ・イネ・キビ・イモ・マメなど、生きていく上で重要な糧を得る生業に及び、さらに長寿・子孫繁栄・貢納布・牛馬へと進む。洗練された語句と爽やかなリズムで、叙事詩の傑作を読むようである。カンフツを唱え終えると、主人はムトゥを家の中へ招じ入れる。ムトゥは主婦の用意したバケツの水で足を洗い、雑巾で拭いて座敷に上がる。

主人はムトゥと対座し、「昨年の今日の日にお願い申し上げましたが、今年も節祭を違えず、来訪され、ありがとうございます」と述べると、ムトゥは、〃ンー〃と返答する。主人が、「供のマヤもこの座敷にお呼び下さい。お茶の一杯でも差し上げようと思います。」と述べると、ムトゥはやはり〃ンー〃と応え、右手で畳を三度叩く。供マヤが座敷に上がり、ムトゥの下座に着くと、主人は座に供えてあった浄めの塩をはさんで「銀の塩、黄金の塩をどうぞ」と、神々の手のひらにおく。神々はそれを口にほうる。それからお茶が出、祝膳が運ばれてしばし神々を饗応する。

ほどなくして、ムトゥが身震いすると蓑がカサカサとなる。あわせて供のマヤも同じ仕草をする。出立の時がきたのである。もう少しゆっくりしてください、と主人が言うが、返答はない。主人が土産を渡すと、神々はそれを受け取って腰に下げたアンツク（アダンの気根の繊維で細い縄を綯い、それで網目状に編んだ入れ物）

畏まってカンフチを聞く家の主
（比嘉康雄『神々の古層』⑥より転載）

マユンガナシをもてなす家の主
（比嘉康雄『神々の古層』⑥より転載）

に入れる。神々は立ち上がり、庭に出る。縁側で見送る主人が、子や孫たちに神の国の踊りを見せてくださいと頼むと、神々は両の手を三度上げたり下ろしたりする。それから神の杖を振り上げて右回りして下ろし、次に左回りして下ろす。主人が〝さて見事〟と讃えると。神々は蓑をカサカサと音立てながら去っていく。

夜明け前、シニブシオン（群星御嶽）・ヤマーオン（山川御嶽）の二人の神司、二人のスーダイ（総代）は近くの家で時の来るのを待って待機する。二つのオンは上村に所属する。やがて一晩中家々を回ったマユンガナシが神になった斎場、ナーダスの仲桝屋の畑に戻って来る。近くの家で待機していた神司、スーダイもそこへ向かう。一同が揃うとマユンガナシは横一列になり、寅の方を向いて一礼して拝む。それから身を浄める水を飲み、ムトゥから順次神衣の蓑・笠を脱ぐ。これで神から人に戻ったことになる。神から人に戻ることをスディルという。再生である。

大役を滞りなく済ませた若者たちに、神司やスーダイから慰労と感謝の言葉が贈られる。神司やスーダイが用意した酒肴が開かれ、盃が交わされる。またマユンガナシの頂いてきた土産も披露されて、御前風・ミルク節を唄ってしばし歓談する。東の空が白みかけると一同はそろそろと立ち上がり、斎場を後にする。銅鑼を打ち、道歌オーバンヤ（ジラバ）を唄いながら神元屋、早野家（既述）へ向かう。かつては全員が屋敷内へ入っていったようであるが、現在は神司と

神々の踊り
（比嘉康雄『神々の古層』⑥より転載）

フームトゥ家（早野家）の庭でシチジラバー・アーパレンを歌う

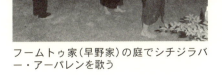

スーダイは神元屋の門前で一行から離れ、マユンガナシを演じた若者たちだけが入っていく。その庭で、円陣をつくって回りながらシチジラバを唄い、アーパーレンを唄う、それから座敷へ迎えられ祝宴となり、短くて長いマユンガナシの夜が終わる。（「シチジラバ・アーパーレン」唄省略）

二日目

一般に言う元朝、元旦の日である。この日はカー（井戸）願いが行われる。水は生きとし生けるものにとって生存に不可欠のものである。毎日の生活で飲んだり煮炊きしたり、体を洗ったりしている水であるが、年が改まる日には特別の意味を持つ。水の確保は、たとえ近くに河川があったとしても、日常的に利用するのは井戸であった。

その井戸の水が、再生の力を持つと考えられていた。正月が旧暦で行われていたころも、新暦で行われるようになった後も、元日の朝早く、娘たちは競って井戸へ水汲みに行った。その水で顔を洗ったり手を拭いたりすると若返るといわれた。他の媒体（ここでは水）で若返る（再生する）ことを「スディルン」といい、その水を「スディミジ（水）」という。カニやヘビが脱皮することも同様にいう。

この習俗は水の持つ霊的力の観念に支えられており、その水を確保し、与える井戸が神聖視される。井戸をさらい、周りを清掃にして拝むカーニガイは各地に存在するが、その月日は村によって異なり、一律ではない。川平村ではシチの元日に当たる日の朝早く井戸さらえが行われ、その後で午前中にカーニガイが行われる。

村には共同で使用する井戸、個人で使用する井戸など、いくつかの井戸が存在する。共同で使用する井戸にオーセカーがある。オーセは王朝時代の村番所で、「仰せ」に由来するといわれる。村役人が詰め、貢納物を収納したり、村人（百姓）を使役に割り当てたり管理したりした。オーセカーはその時代、そこに集められた村人たちが水を飲み、使った井戸である。オーセは川平公園の手前、大勢押し寄せる観光客の駐車場がその跡地で、井戸はその一角にある。

井戸さらえは井戸の底にたまった泥を掘り上げて除き、周りの草を取り除いて清掃する。村には共同で使用する井戸が六ヶ所あり、それぞれにカー元屋と伝えられる家がある。オーセカーや共同で使用する井戸さらえには公民館から作業員が派遣される。井戸さらえが済むと、かつては井戸の周りをクッカズラ（トゥヅルモドキ）で巻いた。現在は両側に枝葉の付いた竹を立て、それに張り渡す。注連縄の意図があるのであろう。

カーサラエが済むとカーニガイが行われるが、オーセカー以外の個人で管理する井戸や共同の井戸はそれぞれの関係者でカーニガイを行う。しかし、オーセカーのカーニガイはンニブシオンの神ツカサによって行われる。ンニブシオンは村建てと深く関わるオンとされ、村の祭儀の中心となっている御嶽である。この祈願には四人のスーダイが供物（酒一対・パナグミ・香一束）を用意して参列する。この行事の形態は、他のカーニガイに比べてかなり異なる。「村」という共同体意識が強くはたらいている行事である。

その日はヤーザライ（家払え）も行われる。波打ち際で、波が寄せて引く折に砂をすくい取る。これを七回行い、ナナサイヌパナ（七彩の花）と呼ばれる。人の足跡のつかない潮水のしたたる清浄な砂は、不浄を祓う力を有すると考えられている。その砂を、「この家の中、屋敷内にヤナムン（不

カーニガイ（井戸願い）が済んだオーセーカ

浄）、災い、疫病を入らせ給うな」と唱えながら、屋敷の奥から門に向けて撒いて行く。門まで来ると外に向かって砂を撒き、それから門の外に出て、家の中に向けて砂で大きく鳥居の形を描く。

これで、家の中から屋敷内まで浄化されたことになる。清浄な中で改まった年の祝いの食事、シチフルマイ（振舞）をいただく。晴れの日の膳で、ふだんは食べられない四品の料理が並び、ユーチング（四品）と呼ばれた。また、魔除けと称して、子どもたちにはブー（苧麻繊維の糸）に男の子には七つ、女の子には五つの結び玉を作り、首に掛けたりもした。

これらの習俗は、かつてシチの行われていた八重山地方のどの村でも行われていた。ただ川平村とは異なり、他の村々においては前の日の夕暮れ時に行う慣わしであった（第二章「家のシチ」の項参照）。しかし、上水道の設備が完備され、どの家でも容易に水が得られるようになってからは井戸に頼ることはほとんどなくなり、これらの習俗も次第に姿を消しつつある。さらに、近くのスーパーに行けば国内外からの豊富な食材や食べ物が容易に手に入る今日、晴れの日の食事（フルマイ）という意識も薄くなり、形を整えるというだけの傾向になりつつある。

ヤーザライ。ナナサイヌパナで鳥居を描く
（比嘉康雄『神々の古層』⑥より転載）

三日目・四日目・五日目

三日目は「正日」と呼ばれる。祭りの中で、正日と呼ばれる日は祭りの中心となる祝祭の日で、もっともにぎやかな日である。しかし、この日は午後から公民館の庭で獅子舞が行われ、その公民館の中で「ザーヌニガイ」(座の願い)なる祭儀が行われる。祭儀は四御嶽の神ツカサによって行われるが、その後で、祭儀に参列したカンマンガー・総代・村の幹部らを含めて宴が開かれる。それだけである。

四日目は重厚な獅子の祈願があり、獅子舞が行われていた。そのプログラムが繰り上げて前の日に行われるようになったのである。従って四日目は何の行事もない。聞き取りをしていくと、かつてはそこに賑やかな祭りが行われていた。三日目の正日と四日目の獅子舞は、川平村のシチを特色づける祭りであった。しかし、今はすっかり消えている。このことについては、次の「祭りの性格」で、「三日遊び申すなり」として考えてみる。

五日目、この日は神送りと神座遊びが行われる。二月たかび(願い)でお迎えした農耕の神、ニランタ大主《うふや》はンニブシオンに居られる。その神をニランタフヤン(神の国)へお送りするシチの大事な行事である。午前中に供物の準備をするが、かなり大がかりである。その日の供物を整えることをスナイマカスという。三日前にスーダイ(総代)は五六歳(かつては四九歳)以上七十代の婦女にスナイマカスの行事を伝え、準備怠りなきよう指示する。その指示を受け、婦女たちはスナイ(供え)の材料とするツノマタ・パパイヤ・ニンニク・サフナ・調味料を集め用意する。

スナイマカスは年長総代(ヒジャスーダイ)の家で行われる。この行事には各オンの神ツカサも参列し、進行を見守る。スナイマカスの間に、スナイ(供え物)を運ぶニームツピトゥ(荷持つ人)として二人の婦女が選ばれる。時間をかけてスナイをすべて作りおわると、ミルク節とシチジラバを手拍子で唄い、スナイマカスの行事を締める。

午後、神送りのカンニガイ(神願い)が行われる。各御嶽の神ツカサ・スーダイ・ムラブサ(村夫佐、御嶽の清掃などを行う)・氏子代表(四人)は昼食後上記スーダイの家に集まり、ンニブシオンへ向かう。午前中に作られたスナイは荷持つ人によって運ばれる。ンニブシオンではフタニガイ(二願い)が執り行われる。運ばれたスナイは三分して三つの盆に盛り、供物が用意される。それぞれにグシ(酒)・パナグミ(米)・クッパン(干し魚)・ミシャグ(神酒)を合わせる。

その日のンニブシオンでの祈願はシュビ(首尾、終わり)願いといわれる。まず一揃えの供物をそなえ、御嶽の神にそれまでの加護を感謝する。それからもう一揃えの供物を取り替えて供え、農耕の神ニランタウフヤにこれまでの農作業の順調な推移と豊作に感謝し、ニランタフヤン(神の国)へお送りすることを告げる。そこでの祈願が済むとスクジオンへ向かう。ただし、全員が行くわけではない。スーダイやムラブサなど男は残り、後でサカニカイをする。

名勝川平湾の西岸から岬を回ると底地湾(スクジ湾)である。湾を取り巻くように真っ白な広い砂浜が続く。静かで遠浅の内海は海水浴をはじめ、海のレジャーには恰好の場所である。近くには大きなリゾートホテルが建ち、観光客でにぎわっている。スクジオンは湾の奥、砂浜から続く雑木林の中にある。御嶽は、石垣が簡単に積まれただけの素朴な拝所である。しかし、この拝所が、この村の祭儀には大きな意味を持っている。

神ツカサや二人のニームツピトゥは、行き帰りとも裸足で歩くのが慣わしとなっている。スクジオンに入る手前で、ニームツ

ンニブシオン(群星御嶽)のイビ前で礼拝する村人

赤イロ目宮島御嶽からンニブシオン(群星御嶽)へ向かう神ツカサたち

ピトゥはツボマカー（井戸）で供え物を盛る容器を洗う。スクジオンでの祭儀は夕暮れ時から行われる。重厚な祭儀が終る頃には日はすっかり沈み、あたりは薄暗くなっている。

帰りはホーラ道を通って戻る。途中、道沿いのシィモーカーに寄り、使用した供物の容器を洗う。そこから進むとフナスクである。そこではスーダイ・ムラブサ・婦女たちが待っている。神ツカサ一行がフナスクに差し掛かると銅鑼が大きく一打され、数本のタイマツに火が灯されて一行を迎える。それがサカニカイである。そこからタイマツに導かれるように、神ツカサを先頭にして寄り合い所、公民館までの道行が始まる。

公民館まではドラや太鼓を討ち、ミルク節を唄いながら進む。夜のとばりの中をタイマツのほのかな明かりに照らされ、ゆっくり歩む白い打掛の神ツカサたちの姿がいかにも神々しい印象を与える。村の中に入ると、道の角々で

スクジ湾に向かって建つスクジオン（御嶽）

シィモーカー

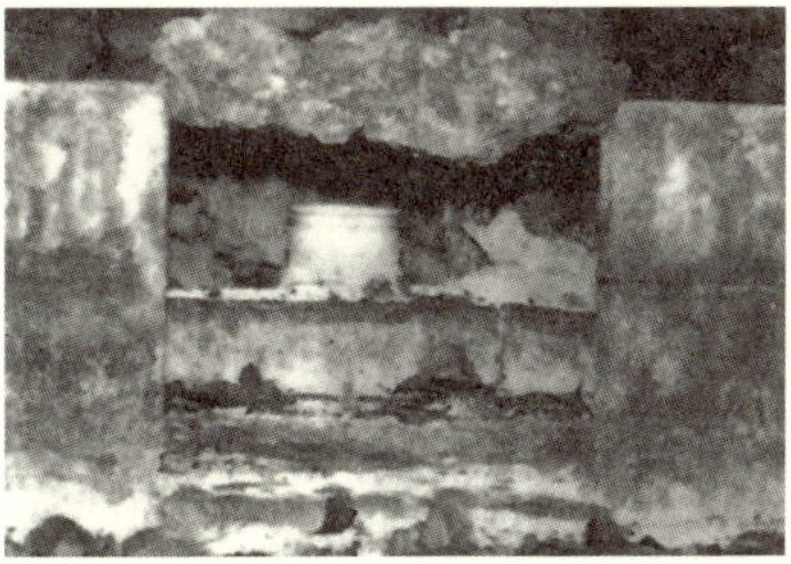

スクジオン（御嶽）のイビ（『川平村の歴史』より転載）

神送りを済ませ、スクジオン（御嶽）から帰る神ツカサたち

人々が出て迎える。こうしていよいよ公民館に至るとその広場で円になり、シチジラバを唄う。ここで神送りの行事は終了することになる。続いて公民館のなかで神座遊びが行われる。

四　祭りの性格

「年の夜《とうしぬゆ》」とマユンガナシ

上記『由来記』に記す「年帰しとて家中掃除家蔵辻まで改め諸道具至迄洗拵皆々年縄を引き三日遊ひ申也」に関連して『沖縄文化史辞典』は、「八重山諸島の節の祭りは、生産年の更新における『世乞い《ユーク》（世は米や粟、または富貴の意）』の行事であるが、その前夜を年の夜、当日を年帰し、年迎えまたは初正月と呼び、若水を汲んで祝った……」と述べる。

ここで問題にするのは、「その前夜を年の夜、当日を年帰し、年迎えまたは初正月と呼び」の部分である。なお正確に言えば「その前夜を年の夜、当日を年帰し」で、さらに詰めて言えば、「前夜」と「当日」に関する認識である。これは一般の常識を反映していると思われるが、年の夜は前夜ではなく、当日の夜で「年帰し」、つまり「年迎え」（正月）はここから始まった。

これを理解するためには、一日の時間サイクルの認識は、古人たちと現代の私たちとは大きく異なっていたことを知らなければならない。古人たちの一日は、現代の私たちが認識するように夜明けに始まって日暮れに終わるのではなく、あるいは夜中の一二時から次の夜の一二時までもなかった。多くの先学の研究で明らかなように、古人たちの一日は日暮れ時に始まり、次の日暮れ時までであった。つまり、一日は現在の私たちが描く「昼夜」ではなく、「夜昼」の順序であった（南方熊楠「往古通用日の初め」『南方熊楠全集第四巻』平凡社）。

新年は夜明けからではなく、前の日の日暮れ時から始まった。このように理解すると、私たちの記憶にもまだ新しいある慣習の背景と真の意味が分かってくる。太陽暦がすっかり生活に根付いた現代でも、年の暮の夕食は「フルマイ」と称していつもよりは改まった食事(馳走)をいただく。旧暦でまだ正月行事を行っていたころ、戦後のある時期までは、フルマイをいただいて歳を取るといわれ、食膳に着くと祖母や母親から「もういくつになったか」と聞かれたものである。しかし、よく考えてみるとこれはおかしな話で、歳を取るなら新年に入って、つまり年が改まって取るはずで、前の年の暮れの日では筋が通らない。フルマイは年の暮の最後の晩餐ではなく、年が改まった日の祝いの膳で、そこでめでたく歳を取ったのである。

要するに、「年の夜」は新年の前の日の夜のことではなく、そこから新年は始まったのである。そして、正月の一日は今の感覚で言えば二日目、すなわち元旦の夕暮れ時までであった。川平村ではシチフルマイは、その日(元旦)の夕方いただく。これには戒めがあって、日が暮れないうちにいただくことになっている。つまり、それまでは正月一日目であるが、日が暮れると正月二日目に移るからである。

石垣市川平村では、シチ(祭)の第一日目の夜、マユンガナシの神が出現し家々を回る。その神の由来については次のような伝承がある(上村)。

昔(すなわち上代)みすぼらしい姿の旅人が夜村に現れ、一夜の宿を乞うて家々を回った。村はシチ祭りで、新年を迎える日であった。どの家でも断られたがただ一軒、南風野《はえの》家(改姓して早野家)の先祖は、こんな粗末な家ではあるがよければどうぞ、と家の中へ招じ入れた。よその家では新年を迎えて賑やかであるが、この家は淋しい気配がする、なぜかと旅人が尋ねた。家の主人は、貧しくても水と火があれば満足ですと答えた。夜が更けて、主人が目を覚ますと寝床に旅人の姿がない。外から神々しいカンフツ(神口)

を唱える声が聞こえてきた。家の主人は大いに驚き、翌朝そのことについて尋ねると、「自分は農神である。一夜の恩に貴家のために神意を告げ、願ったのである。」と答えた。主人はまた驚き、農作物の植え方、育て方について教えを乞うた。神は南風野家を立ち去る時、来年も戊戌《つちのえいぬ》の日に来訪することを告げて去って行った。次の年、神は約束通り来訪した。そしてまたその次の年も、神は三回続けて来訪したが、以後は姿を現さなくなった。神が来訪して以後、南風野家は家族無病息災、農作物はよく実り、繁昌した。村人は不審に思い尋ねると、南風野家の主人はこれまでのいきさつ話した。村人は大いに反省し、神の言葉を習って、毎年神が来訪した戊戌の日には神に扮装し、家々を回ってカンフチ（神口）を唱えることにした。その折はまず初めに南風野家に寄り、カンフチを三句唱えてか家々を回ることにした。それからは、村も五穀豊穣の世を迎えたという。また村ではこの神を豊年の神、「真世の神《まーゆうぬかん》」と呼び、「マーユンガナシィ」あるいは「マヤヌカン」と尊称して呼ぶようになったという。

その「年の夜」に、マユンガナシが出現する。いったいこのマユンガナシはどんな素姓の神か。マユンガナシの特徴ともいえる三つの要件、年の夜に現れること、蓑・笠をまとっていること、家々を回ることを糸口にして考えてみる。

まず蓑・笠をまとっていることについて。蓑笠姿で出現する神については折口信夫氏の古典的な解釈がある。有名な「マレビト」説である。マレビトは遠い異郷の神で、蓑笠をまとい、時を定めて村に現れ、家々を回って福を授ける神である。

遠い国から旅をして来る神なるがゆえに、風雨・潮水を凌ぐための約束的の服装だと考えられ、それから蓑笠を神のしるしとするようになり、此を着ることが神格を得るゆえんだと思うようになったのである。（中略）大晦日・節分・小正月・立春などに、農村の家々を訪れたさまざまのまれびとは、皆、蓑笠姿を原則としていた」（「国文学の発生」『折口信夫全集』第一巻、中央公論社）。

この説によれば、マレビトは時を定めて訪れるが、年の夜とは限定しない。また、遠い異郷の神で、個々の家の住人とは直接の関係はない存在である。

一方、正月に家々を訪れる来訪神については、柳田國男氏のこれも古典的な解釈がある。柳田氏は、年の夜に訪れる年神は歳徳神《としとくじん》とも呼ばれたが、その正体は先祖神、祖霊であると強調する。祖霊は、死者の霊が時間の経過とともに死穢が払われ、次第に純化されて先祖霊の融合となった神観念である。つまり、元は生きていた人の霊である。従って、現実にこの世に生きているあの人この人と深い関わりがある。神となったその先祖霊、祖霊が年の夜に時を定めて子孫の繁栄を約束し、祝福を授けるために訪れるという。そして、「もとは正月も盆と同じように、家へ先祖の霊が戻る嬉しい再会の日であった」とも、また、「これほど数多く、また利害の必ずしも一致しない家々のために、一つ一つの庇護支援を与え得る神といえば、先祖の霊をほかにしては、そうたくさんはあり得なかったろう。」とも述べる（「先祖の話」『定本柳田國男全集第一〇巻』筑摩書房）。

日本の民俗学を切りひらいた二人の巨匠、折口信夫氏と柳田國男氏の来訪神に関する説の一端である。折口氏も柳田氏も、ともに正月に訪れる神について述べている。しかし、先述のように、二つの神の素姓は根本的に違う。にもかかわらず、儀礼の中に蓑笠が用いられると、折口のマレビト説を引き合いに出して、なんでもかんでもそれをマレビトを表わす象徴とみなしてしまう、とその風潮を指摘するのは小松和彦氏である。

小松氏は、「民俗社会のさまざまな儀礼をその社会的コンテキストのなかで考察し、その儀礼を構成する一連の儀礼的行為や儀礼的道具を社会的・儀礼的コンテキストのなかで分析していくという作業を積み上げていく」必要があると述べる（小松『異人論』ちくま学芸文庫、筑摩書房）。平たく言えば、蓑笠が用いられる儀礼のコンテキスト（文脈）、つまりその前後関係を分析して解釈すべきであると言っている。まったく同感である。そして氏は、「正月儀礼のほかにも、雨乞い儀礼、田植え神事、物忌み、婚姻儀礼、葬送儀礼、さらに百姓一揆の装束、等々において蓑笠やそれに類するものが用いられることがある」（上掲書）と述べ、年の夜に蓑笠をまとった来訪神が現れることは否定しない。

マユンガナシの素性、正体を小松氏のいう「儀礼のコンテキスト」に従って考えてみたいと思う。私は二〇一六年の一一月一二日（旧暦一〇月一三日）、川平村で某家の座敷に上げてもらい、マユンガナシの行動をつぶさに見ることができた。マユンガナシが外で、家の中に向いてカンフチ（神口）を唱える光景に思わず旋律を覚えた。これは正に神だと思った。その家の嫁の父親が来ていて、窓際の壁に寄りかかって、耳をそばだてながら細い声でそのカンフチをなぞっていた。その光景が印象深かった。若いころにマユンガナシの役をしたことがあると、後で懐かしく語っていた。

五〇分にも及ぶカンフチを唱え終えると、マユンガナシは主婦の用意したバケツの水で足を洗い、差し出されたタオルで拭いて座敷に上がってきた。主人が正座して迎え、応対したが、その後の光景を見て驚いた。打って変わって、意外に人間臭いと思った。マユンガナシは主人に勧められるままに膳の吸い物をすすり、箸を使って料理を口に入れた。また、膳の脇に煙草盆が用意されていた。後で主人に尋ねたら、煙草は用意しておくことになっているそうだ。マユンガナシは主人の語りかけに、〝ンー〟と応じるだけであったが、時間が来ると、主婦の差し出すツト（馳走の土産）をアンツクに入れて出ていった。

マユンガナシは、この世に生きている人に身近な存在である。そのことを、マユンガナシが唱えるカンフツで検証してみる。しかし、カンフツはマユンガナシが唱えて五〇分にも及ぶ。文章に直すとかなりの長文である。幸いにも『川平村の歴史』(川平公民館編)にはカンフツが採録されている。その中から数か所引用させてもらいたいと思う。

ウートォード、キユヌピイ、ユカルピイニ、ウートシイ、ミートシイ、ンカイ、クダリ、チヤービル、マーユンガナシイデ、カン、カザル、ビントォードウ。

ウートシイ、ミートシイ、ンカイ、クダル、チヤービールカーラ、ウイヌシイマ、カンヌ、シイマーラ、フウユウ、マーユー、フンニン、パタン、プヤン、マデン、ツンンテ、クダル、チヤービール、マーユンガナシイデ、カン、カザル、ビントォードウ。

(大意) 祈り願わん 今日の佳き日、果報の年新しい年を迎え、はるばる来訪してきたマユンガナシがこう伝えるのである。果報の年新しい年を迎え、はるばる来訪してきた故、上のシマ、神のシマから果報の世、富貴の世を家の棟ほどまで積み、満載してはるばる来訪してきたマユンガナシがこう伝えるのである。

タータバル

ヌスク、フカデ、アカイマス、タマズニ、パマザラ、タバルヌ、ウイニ、フウユー、マーユー、フツポール、マキィポールシ、クダリ、チャービール、マーユンガナシイデ、カン、カザル、ビントォードウ。

(大意) 野底・フカデ・アカイ舛・玉ズに・パマザラ(以上地名)の田原の上に、果報の世、富貴の世を打ち放り撒き放りして、はるばる来訪してきたマユンガナシがこう唱えるのである。

ムギ
ユスキ、イバイダキ、ヌングトニ、ムトイ、サカイシ、カーラ、ウルジンヌ、ユーフクヌ、ナリクーバ、フウブーンデ、ダリプーンデ、フウブー、ダリプー、デスーヤ、イシィヌングト、カニヌングトニ、ユデーマーリ、ピィキイマーリン、ノオールミー、イリン、スヌ、カフーデ、カン、カザルビントォードウ。
（大意）ススキ・イバイダキ（カシバ）のように本（根）が強く栄えて春さきになり、潤いが増して来れば穂が出、やがて垂れ穂となり、石のように金（カネ）のように固い実となり、枝は弓のようにたわんで豊かに稔る、その果報をと、このように唱えるのである。

アワ
インヌキー、マヤヌキー、ヌングトニクイリナー、クイリ、スカーラ、フサトリポーレ、ニーバキポーレーヌ、ナリクーバ、フサトリ、ニーバキシ、フカーバ、ユスキィタキヌングト、イバイダキヌングト、ムトイ、サカイ、スヌカフーデ、カンカザル、ビントォードゥ。
（大意）イヌの毛、ネコの毛のように密生して芽生えたら、除草・根分けの頃になれば、雑草を取り、根分けをしておけば、ススキのように、イバイダキのように本栄する。その果報をと、このように唱えるのである。

ここで紹介したのは、カンフツのそれぞれの一部で、実際に唱えられるカンフツの内容は多岐にわたり、その数倍の量となる。以下イネ・イモ・アズキ・生命果報・生れ繁昌・大貢布・牛馬と続く。カンフツで語られていることは、一言で言えば「ナリワイ」(生業)である。そして、そのほとんどは多方面にわたる農耕に関して語られている。田や畑の農地は、遠くは石垣島最先端の平久保から村近隣の崎枝あたりまでの広範囲にわたっている。村の長老に尋ねたら、すべて耕作していた田や畑のあった土地だと言っていた。作物もムギ・アワ・イネ・マメと、最も重要で農業の中心であった農作物を挙げ、その栽培・育成の方法や留意点を細かく伝えている。その上に立って牛馬の繁殖が必要であること、農作業が順調に行われ、豊作が得られてこそ子孫繁栄、貢納も滞りなく納めることができると述べている。

これは明らかに先人たちの体験である。はるばる遠くまで出かけて農地を開拓したであろう苦労が、村人にも実感として伝わってくる。農作物の育て方も先人たちの実践の積み上げによるものであろう。それらを村人に伝えようと毎年村に訪れる。しかも神の口から、国王への忠誠を暗示するかのように、最も俗っぽい貢納への配慮までも語られる。この慈しみ、庇護を考えると、年の夜に村に訪れる神と村人の関係は先祖と子孫の関係以外には考えられない。マユンガナシの素性、正体は先祖神、つまり祖霊である。

もう少し話を進めてみよう。折口氏のマレビトは遠い異郷の神で、村人とは血のつながりがない。両者の間には越えがたい断絶がある。しかし、それに対して祖霊は、現代の村人たちとは先祖と子孫の関係である。マユンガナシは、そのスディル斎場から村に入ると早野家(元南風野)に向かう。早野家の先祖は川平村建ての祖といわれる。マユンガナシはまず早野家に訪れ、それから分家の家々をまわる。現在は数組のマユンガナシが存在するが、それは後世の演出であろう。神が集団でやってくるはずはなく、本来は、つまり神話的には一つの神であったと思われる。他の家々からの要請により、早野家とは直接関係のない家々も訪ねるようになった故の工夫であろう。ここにも、先祖と子孫の関係を見ることができる。

さて、それでは問題の蓑笠は何を意味するのであろうか。見てきたように、マユンガナシは折口氏のいうマレビトということはできない。従って、蓑笠は「風雨・潮水を凌ぐための約束的な服装」だと考えることもできない。小松氏の主張に従い、儀礼のコンテキストで判断するならば、蓑笠は先祖たちの田や畑に入る時の衣装であったというところに落ち着く。この点で、環境は異なるが、坪井洋文氏の説は大きな示唆を与えてくれる。

氏は、今は平地(里)でイネを作る農民の先祖たちが、かつては山間で焼畑を営む山の民であったとして事例を挙げる。正月に蓑笠をまとい、山から下りてきて家々をまわる異形の神は山の民の守護神であった。そして、「山に生きた人々の日常の姿は蓑、笠に象徴されるような里の基準からすれば異様、異形の様式であったということである。山から里を訪れる神々の異装こそが、山人たちの日常の姿を表象したものに他ならないといえよう。」と述べる(「神道的神と民俗的神―定住民と漂泊民の神空間―」『漂泊の民俗文化』日本の歴史民俗論集八、吉川弘文館)。蓑笠は、「山人たちの日常の姿を表象したものに他ならない」に注目したい。マユンガナシの蓑笠姿は、川平村の先祖たちの日常の姿を表象しているといえよう。蓑笠はつい最近まで、八重山地方では普通に見かける田畑で働く人々の衣装であった。

スクジオンとニランタウフヤ

川平村の「神事日程表」(川平公民館神事部)によると、年間の神事(一般に年中行事)が二三回組まれている(二〇一六年)。そのうち「一〇月願い」(村人の健康願い)、「旧正初願い」(御嶽の神に年詞を奉る)、「(一月)火の神の願い」を除くと、すべて農作業、農作物に関するものである。この仕組みは四〇年前当時(一九七六年『川平村の歴史』発行)と全く変わっていない。そしてなお言えば、その神事が濃密である。それを可能にしているのは、この村の人々の御嶽に対する敬虔な信仰心である。

川平村は村建ての先祖たち以来、農業を主たる生業としてきた村である。その長い生活史を通して農業を中心とする祭儀が生まれ、次第に強化されていった。そして、マユンガナシやニランタウフヤの来訪神が現れる。マユンガナシの素性については先に考察した。ここからは、農神といわれるニランタウフヤとはどのような神か、考えてみる。

この神については異なった二つの伝承がある。そのうち、一つは不確かな言い伝えであり、他の一つは伝承の輪郭が明らかである。この二つの伝承、そしてこの神が物作り（農業）の神といわれるゆえん、これら三者を合わせて考察する唯一の手がかりがある。『由来記』に記載する御嶽の記述の仕方である。

『由来記』には沖縄地方の村々の御嶽が列挙されている。その記述の仕方はおおむね嶽名・村・神名・御イベ名・由来などであるが、すべてが一様に述べられているわけではない。八重山地方の場合（どういうわけか与那国は含まれない）、取り上げられたすべての御嶽に神名と御イベ名が別々に記されている。例えば次のように。

友利御嶽　　　　　　　　　鳩間村
　神名　　　ヲトモリ
　御イベ名　大サナルカネ
シコセ御嶽　　　　　　　　川平村
　神名　　　嶽名同
　御イベ名　友利大アルシ

友利御嶽の御イベ名の「大」はウフと詠み、シコセ御嶽の「シコセ」はスクジ（「底地」と表記）の誤記であろう。

これまでの研究で神名はその御嶽の聖名、つまり崇め敬う名、尊称と考えられている。そして、御イベ名こそがそこに祀られている神の名であり、神格を示しているといわれる。

さて、『川平村の歴史』にはスクジオンの伝承として、このような記述がある。「本御嶽に関しては鳩間村より作物の神をお迎えして建てたという説もある。鳩間島には友利御嶽があり、スクジオンの御イベ名が「友利大アルジ」であることから、何か関係があるやに感じられるが、事情はよく分からない。」と。先に述べた不確かな伝承である。

この伝承はあり得ない。『由来記』記載の元になった八重山蔵元の報告書（一名「八重山島由来記」）の作成は一七〇五年、調査は一七〇一年から一七〇三年にかけて行われた。後に御嶽と呼ばれる拝所はそれよりはるか昔、グスク時代もその初期、一二世紀から一三世紀ごろに遡るという（仲松弥秀『神と村』、安里進『グスク・共同体・村』など）。たとえ時代を下って設定しても、そのような時代に、川平村と鳩間村に交流があったとは考えられない。この伝承は『由来記』発行後、それを見た物知りの思いつきが語り継がれて伝承となったのであろう。それゆえ、「何か関係があるやに感じられるが、事情はよく分からない。」となるのである。

それに対して、もう一つの伝承は遠い昔の記憶が基になっており、かすかに事実を反映しているのではないかと思われるのである。まずその伝承も『川平村の歴史』から引用してみる。

昔本土の人が八重山へ航海し、オガン崎を目標にして同所へ行ったところ、地形が悪く接岸出来ないのでスクジ湾へ廻航しヤドゥピキヤーの下の海岸に夜着いたという。上陸して村の明かりを便りにブンア道を通ってくると、最初にあった家を訪ね色々お世話になったという。その家が仲底屋であった。その人が同家に滞在中に同家の娘と恋仲になり、遂に男の子が出来たといわれている。その子が保嘉真山戸であると言い伝えられている。しばらくして本土からの人は郷里へ帰ることになり、再びスクジ湾より出航することになったので、仲底屋の娘(旅妻)は斎戒沐浴して彼の海上安全を祈願していたという。この祈願した所がスクジオンの場所であるといわれている。

この伝承には、注目しておきたいことが三つある。一つは人物がヤマトの人(本土の人)であること、二つ目は船乗りであること、三つ目はその人物を見送ったところが御嶽になっていることである。この三つのうち、最後の一つを除いては、鳩間村の友利御嶽の成り立ちと全く共通の要因となっている。友利御嶽の由来については、『由来記』には何の記述もない。しかし、雨乞いの儀礼からその創建の事情を推測することができる。

鳩間島は、八重山諸島のなかで人の住んでいる一番小さな島である。隆起サンゴ礁から成るこの島は周囲四キロにも満たず、山もなければ川もない。水不足で、飲料水の確保も困難な島である。向かいの西表島から海底送水で、家々に水道が引かれたのは一九八〇年代に入ってからであった。日照りが続くと雨乞いの祈願が行われた。年中行事の中心である友利御嶽で、雨乞いの歌を歌いながら粛々と行われた。

雨乞いの歌は、祈願の儀礼歌である。そこに祀られている神を称え、雨が欲しいと切々と訴える。その内容はこうである。後にフナヤギサ(船屋儀佐と表記)と呼ばれる男がヤマトの国を出航して、順風満帆に南下してくる。沖縄に寄り、宮古島に寄り、さらに南下して竹富島、黒島に寄り、遂に鳩間島にたどり着いて上陸する。その男(船乗り)は、村人が水に難儀しているのを見て水脈を探り、井戸を掘って飲み水をあたえた。

雨乞いの歌は、ここまでの物語を三五節にも及ぶ、長い叙事詩として綴る。先述のヤマトの人、船乗りに加えて、さらに二つのことを教えてくれる。一つは、その船乗りは鉄を持ってきたということである。井戸は木や石の道具では掘れない。鉄を加工して道具を作り、掘っていったことが分かる。儀礼の歌が教えてくれるもう一つは、船乗りは神になったということである。船乗りの死後、村人は丁重に葬った。そこが御嶽になった。祀られているのは、ヤマトの船乗りの霊である。死者の霊を祀ったところが御嶽になったという事例は、スクジオンの成り立ちにも通じると考えている。

ところで、谷川健一氏が興味深いことを報告している。それによると、沖縄本島から宮古・八重山にかけて「トモリ」「友盛」「トモイ」などの名称で呼ばれる御嶽があり、そこで祀られている神は鉄器をもたらした人物であるという。たとえば、安波茶村(浦添市)には「トモリ嶽」という御嶽があり、そこに祀られている神の名は「大和ヤシロ船頭殿ガナシ」である(谷川「鉄文化の南下をめぐって」大林太良ほか編『シンポジウム沖縄の古代文化』小学館)。つまり、ヤマトの船乗りであった。

研究によると、琉球列島の周辺海域ではかなり古く(一三世紀—一四世紀)から大陸や大和の商船・倭寇が活発に活動していた。それらの商船・倭寇は島々に立ち寄って水や食料を補給したり、物々交換で島々の特産物を買い求めたりした。その中には、当然鉄も含まれていた。鉄器はそれらの船乗りたちによってもたらされたと考えられている。スクジ湾に船を回し、川平村の娘を娶ったヤマトの船乗りもその一人であった。仲間満慶山英極(川平村)やオヤケアカハチ(大浜村)より一〇〇年も昔の時代である。多良間島には「鍛冶神にーり」と呼ばれる神歌がある。次のような内容を持つ。これもまた、鉄器を導入したヤマトの船乗り逸話である。

鍛冶神はヤマトの島の真ん中、積み上げられた黒鉄の中から生まれた。鍛冶神は鍛冶道具をつくり、ヤマトの人々に農具の作り方を教えた。教え終ると、鍛冶神は船を整え、鍛冶道具を積み込んで沖縄島に渡り、方々で鍛冶の技術を教えた。それから鍛冶の神はやはり船を整え、鍛冶道具を積み込んで宮古島に渡り、鍛冶の技術を教えた。そしてついに鍛冶神は、多良間三原島まで渡ってこられた（稲村賢敷『宮古島庶民史』）。

これまで述べてきたことから、スクジオンの実体とニランタウフヤの素性を推測することができる。なぜそのヤマトの船乗りが農作物の神、農神として祀られるようになったか。いうまでもなく、その船乗りが鉄を持ち込み、鍬や鎌などの農具を作って村人に与えたからである。鉄の鍬や鎌で農作業もはかどり、収穫も上がったはずである。その神の名が「友利大あるし」（御イベ名『由来記』）となっているのも、谷川健一氏の指摘に通うものがあろう。

次に、スクジオンの実体についてである。伝承によれば、そこはヤマトの人が郷里に帰った折、妻となった女が夫の海上安全を祈願したところであるという。しかし、御嶽が出現したと思われるはるか昔（一三世紀から一四世紀ごろ）、もちろん定期航路などのなかった時代、たまたま立ち寄った人が数年して郷里に帰って行ったとは考えられない。それに、船出して姿を消したその人が、なぜ神として毎年迎えられるのか、説明もつかないであろう。

この疑問に答えられる道はただ一つ、そこは葬所、つまり墓であったと考えてみることである。そのヤマトの人は郷里に帰ったのではない。この地で死んだのである。彼が死んだとき、人々は彼が船を着けたゆかりの地、スクジ湾の海岸近くに葬った。そこが御嶽になった。スクジオンである。

御嶽の多くは葬所であった、これはよく知られた仲松弥秀氏の有名な説である（仲松、前掲書）。沖縄地方では、人は死ぬとその霊ははるかかなたのニライ・カナイに行き、神になると考えられてきた。彼の霊もまた、村人がニランタフヤンと呼ぶ神の国、ニライ・カナイで神となったのである。それゆえ、人々はその神をニランタウフヤと呼ぶ。生きて姿を消した人ではなく、死んでその霊が神となったゆえ、人々は毎年その人を葬った場所で迎えたり送ったりすることができるのである。

ニランタウフヤは二月に迎えられ、シチの最後の日に送られていく。しかし、この神の送迎には浜崎御嶽の神ツカサは同行しない。浜崎御嶽は、昔前田多屋の娘が、川平湾で何日も風待ちをした人々の航海安全を祈願したところであるという。つまり、生きている人々の送り迎えをするところであった。ところが、スクジオンは墓所であり、死者の霊を送り迎えするところである。それゆえ、浜崎御嶽の神ツカサは同行することを憚ったと思うのである。今は慣例となっているが、古の人々はそのことを強く意識していたに違いない。

最後に、この神の祀り方について考えてみる。ニライ・カナイの神を迎え、送る祭りは沖縄地方では広く行われている。しかし、その神が村人と過ごす時間は祭りに絞られ、多くの場合一日か数時間である。ところが、ニランタウフヤは数か月、村人とともに村に滞在する。このような例は、管見によれば川平村だけである。いったいこの神は、なぜこの時期に村にやって来るのか。

一月（旧暦）にヤアラ願いが行われる。御嶽の神と作物の神、ニランタウフヤに農作物の作付始めを報告する行事である。年間の行事の中で、最も重厚な祈願が行われるといわれる。午前中に宮鳥御嶽から始めて、山川御嶽、群星御嶽と回り、祈願を行う。午後早野家の神棚に祈願をし、夕暮れ時、浜崎御嶽を除く三御嶽の神ツカサはスクジオンへ参る。スクジオンでは作物の神、ニランタウフヤに作物植え付けの祈願を行う。

そして、次の二月タカビ（願い）、群星御嶽で作物の神を迎える祈願が行われる。この祈願によって、群星御嶽では御嶽の神とニランタウフヤの両神が居られることになる。なお、早野家は先祖が村建ての祖といわれ、村の祭儀の中心となっている群星御嶽を創建したと伝えられる家である。

このように、この神は二月に人間の里に迎えられ、シチの五日目にニランタフヤン（ニライ・カナイ）へ丁重に送られていく。現在は、シチは一一月に行われているが、昔(『由来記』編纂以前)は七、八月中に日を選んで(己亥)行われていた。二月から七月までの半年、村人にはどのような月日を送るのか、『川平村の歴史』から簡略にして行事予定を抜き出してみる(「ムノン」は物忌みの意)。

二月	二月ムノン(二月タカビの翌日)	農作物の虫払いの祈願
三月	草葉願い	イネ・諸作物の生育祈願
四月	ムギ・マメの初上げ	ムギ・マメを収穫し、初を神に奉納する
五月	穂ムノン	イネの穂孕み、出穂期に害虫・風害を免れるよう祈願する
五月	フルズンムノン	イネの結実順調を祈願する
五月	海止め・山止め	風害や潮風害を免れるよう、三日間海山に入らない
五月	スクマ願い	イネの初を神に捧げる

最後の「スクマ願い」は、稲田からよく熟したイネを選び、一束刈り取ってもみ殻を取り、米にして神に捧げる。宮中の新嘗祭に相当する行事である。スクマ願いが済むとイネはいつ刈ってもよく、それから六月まで稲刈りが続く。一月に作物(主としてイネ)の植え付けをして収穫月の六月まで、農家は気も手も抜くことができない。次々と変わって、毎月行われる祈願がそのことを物語っている。

作物の神は、この期間村人の中におられる。そして、村人の物作り(農作業)を暖かく見守っておられる。この神は村人に鉄の農具、鍬や鎌などを作って与えられた神である。それゆえ神は、毎年農繁期に村に迎えられ、その後の村人のなりわい(生業)を見守ってこられたのである。村人も農神が見守っておられることを信じ、安心して農作業に励むことができた。そして六月、作物の収穫を見届け、七月のシチの日にニランタフヤンに送られていく。

ところで、毎年二月に村に迎えられ、シチの日にニランタフヤンに送られてゆくニランタウフヤの去来する行動を見ると、柳田國男氏の説く「山の神・田の神」の構造におどろくほど似ている。日本は山国である。古くから山あるいは奥深い森は神の住むところと考えられ、山そのものが神とも信仰されてきた。柳田氏は、私たちの先祖の霊は極楽などと呼ばれるはるか彼方に行ってしまわずに、永くこの国土の最も静寂なところに鎮まり、子孫が祭儀を絶やさないかぎり、時を定めて子孫の下に往来されると考えた。そして、先祖の霊が鎮まり、留まる静寂なところを山と想定した。

山に留まり、子孫の下に往来する先祖の霊は山の神となり、農家には農神とも作の神とも呼ばれた。農神は、春は里に下って田の神となり、秋の終わりにはまた田から上がって山の神になるといわれる。この言い伝えは日本全国、北から南の隅々まで、広く分布しているという。春は二月、農民が農作業を始めるころ里に下りて豊作を守護し、秋は一一月、収穫を見守って山に戻るといわれるのである（柳田「先祖の話」）。

柳田氏が説く先祖の霊が鎮まるといわれる山をニライ・カナイに置き換えると、構図がニランタフヤン（ニライ・カナイ）とニランタウフヤの関係にそっくりである。沖縄地方では、人は死ぬとその霊はニライ・カナイ（ニランタフヤン）に行って、そこで鎮まると考えられている。先に検証したように、ニランタウフヤはヤマトの船乗りの霊で、神となって村に来訪するようになったと考えられる。この神は物作りの神とも農作物の神ともいわれ、性格は上記山の神と同様、農神である。

「三日遊び申すなり」―予祝祭

川平村のシチは、八重山地方でただ一つ、古の人々の習俗を最も近い形で伝えている祭りだと思われる。川平村のシチは五日間に亘って行われる。最初の二日間は、「年の夜」にマユンガナシが現れ、次の日にカー願いが行われる。現代の感覚からいえば二日間であるが、古の人々には一日であったことについては既に述べた。この一日は正月で、『由来記』で述べる、「年帰しとて家中掃除家蔵辻まで改め諸道具に至るまで洗い拵え、皆々年縄を引き」の具体例となる。そして、次の三日・四日・五日の三日間は、『由来記』で続けて述べる「三日遊び申すなり」に対応する。「三日遊び申すなり」と述べる「遊び」は、後にプールとなる予祝祭であった。具体的な内容については推測するほかはない。

往古シチの前にはシュビニガイと呼ばれる祭儀があった。すべての農作物の収穫を終え、御嶽に籠って行われる収穫感謝と願解きの祭儀で、年中行事の中では最も重要で厳かに行われる祭儀であった。それから後二〇日余り、人々は物忌みに入り、控えめの生活を送った。そしてシチが来た。『由来記』で「年帰し」と述べるように、シチは正月で一年の始めであった。今日のプールを見て推測されるように、「三日遊び申すなり」の予祝祭では、人々は物忌が明け、熱く燃えて祭りを行ったに違いない。

ところで、「遊び」と言っても、予祝祭の遊びは「神遊び」である。川平村のシチでは三日・四日・五日それぞれに亘り、三日目は「座の願い」、四日目は「獅子祭り」、五日目は「神願い」・「神座遊び」の行事が行われる。いずれも神が招かれ、神を持成して神人饗宴となる。どのような素姓の神が招かれ、どのような性格の祭りかを考えてみる。ただし、それぞれの祭りはかなり変容して今日に至っている。聞き込みによって、可能な限り遡って再現するように努めた。

三日目は正日と呼ばれる。正日は祭りの中心となる日で、祭りの期間中人々がいちばん熱く高揚する日である。ところが、先述したように（「祭りの実際」）、現在は午後「座の願い」が行われ、参列した数人の関係者で静かな宴が催されるだけである。それでも、この日の祭儀は厳かに執り行われる。「座の願い」は神を招いて行われるということで、「座」は祭りの行われる「場」、空間を指している。現在は公民館で行われているが、他所で行われても、行われるところが「座」となる。

それでは、正日に座に招かれ、祀られる神は何という神か。儀礼の流れから推測して、そこで祀られる神はニランタウフヤ以外にはないと見ている。このことについては、川平村のシチを調査した宮良賢貞氏が、「ニランタ大主《うふや》（ニライの大主）を村番所にお迎えして舞踊、獅子舞、太鼓踊（ベッソウ）、棒、狂言を奉納する神人饗宴の祭り」と、同じ見解を述べている（宮良、一九七一年「根来神〝まゆん・がなしい〟について」『沖縄文化』沖縄文化協会）。正日の座の願いは農神に対する感謝の祭儀であり、また次年の豊作を求め、期待する祈願でもある。続く祝祭は、農神をもてなす神人饗宴として行われる。この神は、五日目の「神願い」で、ニランタフヤンへ送られていく。祝祭は、言わばこの神の「送別会」である。

祭儀に続く宴、祝祭は現在は省略されて規模は小さくなったが、かつて正日の日は、宮良賢貞氏が述べるように舞踊・太鼓舞・棒術・獅子舞などの芸能が賑やかに行われていた。昭和三年までは上村と下村が競い合って何日も前から練習を積み、当日に備えたという。当日は踊り座（現在は公民館）において朝早く座の願いが行われた後、余興人や一般集合の呼び出しが掛る。余興人でない一般の人々は酒肴携帯で臨み、座を盛り上げ大いに楽しんだ。

正日の夜は徹夜で、村を挙げて唄い踊り遊ぶのが掟であったともいわれ、祭りを抜け出た者は次の朝未明、村の娘たちによる制裁を受けた。これをシットゥイ（千鳥群）といった。また、昔は八重山蔵元から招かれた役人や川平在勤の役人、士族が平民（村人、結局農民）と分け隔てなく交わって祭りを楽しんだという。祭りがいかに賑やかで、盛大なものであったかは「節祭は節遊び」と言われたり、「シチのために命もほしいものだ」

と語り合われたりしたことからも推測される。

ところが、上村・下村で競い合っている間に、伝統芸能の川平口説・かしかき・笛・太鼓・獅子舞の芸の手、謡の歌詞などに変化が生じてきた。そこで、余興は村で一つにまとめ、昭和四年から実施した。さらに、昭和三四年、年中行事の中でも大きな二つの行事、シチと結願祭を続けて行うには住民の経済的負担が大きいとして、シチの正日に行っていた芸能を結願祭に移して実行した。その結果、今日のようなささやかな形態になったという。

四日目には「獅子祭り」の行事がある。現在は前日の正日に移されて形ばかりの祈願と獅子舞いが行われているが、かつては一日かけて祈願と獅子舞いが行われていた。獅子舞いもまた予祝儀礼であった。日本に獅子舞いが伝えられたのは六一二年（推古天皇二〇年）、百済《くだら》の人味摩之《みまし》が渡来して日本に帰化した際、呉の国の芸能、伎楽《ぎがく》を伝えたが、その中に獅子舞いも含まれていたといわれる。今では日本全国、北は北海道から南は沖縄まで、各地に広く普及している。その形態も獅子頭や衣装、時節や舞い方も多様である。獅子舞いはお隣の韓国や中国、インドやシンガポールなど、東洋各地にも広く行われている。

川平村では、かつて上村・下村それぞれに獅子ツカサ（男性）がいて日頃獅子の管理をし、獅子祭りは獅子ツカサを主体にして行われた。上村と下村が入れ替わって獅子舞が行われたであろうが、現在は正日の午後、座の願いと宴（後述）の前に一組だけの出現がある。公民館の中の保管場所から二頭の獅子を出して出口に安置し、供物を供えて祈願をする。その後で、公民館の庭で獅子舞となる。

獅子舞は七回か九回行われる、一回目と最後は経験者が舞うが、その間は飛び入りで舞うようだ。参列者も少なく、無理やりに指名されたり引きだされたりして回数をつないでいく。二〇一六年の正日で私が見た時は小学校の生徒の見学があり、引率してきた先生たちが勧められて二番ほど舞っていた。素人の獅子舞は即興で奔放自在な動きがあったのであろう、爆笑を誘ったり大きな拍手が挙がったりした。

最後の獅子舞いが終ると、獅子を安置して祈願が行われるのであるが、行うのは若者で不慣れであろう、紙に書かれたものを読みながら祈願を行っていた。「獅子祭り」本来の趣旨が希薄となり、伝統を絶やさないように苦心している感は否めない。獅子舞いの間、御嶽の神ツカサたちは、普段着のままで席を取り、進行を見守っている。

東洋の国々も含め、獅子舞いは総じて祈願の折の悪魔払い、家や村の浄化として行われているようである。しかし、かつて四日の獅子祭りは予祝祭として、敬虔な祭儀が行われていた。獅子を保管所から出して安置し、酒一対・和え物・吸い物を供え、次のように唱えて祈願が行われる。（原文・訳とも『川平村の歴史』による）

ウートードウー　トォーヌ　クシャーヌ　テラヌバソーヤマハラ　ンディオッタ
ウーシン　クウシンフカナツヌマイヤ　カビラムラ　ニシムラナーオーリトーリ
マキブドル　マイブドルシ　トオーリデリ　ジンミンヌ　フーキム　クーキム
ヒキトオーリ　ニフワイユー
願う　唐の彼方の　寺の芭蕉山から　出てこられた　大獅子　子獅子加奈志の
前は　川平村　西村においで下さり　巻踊り　舞い踊りし給わり　住民の

獅子祭りを司る若者

大きな心　小さな心を　慰め下さり　有難う御座います

この短い唱え言には、それだけで獅子祭りの趣旨を十分に明示する文言がいくつか組み込まれている。獅子は大人と子供の獅子が出現するようであるが、これらの獅子は「加奈志の前」と呼びかけられている。「…加奈志《かなし》」、「…の前《まい》」は神や貴人に添えて呼ぶ語で、獅子も神として尊んでいる。その獅子が村に現われ、「巻踊り　舞い踊りし」給わる。それこそ獅子の本領で、それによって獅子神は「住民の　大きな心　小さな心を」を慰め下さる。「大きな・小さな」は、大人も子供もの意であろう。要するに住民すべてである。住民が心穏やかで、毎日が平穏に暮らせるように祝福を与えるのである。「獅子祭り」もまた予祝祭であった。

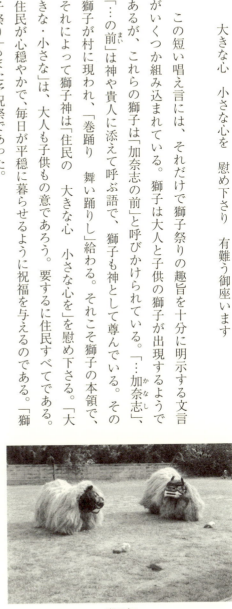

その獅子は、「唐の彼方の　寺の芭蕉山」からはるばる訪れることになっている。唐の国は「琉球国」と関係深く、以来各種の祭儀や習俗に織り込まれて現れる。問題は次の「テラヌバソーヤマハラ」（原文）である。古の人々も、獅子が仏教と関わりのある生き物で、寺院に住むという観念はなかったであろう。「テラ」は「寺」ではない。仲松弥秀氏によると、テラが文字通り寺を指し示す例は首里やその近郊に散見するが、数は少ない。テラの用語が多く出現するのは本島中北部や周辺の島々、宮古・八重山などの辺地で、その意味するところは「洞窟」である。そこは神のいますところで、「家屋の機能をもっている神の鎮座の場」と言った方がふさわしいと述べている（仲松『古層の村』沖縄タイムス社）。「テラ」は、仲松説の通りであろう。

獅子舞

獅子の胴体は茶褐色、バショウの皮をはぎ取って叩き、細く割いて乾かした繊維状の物で作る。原文の「バソーヤマハラ」が「芭蕉山から」であるならば、獅子の姿からの連想であろう。その連想は神と神の住む聖なる空間の必然性を意識させ、神としての獅子が悠遠の彼方から訪れる存在であると観念させる。

獅子祭りは、最後の舞が終ると願掛けの祈願をして、丁重に獅子を保管所に納める。祈願の趣旨は、「大獅子　子獅子の前は　元の住まわれた所に行って下さって　来年の今日は　またお出で下さって　住民の大きな心　小さな心を　慰めてくださ い」である(『川平村の歴史』)。マユンガナシやニランタウフヤと同じく、獅子神も時を定めて村に去来する来訪神である。

五日目は「神願い」・「神座遊び」の行事が行われる。「神願い」はイニブシオンで最後の祭儀を行い、農神ニランタウフヤを神の国へお送りすることを告げる。それから神をスクジオンに案内し、神送りの祭儀が行われる「神座遊び」は、農神をニランタフヤンへ送った後、神座(現在は公民館)に神をお招きして行われる。経緯から察せられるように、ここで招かれる神は御嶽の神々である。公民館の中ではあらかじめ用意された香炉に香を上げ、神ツカサが火の神と御嶽の神々をお招きして祈願が行われる。

シチは正月である。年明けて初めての祈願は村人の無病息災と村の安寧、農作物の豊かな実りである。儀礼の流れから見て、神座遊びは神遊びであり、予祝祭であることが分かる。スーダイ(神事部)が年長の婦人・有志などを座に案内して祝祭が始まる。神座遊びは神事部主導で進められる。神事部の家族は余興を用意し、酒肴携帯で参加する。夜が更けるまで、神ツカサ・スーダイ・ムラブサをはじめ、参列者が入れ替わり立ち代りして余興を披露して宴を楽しむ。神座遊びは一座で神と同じ食事を取り、神の性質を分有する文字通り神人饗宴の宴である。「座の願い」の祝祭については「送別会」と述べたが、ここでも俗なことばを用いると、神座遊びは「慰労会」である。夜が更けて宴が終わり、五日間にわたる長いシチの行事が終了する。

第四章　今に伝わるシチ(二)—祖納村

一　村の概況

村建てと形成について

西表島西岸は地形が複雑に入り組んでいる。西北岸のニシ崎を通り、宇奈利崎を回ると浦内川の河口が、内陸に深く入った入江の状態で開いている。そこを越えてさらに進むとゆるい曲線を描くように小さな湾(祖納湾)があり、その奥に干立村、少し行って祖納村がある。湾の西岸は外洋に拳のように突き出た岬になっており、それを回った先は白浜湾・船浮湾・網取湾・崎山湾と複雑に大きく変化して続き、リアス式海岸を偲ばせる。

祖納村は先述した岬の付け根に当たるところ、北の海と南の海の間が一km足らずほどの低地に南北、東西に開けた集落である。北の海岸をニシドマリ(北泊、「西泊」は誤り)と呼び、南の船浮湾側の海岸をマエドマリ(前泊)と呼ぶ。この前泊の海岸がシチでは斎場となる。海岸近くにはシチで重要な意味を持つ前泊御嶽もある。前泊の海岸から見渡すと、目の前には民謡で名高い「まるま盆山」(無人の小島)があり、その彼方、船浮湾口が外洋へと続くあたりには視線をさえぎるかのように、これも無人島の大きな外離島《そとぱなり》・内離島《うちぱなり》がある。

「そない」の名称が記録として現れる最も古い史料は、『李朝成宗実録』の中の朝鮮漁民漂流記である。朝鮮済州島の漁民が漁に出て船が難破し、三人が与那国の漁船に救助された(一四七七、尚真王即位)。三人は半年ほど与那国に滞在し、温かい世話を受けた。その後三人は西表・波照間・新城・黒島・多良間・伊良部・宮古島と順に送られ、更に那覇へ送られた。石垣を素通りしている。那覇では三か月ほど滞留し、寄港していた博多の商船で輸送され、さらに朝鮮へ送り返された。三年にして故郷の土を踏んだことになる

彼らの西表滞留は約五か月、彼らの見聞きした記録によって当時の人々の習俗・習慣などを窺い知ることができる。その記録の中に「そない島」とあるのは西表島を指していると思われるが、もちろん滞在したのは祖納村であり、島全体を知る由もない彼らにはその島を「そない島」と記憶したのは当然であろう。一五世紀の半ば、そこには相当進んだ文化を持った人々が住んでいた。舟を作り、荒波を越えて遠く波照間島まで漂流者を護送していったのであるが、高度な造船術や航海術が発達していた。これらの事実から、かなり統制のとれた秩序ある社会が成立していたことも分かる。そしてその背景には、当然統率力のある強力な指導者の存在があったはずである。

しかし残念ながら、そのことに関してはまったく記録の存在しない時代のことであり、わずかな伝承を除いてはほとんど分からない。そのようななかで、幸いにも、「そない」村建ての祖と言われる一人の人物の伝承が文字で残されている。『由来記』(一七一三年)には八重山地方の村々の御嶽が取り上げられ、すべてに関してではないが、その由来について述べたものがある。祖納村の「大竹御嶽(オータケウガン)」は『由来記』では「をはたけ根所」と記され、その由来として次のように述べる。

右由来は上代當島西表村祖納堂と云ふ人あり其高六尺餘高にして勇力人に勝りたる人にてをはたけと云所に家を作りける或時晴天に森に登四方の景氣を見渡すに西の方に島蔭幽に相見掛ければ兵船用意にて勇力の者数十人相語ひ順風に揚け與那國に渡り相戰ひ討勝島曾長の者二三人生捕り降参させ後に悪鬼

納かなし御手に入ける時其由奉奏たる由申傳也依之與那國船當島往還の時は西表島に潮掛りいたし彼をはたけ家の火神を拝み申事今迄有來る也

冒頭部分の「上代當島西表村祖納堂と云ふ人あり」については後で触れる予定であるが、後半の部分はこうである。祖納堂は身の丈六尺を越え、強力無双の男であった。「をはたけ」というところに家を作って住んでいたが、ある晴れた日に、森に登って四方を見渡すと西の方にかすかに島影が見える。兵船で勇力の者数十人を引き連れてその島（与那国）に渡り、戦って島の酋長二、三人を生け捕り降参させた。それからは、与那国の船が西表島を往復する際には必ずをはたけ家の火の神を拝むようになったという。

当地の人によれば、今でも岬の高台に登れば、晴れた日には与那国島が見えるという。祖納堂については上記伝承以外、生没年を含め、ほとんど分かっていない謎の人物である。そのような状況のなかで、唯一手がかりとなるのが引用文中の「悪鬼納かなし御手に入ける時其由奉奏たる由申傳也」の語句である。悪鬼納は「うちなー」と読み、沖縄加那志の意で国王または王府を指す。この語句は、祖納堂が与那国を征服したことを国王（あるいは王府）に伝えたという意味であるが、問題は、それはいつの時であったかということにある。

従来このことについては、「悪鬼納かなし御手に入ける時」は一三九〇年の宮古・八重山が国王に入貢した時と解し、祖納堂は一四世紀の中、後期ごろの人物と推測していた。それに対し、牧野清氏は関係史料を検証し、「御手に入ける時」は一五〇〇年王府が赤蜂の乱を鎮圧し、八重山が琉球国王の統治下に組み込まれた時と見る。祖納堂の働きを王府に申し上げたのは乱鎮圧後始めて八重山に派遣された満輓《まんぴいき》与人《ゆんちゅ》で、それをその役人に伝えたのは次に述べる慶来《けらい》慶田《けだ》城《ぐすく》用緒《ようしょ》の嫡子、二代目用蔗であった。そのころ、八重山地方は完全に琉球国の領域となっていた。用蔗は一五一〇年、与那国与人となっている。これらの歴史的経緯から見て、伝承の祖納堂は一五世紀の中期ごろに活躍した人物であったと推測するのである（『新八重山歴史』）。

「祖納堂」はもともと「祖納当《すないあたり》」で、自然発生的な当時の祖納地方支配者の役名であった（牧野『八重山のお嶽』）。伝承の祖納堂が居を構えたという「をはたけ」はそない岬（現在の祖納村西方）の高台にあり、祖納村はそこから興った。いつごろからそこに人が住み着いたかは分からないが、祖納堂は寄り集まった人々を抜群の指導力でまとめ、統制のとれた村落の形を整えた。祖納堂は村建ての祖といわれ、後の人々に大竹祖納堂儀佐として祀られるが、彼の屋敷跡とされるところは、現在竹富町の文化財・史跡に指定されている。

祖納堂の後、歴史上に登場し、村建ての事業をさらに発展させた人物が現れた。慶来慶田城用緒である。一五〇〇年、大浜の豪族オヤケ赤蜂が王府に対して反乱を起こした。王府はただちに四〇艘の軍船と三〇〇〇余の兵をもって赤蜂征討の軍を差し向けた。圧倒的な王府軍の前に赤蜂軍は敗走し、赤蜂は討ち死にして乱は鎮圧された。その折、長田大翁主と慶来慶田城用緒は同盟し、王府軍に荷担した。この乱を契機として首里王府の八重山統治は進み、その功が認められて長田大翁主は古見首里大屋子（頭職）に、慶来慶田城用緒は西表首里大屋子職に任ぜられている。

「慶来慶田城由来記」は、錦芳氏（きんぽううじ）慶来慶田城の初代用緒から一〇代用州までの様々な由来を語り伝えた記録で、八重山の歴史研究においては第

大竹祖納納堂儀佐屋敷跡

フカバナリ（外離島）。豪勇、慶来慶田城用緒はここで産まれ育った。奥に見える島はウチバナリ（内離島）
（写真提供：竹富町役場）

一級の史料である。それによると、初代用緒は外離島の野底崎《ぬすくざし》というところに住んでいた。牧野清氏は、代々の人物の生没年から推定して、用緒の生まれたのは一四五七年（長禄元年）と見ている。剛勇の士であった。そのころ、平久保の加那按司が近隣の小さな村々の者を脅して、下男のように自分に従わせていた。それを聞いた用緒は一人でくり舟を操り、平久保に渡って加那按司を退治した。その帰途、石垣の長田大翁主に会って意気投合し、義兄弟の仲を誓いあった。赤蜂乱の折の同盟はそこから始まる。

その後、野底崎は土地が狭く、村建てには不向きだとして、対岸そないの「ふちこ」という所に移り住んだ。前泊浜から西へ回るようにして進んだ祖納岬の最西端にあたる地区（ふちこ崎）である。しかし、そこは波の音がうるさく、三、四年住んで「東石屋」という所に移り、世を過ごしたという。その頃、異国船（オランダ・スペイン）がたびたび立ち寄った。ヤマトや唐の商船も見えたはずである。西表西部は地形が入り込んでおり、今でも台風を避けるため、大型船が湾に避難してくる。用緒はそれらの船と交易を重ねていたとされ、ふちこには目印の幟を立てたとされる装置（穴）も見つかっている。

祖納岬の台地には、沖縄県教育委員会や個人研究家らによって発掘調査が行われてきたが、おびただしい量の鉄滓や鉄製品、磁器破片等が確認されている。かなり古い時代から、鉄の材料や製法がそれらの船によって伝えられていたと思われる。用緒が住んでいたといわれる東石屋には石垣で囲われた屋敷跡があ

ふちこ崎。フカバナリ（外離島）を離れた慶来慶田城用緒は三、四年ほど住んでいた

慶来慶田城用緒屋敷跡

り、「慶来慶田城用緒屋敷跡」として、そこも竹富町の文化財・史跡に指定されている。祖納村は岬の台地に祖納堂によって基礎が築かれ、慶来慶田城用緒によって発展の道筋が付けられた。そして、慶田城由来記に登場する代々の子孫の活躍によって祖納村の形が完成した。こういう構図が見えてくる。

王国の八重山統治と祖納村

赤蜂乱後、首里王府は八重山統治を確実に進めていった。当初は首里王府から満輓与人とよぶ役人が派遣され、八重山管轄・統治の事業を進めた。その後、竹富島に最初の蔵元が設置され（一五二四年、頭職は西塘）、八重山統治の指令はそこから発せられることになる。しかし、竹富島では不便として、一五四二年蔵元は石垣島に移され、首里王府の出先機関としての性格を持つ役所となった。

薩摩の琉球侵攻（一六〇九年）当時、八重山は六間切、二島嶼、五八の村に行政区画されていたという。下地馨氏が独自の調査で入手した薩摩の検地資料（一六一一年）によると、入表（西表）間切に属する村は「そない・ふしみ・たから・浦打・なかや・ふなうけ・そない・島中・あみとり・かの川・ひけ川・長嶺」の一二村である（『宮古の民俗文化』）。二つの「そない」村があるが、著者による注が付けられていて、冒頭の「そない」は竹富島、あとの「そない」は与那国島となっている。与那国島の「そない」はその通りであろうが、先の「そない」は西表祖納村の誤認であろう。竹富島の「はさま・中筋・はれそか」の三村は石垣間切に属している。

一六二八年三間切制度が創設され、西表西部は「西表村」と「慶田城村」に整理された。この「村」は一つの集落を示すものではなく、その下にいくつかの小村（集落）を抱え、管轄する行政単位である。「八重山島年来記」一六二一年の条に、八重山の人数は五、二三五人として次の記載がある。

ウラ・干立・多柄・祖納　　四か村の人数　三三四人
浦内・祖納　　二か村の人数　二三一人

これから二つのことが分かる。一つは、「西表村の内多柄はおなひ崎に村越しせり」（『八重山島取調書』）により、先の四か村は西表村に属し、後の二か村は慶田城村に属していたことが分かる。もう一つは、「祖納」が二か所に出ていることから、西表村と慶田城村の境界線は祖納村を二分して通っていたことも分かる。そのことは、上記「年来記」の次の記載によっても確認することができる。

西表村の番所ならびに二つのおえか家（役人の詰所）は祖納村にあったが、この年上原村に引越した。西表村と唱えている干立・浦内・多柄の各村を管轄とし、祖納村の人々は慶田城村に付けた。

それでは、祖納村のどこで二分したかということである。これについては、星勲氏は「現在の郵便局西隣り道路をまっすぐ北《ニシ》泊海岸に至る道路」と述べ（『西表島の民俗』）、私が尋ねた土地の人は、シチで行列が戻っていく道だと教えてくれた。当地の人々の見解として紹介しておく。

しかし、有力と思われる手がかりが『由来記』にある。八重山島嶽嶽名ならびに同由来の項に離御嶽は「西表村」に、前泊御嶽は「慶田城村」に記載されている。離御嶽は北泊海岸沿いにあり、前泊御嶽は反対の前泊海岸沿いにある。当時の道路がどのように通っていたかは不明であるが、両御嶽を線で結んで推測すると、当地の人々の見解では後者の方に近いと思われる。

上記「年来記」の記載は一七五五年の条であるが、その年、祖納村はまとまった一つの村落として慶田城村に位置付けられたことが分かる。ここで、逆戻りすることになるが、後述するつもりで書き残しておいた祖納堂儀佐伝承のもう一面についてである。『由来記』には現祖納村の大竹御嶽は「をはたけ根所、慶田城村」とあり、その由来については冒頭、「右由来は上代當島西表村祖納堂と云ふ人あり（以下略）」、と記す。略した部分は、「村建て」のところで述べた。

『由来記』は一七〇一年から一七〇三年の間、役人が村々を回って調査し、蔵元でまとめて首里王府に提出した報告書である。その報告書が『由来記』（一七一三年）の巻二一、八重山編としてほとんどそのまま収められた。調査に応じたのは慶田城村に属した祖納村の人たちで、当時祖納村は、東半分は西表村として、西半分は慶田城村として二分されていた。当時の人たちから見て祖納堂は二五〇年以上も前の人であった。それゆえ、「上代」（はるか昔）という意識がある。そして、空間的に見れば歩いてすぐ行けるところであったが、当時の人たちにとって道一つ隔てた向こうは西表村であった。つまり、「をはたけ」というところに家を作って落ち着く以前、祖納堂の住まいは西表村にあったことになる。これが、当時の人たちの認識であった。それが、「當島西表村祖納堂と云ふ人あり」と、伝承されていたのである。

一七六八年、間切改正で西表村は上原村に、慶田城村は西表村となる（『慶来慶田城由来記』・『球陽』）。西表村の管轄は祖納・船浮・網取・鹿川・成屋であったが、中心は祖納であった。管轄内の村（小村）の入れ替え・創設・廃村などはあったが、三間切り制度は明治時代まで続いた。薩摩の琉球侵攻以来、琉球は薩摩の所轄となっていたが、一八七二年琉球藩となり、一八七九年（明治一二）沖縄県となった。

そして、一九〇七年間切制度は廃止され、曲折はあったが行政区画の形態が「竹富村（後に町）大字西表小字祖納」となったのは大正三年になってからである。さらに現在は、「沖縄県八重山郡竹富町字西表〇〇番地」となって、小字としての「祖納」という地名も廃止されている。しかし本稿においては、伝統としての祭りを形成し支えてきた基盤としての村落を重視し、「祖納村」の名称をそのまま用いることにする。また、「をはたけ（根所）」は「ヲハタケ（根所）」と記述する。二〇一五年四月末現在の祖納村の人口は一三四、世帯数は七三である（竹富町役所）。

二　祭りの実際

祖納村のシチについては地元の研究者を含め、既にいくつかの報告書が世に出ている。その中で、比嘉盛章氏（「西表の節祭とアンガマ踊」一九七六再版『南島』第一輯）と石垣博孝氏（「八重山の舟漕ぎ儀礼―西表島祖納村のシチィ《節祭》」一九九五、『沖縄船漕ぎ祭儀の民族学的研究』）のまとまった研究がある。比嘉氏の論文には、興味深い記述がある。

（祖納は）昔から東西（或いは上下とも云ふ）の二部落に分かれて、両部落が競争的に行ってゐたらしい。然るに一五、六年前に部落内に紛争が起こり節祭の道具一切を焼却してこの行事を廃止し、村人はこれを以て文明人のなすべき当然の処置と考へて居たらしい。（中略）今年より旧慣に則り盛大に行われるやうになった。

祖納村は岬の高台で村建てがなされ発展してきたが、後世になると低地に移り住む人たちが増え、村の形態が上村と下村（或いは東西）に分かれるようになっていったと思われる。そしてさらに時代が進むと、不便な高台から低地へ移る人々が増えていった。牧野清氏は、「昔の祖納村の位置は、現位置の西方台地上にあり、昭和の初期頃から次第に現位置に移動したものである」、と述べている（『新八重山歴史』）。私が尋ねた土地の人は、昭和の初めごろ、最後の一人（一家族か）が下りてきたといわれている、と答えていた。

比嘉氏の論文は文末に「昭和一四年稿」とあることから、その年（一九三九年）に調査してまとめたと捉えておく。これに従えば、一五、六年前は昭和の初めごろとなる。そのことによって、共同体内部に変化が現れた。その一つが祭りの持ち方であった。二つの集落が融合することによって、それまで東部落と西部落、あるいは上部落と下部落で競争的に行ってきたシチ祭りをどのように実施するか、当然論議の的になったはずである。その過程で、紛争が起こった、と推測するのである。

このことに関しては、もう一つの検証がある。星勲氏（明治三八年祖納生まれ）は、「此のシチィ祭りは昭和三年西祖納が最後の祈願を祀り東西合議の上翌四年己亥の日諸道具一切を焼き全祭儀の廃止に及んだ。後一二年間は無祀のままだった。昭和一五年一一月再び催されるはこびとなった」、と述べている（『西表島の民俗』）。比嘉氏の論文と若干のずれはあるが、年代的には大正の終わりごろから昭和の初めごろのことで、いずれも、上村の人たちが下村に移動したことが紛争の火種になったと推測することができる。星勲氏の「西祖納が最後の祈願を祀り東西合議の上」の文脈からは、西祖納（上村）の人たちが神々に感謝して旧村と決別し、それを条件に東西合議の上諸道具一切を焼却してシチを廃止したと読み取ることができる。

石垣氏の論文では同じく文末に、一九七三年の調査をもとに、さらにその後の調査で添削を加えたとある。私は二〇一三年と二〇一五年、そして二〇一六年の三度、祖納村に出向いてシチの調査を行った。比嘉氏の調査から石垣氏の調査まではおよそ三四年、私の調査までは七六年の歳月が流れている。伝統は人々の意識や認識、社会情勢の進展によって変化していくのは必定、年中行事とて例外ではない。石垣氏の論文では、それまで上村のヲハタケ根所で厳粛に行われていた儀礼が、次の年（一九七四年か）からは行われなくなったと述べている。

私はこの祭の儀礼を追いながら、他の村では姿を消してしまっている祭りがなぜ存続しているか、この祭りの性格はどのようなものか、考えてみたいと思っている。それゆえ、少し乱暴な言い方ではあるが、祭りの全体を細かく描写することは避けようと思っている。この祭りについては報告書も多い。それら先学の研究は大いに参考になった。ただし、歌謡や口上は、私の聞き取りを加えつつ読みやすいように、また意味が分かりやすいように書き換えたところがあることを断っておきたい。

二〇一五年(平成二七)祖納村のシチは旧暦一〇月八日(己亥)、九日(庚子)、一〇日(辛丑)の三日に亘って行われた。『由来記』には「七八月中己亥日節ノ事……」(年中祭事)の記載があり、同じ趣旨の記述が「八重山島諸記帳」にも見える(島中舊式)。本文には「年帰し」「年迎え」ともあり、節(シチ)は新年の行事であった。シチが正月であるという認識と行事の日選びは、古の習俗をそのまま受け継いでいる。このことは、今は行っていない村々においても同じであった。祖納村のシチは一日目を「シチ(節)」あるいは「年の夜《とうしぬゆう》」、二日目を「世乞い《ゆうく》」あるいは「節踊」、三日目を「止め《とうどうみ》」と呼ぶ。

〈年の夜〉

この日は、新年を迎える日と考えられている。朝早く家々の娘たちは先を競ってウーヒラカー(大平井戸)に若水を汲みに行く。若水はシディミジと呼ばれ、その水で顔や手足を洗うと若返るといわれている。その日の煮炊きもその水を使う。シディミジのシディは「シディルン」で、カニやヘビが脱皮して新しい生体に変化することにもいう。ミジは「水」である。ウーヒラカーは古代の英雄、慶来慶田城用緒が掘らせた由緒ある井戸とされ、他に水の便があっても若水はその井戸から汲む慣わしとなっている。

夜が明けると家の内外から諸道具にいたるまで、拭いたり洗ったりしてきれいにして清める。それから、シチマシカッツァ（イリオモテシャミセンズル）を家の柱や諸道具、外の樹木に巻きつける。シチマシカッツァを柱に結ぶ時、家長は柱の根元から上の方まで見通してウッフゥーと一息吹くと、次のように唱えた。「中柱よ根見れば根美《かい》さ、すら見れば末美さ、蟻ん虫ん付かん、根見つうさ福々中ふくら美さ禄々貫《ぬ》き強《つうさ》寿々ウッフゥー」（『西表島の民俗』）。「カッツァ」はカズラで蔓の意、「マシ」は「巻き」の転訛であろう。単にシチカッツァとも呼ばれ、シチでこのように用いるのでこの名がある。このシチカッツァは家内・屋敷内を聖化するためとも魔除けのためとも言われるが、この両者は結局一つの志向の裏表で、つまるところは家内・屋敷内を清浄にする行為ということになろう。

　さらに、海岸に出て人の踏まない所から砂利と砂を持ってきて仏壇に供える。砂は波打ち際で、波が寄せて返す時にすくい取る。これを七回繰り返してすくい、ナナサイヌパナと呼ぶ。供えた後、手を合わせて拝み、下げて家の中から外へと撒いて行く。外は屋敷の奥から前へと進み、門まで行く。その際、「シチをお迎えして、この屋敷内、城内を厄払いして申し上げますので、塵も芥もあらしめないように、病気や災いも入らしめないように、家族・子供たちの健康をお守りください」、という趣旨のことを唱えて撒く。

　夕方、家族が一同に集まる。たいてい母親（あるいは祖母）が、あらかじめ用意してあったブー（苧麻）糸を盆に載せて供える。その際、「今日はシチの日です。ヤーニンズ（家族）を守りくださって、疫病も災いも家内に入れないで、心の驚き、胸の驚きもあらしめ給わないで、いい道、きれいな道を踏ませてください」、と唱

柱、諸道具から庭の木、家畜の耳や足までシチマシカッツァ（イリオモテシャミンセンズル）を巻きつける

える。その盆を下ろし、ブー糸を子供たちの手首や足首に巻いてやる。

ブー糸は、八重山地方ではマブイクミのなくてはならない品として用いられる。マブイ(マブル)は「魂」、クミは「込める」の意。人の魂は衝撃的な事件や場面を見たり聞いたり、あるいは遭ったりしてショック受けると体から抜けて飛び去ってしまうと考えられている。そのような時は、その場所に行って魂を呼び戻す祈願をしてブー糸でからめ取るようにしてマブイを込め、その人の首に掛けて魂を体にもどしてやるという処方である。

この日(「年の夜」)、家内・屋敷内を清浄にし、家族の無病息災を記念した後、家での最後の行事はシチフルマイをいただくことである。仏前に供えてあったシチフルマイを下げていただく。家族が揃って一家団欒、膳に向う楽しいひと時である。シチフルマイは飯(米・粟・小豆など)・汁物・なます(もやしなど)・煮しめ(野菜・肉・挙げ豆腐など)の四品の馳走で、ユーチング(四組膳)といわれた。かつては年に一度か二度食べられるご馳走で、食べ物の感想で、「シチフルマイのようだ」という言葉があったほどである。

さて、以上は家々でのシチの行事であるが、村としても一日中あわただしい取り組みがある。まず若者たちが総責任者(公民館長から指名)の下に、分担して次の日の準備をする。旗頭・競争舟の点検と整備、諸道具の点検と揃えなど、入念に取り行う。スリズ(公民館、揃所の意あるいは寄所の転か)のステージの上では背面の幕(前泊浜から海上を見た景色が描かれている)に沿って、中央の椅子にミルクの面と軍配扇、その両側に四基の旗頭と小道具が並ぶように安置される。そして、ミルクの面の前には御神酒のセット、同じものが少し離れて横に置かれている。ステージ下のフロアには二頭の獅子頭である。

また、斎場となる前泊浜を前にして桟敷が設けられる。神々が集う船元の御座所を中心にして、その両側に来賓・招待客・一般観客の席を作る。御座所は三〇㎝ほど高くしたステージにゴザを敷き、両側の来客席は机と椅子を並べる。そのいずれにもテントを架ける。準備・用意が完了すると各自家に帰り、家のシチの行事（シチフルマイ）を済ませ、今度はスリズに集まり、本番の予行演習を行う。一方、婦人部は夜通しかけて来客の折詰を作る。一週間から一〇日かけて食材を揃え、調理して一〇〇個以上の折弁当を作る骨の折れる仕事である。私も味わってみたが、そこでしか取れない珍味の品揃えで、美味であった。

家や村でシチ一日目の行事が進められる中、チジビ（男性神役）が村から割当てられた若者と御嶽《うたき》（拝所、当地ではウガン）の清掃を行う。夕方、日暮れ時ごろから神を祀るツカサ（女性神職）が、チジビ・氏子を伴って御嶽にやってくる。香炉（神前）に香を上げてシチの日で拝みに来たことを告げ、持参してきた供物を供えて村の安寧、村人の健康を祈願する。

ここで、祖納村の御嶽について簡単に述べておく。祖納村で祀られてきた御嶽については、これまで大竹《オオタケ》御嶽・前泊《マエドマリ》御嶽・離《パナリ》御嶽・西泊《ニシドマリ》御嶽・成屋《ナリヤ》御嶽・後森《クシモリ》御嶽・慶田城《ケダグスク》御嶽の七御嶽の存在が確認される。このうち前五嶽は『由来記』に載っているが、後の二嶽はそれがない。『由来記』に載っていない理由については役人が聞き漏らしたか、あるいは意図的に無視したとも取れるが、他の村々の事例から推して、後世になって創建されたと考えたほうがよさそうである。

『由来記』に記録された五嶽のうち、由来が述べられているのは大竹御嶽（オータケウガン）だけで、後の四嶽は「由来相知らず」となっている。大竹御嶽は『由来記』には「をはたけ根所」と記され、その由来については祖納堂の伝承について述べた通りである。前泊御嶽（マイドゥマリウガン）は「前泊穀嶽」とも呼ばれ、五穀豊穣の神を祀るといわれる。シチの斎場となる前泊浜の北岸に位置し、シチでは特に「世乞い」の儀礼では重要な意味を持つ。

離御嶽（パナリウガン）は村の北方、祖納湾に開けたところに位置する。湾の奥から水平線を見渡すところにあり、村に入ってくる疫病を防ぐ神を祀るという。西泊御嶽（ニシドマリウガン、ウブウガンとも）は旅に出る人や船を守る神を祀り「旅ウガン」とも呼ばれる。ただ、ニシドマリは西泊と表記されるが、「北泊」が正しい。八重山地方では北の方角を「ニシ」と呼ぶ。現実的にも、湾の奥の海岸はニシドマリと呼んでいるが、村の北にあって西にあるのではない。

なお、この両者（離御嶽・西泊御嶽）は『由来記』では西表村所属となっている。『由来記』編纂の当時（一七〇五年）、祖納村は二分されて東の一部は西表村、西は慶田城村となっていたことは先に述べた。成屋御嶽（ナリヤウガン）は内離島に向かって祈願する遥拝所で、一般の御嶽のように建物や境内、イビなどの施設を持たない。前泊御嶽の境内に、石で小さな祠を作り、香炉が置かれているだけである。『由来記』編纂の当時、内離島には慶田城村に属する「成屋村」があった。明治の頃は石炭事業で栄えていたが、大正に入って廃村になっている。その成屋村で祀られていた神に向かって、海を越えて拝む装置が現在の成屋御嶽である。

さて最後に、御嶽の機能が現在どうなっているかという問題である。御嶽の神を祀る神職は、その御嶽を創建した、あるいは深い関係があるとされる血筋の家から出ることになっている。大竹御嶽と慶田城御嶽（キダシクウガン）は岬の高台（上村）にあり、祖納村創建と形成に深く関わった人物を祀る由緒ある御嶽である。しかし、それぞれを祀る家が家族とも村を離れ、現在は御嶽として全く機能していない。かつての御嶽は山の中に取り残され、放置されている。西泊御嶽も同様祀る人はいない。前泊御嶽・離御嶽・成屋御嶽・後森御嶽（クシィムリウガン）にはツカサ・チジビの神職がいるが、村に住んでいるのは後森御嶽のチジビだけで、他は他郷に暮らし、祭りの時だけ呼ばれて村に帰って神職を務める（二〇一三年現在）。しかし、この傾向は、八重山全体に共通する現象となっている。

（世乞い）

祖納村のシチを有名にしているのは、「世乞い」の日と言われる二日目の行事である。伝統行事の本質を保持しつつ、儀礼構成の多様性と新旧混在した開放性は一面アトラクション的な性格も見受けられる。祖納村の年中行事の中で最も大きく、村のほとんどの老若男女が関わるだけでなく、他郷で暮らす人々も里帰りして祭りに参加する。毎年多くの観光客・報道陣を引きつける。一九九一年、国から「重要無形民俗文化財」として指定された。

ここからは時間と空間（場所）を追いながら、この祭りの儀礼の輪郭と構成を描いてみようと思う。ただし、ユー乞いの日の行事（儀礼）日程は毎年同じとは限らない。船漕ぎが重視され、その日の潮の干満によって船漕ぎの時刻が設定されるからである。以下に述べることは、二〇一五年一〇月九日（旧暦）庚子の日、その日の役者・芸人と呼ばれる演舞者について回った私の調査に基づいていることを断っておきたい。午前四時、夜明け前のしじまを破るかのようにドラの音が響く。始めはゆっくりと、そして次第に早くなり、最後は乱打となる。これを三度繰り返す。スピーカーを通して流すので村中に轟きわたる。初めて聞く旅人などは、何事が起ったのかと驚くであろう。このドラは「世乞い吉日」の告示といわれ、一番ドラと呼ぶ。

午前六時三〇分　二番ドラが鳴る。このドラを合図に、若者たち（男性）が三々五々スリズ（公民館）に集まってくる。旗頭を組み立てる役の男たちである。取り付ける四基の旗頭は、前日に整備・飾り付けをして公民館のステージに安置し

ドラの合図で若者たちがスリズに集まってくる

てある。それらに総責任者が手を合わせて拝んだ後、若者たちが外へ運び出す。一基で一五kgほどはある。まだ薄暗い中、長さ五、六mほどの太い竹竿の尖端にしっかりと取り付ける。そして、公民館の庭で一列に用意された柱に固定され、出番を待つ。夜明け近く、茜色に染まった東の空を背景にして凛と立つ四基の旗頭を見ていると、なぜか身の引き締まる思いがするものである。

四基の旗頭のうち、斎場(前泊浜)へ向かうのは順序で一番基・二番基・三番基と呼ばれる。一番基は、二つの鎌が日輪を両側から取り挟み、あたかも輪のように配されている。取り付ける竹竿には旗と呼ばれる幟を付ける。旗頭と呼ばれるゆえんである。一番基の旗には、「尊農」と書かれている。他の村々の旗文字が「五風十雨」・「祈豊年」など、庶民の感覚が取り入れられていると思われるのに対し、「尊農」は啓蒙・教訓的な感がする。シチが再興され、諸道具を新しく作ったとされる昭和一五年、太平洋戦争に突入する前後の世相を反映しているのではないだろうかと思われてならない。

二番基は菱形の枠に直径五、六〇cmほどの太鼓型の筒がはめ込まれ、布を張り、両面に三つ巴の紋が描かれている。その下には農具のキイパイ(木製の鍬)があしらわれ、上にはもう一つの菱形の枠が載せてある。旗の文字は「祖納」で、これもまた単純明快である。三番基は独特の形をしている。竜頭が目を見開き、大きくあけた真っ赤な口から二mほどの長刀とも古代中国か韓国の武器とも思えるような刀が飛び出し、刀が竜の舌になっているようで異様な感を抱かせる。

正日の早暁、凛として立つ四基の旗ガシラ

旗ガシラを組み立てる若者たち

旗も独特で、他が長方形の形をしているのに対し、この方は三角形で、赤地に黄色の縁取りがしてある。残された一基は、ハスの花型の台座から長く芯が伸び、先端に赤い桃の実の形をした物が付いている。それを両側から二匹の大きな魚が頭を下にし、背を丸く曲げるように取り付けてある。海の幸、山の幸を象徴するのであろうか。

〈午前八時三〇分〉

ここから祭りの本番である。予め周知されていて、祭りを作り上げる青年男女がスリズに集まってくる。家で衣装をまとってきた者もおれば、普段着のままで風呂敷包みをかかえて来る者もいる。遅れないようにと小走りで来る者、家の人に車で送ってもらう者など、スリズの庭があわただしくなる。スリズの中では、大勢の男女がそれぞれの持ち場、パートによって異なる衣装の着付け、諸道具の点検などでごった返している。これらの男女は、役持ちとか芸人とかと呼ばれる。この祭りの性格の一面を見る思いがする。

〈午前九時〉

一転して改まった場面に変わる。「スリズの儀式」と呼ばれる儀礼が執り行われるのである。公民館長の指揮で、スリズのステージの上ではその日の主役たちが、ミルク役の男を取り囲むように半円形になって座る。フロアではそれぞれの衣装を着けたその他多くの出演者たちが座っている。この日の祭りの儀礼は、船漕ぎ（世乞いと競争の二部構成）・狂言（寿ぎの口上）と棒技・ミルク踊り・フダツミとアンガー踊り・男女の巻踊り・獅子舞の構成である。スリズの儀式で執り行われる一連の行為は、演劇に例えるならば、本番前の用意となる。出演者（実際に芸人と呼ばれる）が役に応じた衣装を着けたり化粧したり、道具を揃え、役に成りきるための気持ちを整える段階である。本番の舞台は、斎場となる前泊浜である。

まず公民館長の挨拶があり、公民館長から総責任者が指名される。それから後は、総責任者の下で祭りは進められる。総責任者からミルク係・婦人責任者・舟漕ぎ船頭・前乗り・旗振り・旗頭持ち・ドラや太鼓打ちなどに御神酒とマスサイ（塩とコメの混合物、浄めに使う）をあげる。さらに船頭には長刀とマスサイ、旗振りには長刀と供え物、旗頭持ちに刀を渡す。その後。第一陣が一番基（旗頭）に導かれてスリズを出発する。ドラが三回打ち鳴らされ（「切る」と呼ぶ）、公民館長・総責任者・船頭・旗振り・全男子芸人たちと続く。スリズを出てオイサ道から西へ向かい、大平井戸（ウヒラガー）の右（上村と下村の境）を通って斎場の前泊浜へ向かう。

スリズでの儀式はさらに続く。副館長がミルク係と婦人の責任者へ御神酒とマスサイをあげる。それを受けて、ミルク係はミルク神役・三味線・笛・旗持ちへ、婦人の責任者はフダツミ・六人の太鼓打ちに同じく御神酒とマスサイをあげる。その時、フダツミには扇子も渡す。

スリズの儀式

スリズの儀式

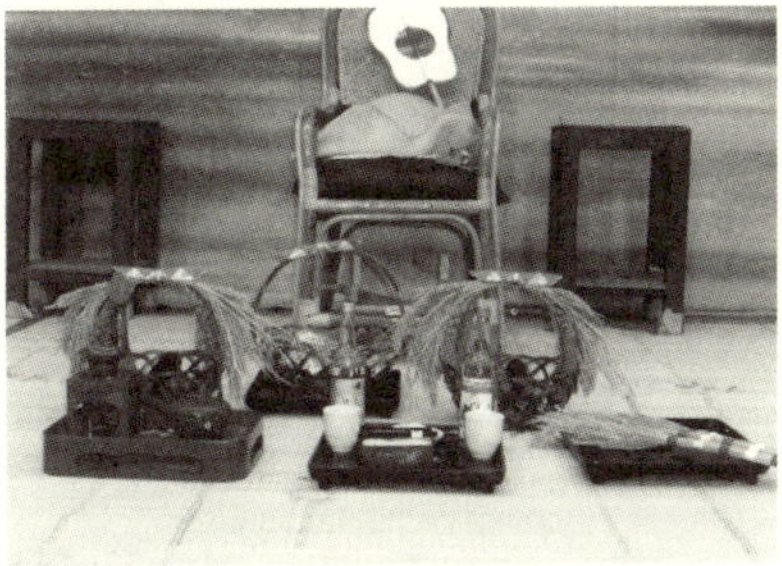
スリズの儀式
ミルク・フダツミが授ける豊穣（象徴）

スリズの儀式
フダツミは恭しく遇される

さて、スリズ儀式は最後の、そして最も厳粛な場面となる。ミルク係がミルク神役を椅子に座らせ、後ろにまわってミルクの面をつけさせる。面には頭巾がかぶせてあり（要するに外部からは見えない）、顔との当たり具合を確かめる。程よく面が顔に合わされていることを確認すると、動かないように左右のひもを頭のうしろでしっかりと結ぶ。それから、かぶせてあった頭巾を取るとミルク神（「神」である）が誕生する（「立ち上げ」と呼ぶ）。

ミルクの面は額から顎まですっぽり覆う大振りの顔形で、耳は大きく口には紅を引き、いかにもふくよかな感じである。黄色い衣装で足袋を履き、右手には軍配扇、左手には杖を持つ。ミルク係が扇を持たせるとミルク節の演奏と歌が始まる。ミルク神は一番を座ったままで聞き、二番に移ると立ち上がって軍配扇を曲に合わせてゆっくりと、下からすくうように動かす所作をする。これをザンマイと呼ぶ。この所作を繰り返し、ミルク節が三番になると歩き出す。この時、杖を渡す。旗頭の二番基に導かれ、スリズを出て前泊浜に向かう。ドラが三回、高らかに打ち鳴らされる。

ミルク節は八重山地方に広く普及している歌謡で、曲・歌詞はほとんど同じである。ただうたう所で、島や村の名を替えてうたう。ところが、祖納でうたわれるミルク節は全く歌詞が違う。土地の人に聞いてみると。昔からこのうたい方だと答えていた。この歌詞のミルク節は喜舎場永珣氏の『八重山民俗誌　上巻』にも収められている。

喜舎場氏は著名な八重山の歴史・民俗の研究家で柳田國男氏や伊波普猷氏とも親交があった。文部省から

スリズの儀式
人、（ミルク）神になる

の委託もあり、教師をしながら八重山の研究を続けていたが、一九一四年(大正三)西表尋常小学校の校長として赴任している。年表によると、その折西表最大の民俗行事「節祭」の次第を筆写したとある。喜舎場氏の採集したミルク節は、その当時のシチでうたわれていたもので、かなり古くからこの歌詞でうたわれていたことが分かる。祖納独自のうたい方であり、一般に広くうたわれている歌と比較してみると風土・生活が反映されており、祖納村は感性・詩才豊かな人たちを生み出す土地柄であったことが分かる。

タイククヌミルク　バガシマニイモリ
クトゥシカラ　バガシマ
ユガフデムヌ
サーンサーン　ユーヤーサー　ソレサーサー

マイチクラバン　ノウラシ
ウムチクラバン　ミイラシ
ヤイヌユヤ
メーヒン　マサラシタボリ

ミルクユヌアタラドゥ
ユガフユヌアタラドゥ
ウシイカジヌマイヤ　タントゥチカシ

大国の弥勒　わがシマに参られ
今年からわがシマは
世果報であるよ
(囃子)

イネを作っても　稔らせ
イモ作っても　実入らせ
来年のユ(世、穀物)は
もっと　実らしてください

弥勒ユがあったから
世果報ユがあったから
臼ごとの米は　たんとつき

クトゥシユヤミルク　今年ユは弥勒
ヤイヌユヤユガフ　来年のユは世果報
ミイティヌユヤ　再来年のユは
メーヒン　マサラシタボリ　もっと実らしてください

イリムティムラ　キリムラ　西表村は　勝れた村
トゥシドゥシヌキュヤ　年々の今日は
ウユルシミショリ　お許しください
ブドゥリアシバ　踊り遊ぼう

キャラスヌダイタツソ　（不詳）
ウズラミヌジンコウ　（不詳）
ウヤヌダイタツソ　親の代立つのは
ハチヌウミグワ　初生まれの子

続いて、三番基に導かれて、アンガー隊一行も出発する。この人たち（女性）の役はアンガー踊りであるが、その中心がフダツミと呼ばれる役柄である。クバ笠をかぶり、頭からつま先まですっぽり黒衣で覆う。なぜフダツミと呼ぶか、地元の人数人に尋ねてみたが、皆わからないと答えた。それでは、フダツミは方言でどういう意味かと尋ねると、異口同音に「ヤモリ」と答える。結局名称の由来は分からないのであるが、しかし近くでよく見ると、クバ笠を被るが故に頭がゆるく三角にとがり、ヤモリを連想させないでもない。理由が分からないままに、いつの間にかそう呼ばれるようになったのであろう。

アンガー踊りは、この日最も注目を集める演目である。特に、フダツミはその異形から、後々まで観客の脳裏に強い残像を刻む。しかし、儀礼としてみるとミルク踊り・船漕ぎ、その他に次いで下位に位置づけられているような印象を受ける。スリズの儀式においても、ミルク神の立ち上げ（誕生）が粛々と執り行われるのに対し、フダツミは幕裏で着替え、そっと出てきて坐るだけである。実をいえば、私が祖納のシチ祭りを調査してみようと動かされたのは、このフダツミの正体とシチ祭りの性格について考えてみようと思ったからである。この祭りが今日まで続く背景には、フダツミの存在があると見ている。

〈午前一〇時三〇分〉

さて、一番基に導かれて第一陣の芸人一行が到着すると、すぐさま、舟漕ぎの両船頭と旗手（旗頭持ち）が前泊御嶽に赴き、神前に礼拝する。そして、ツカサから祝福のことばと御神酒の盃を受ける。その後で、両船頭は正々堂々と力いっぱい漕ぐことを述べ、互いの右腕を絡ませて誓う。両船頭・旗手が戻ると、「フンエー・エイ」の掛け声で、世乞いの舟（サバニ）が海に下ろされる。二つの舟の漕ぎ手たちが両側から縁を持ち上げ、掛け声で舟を海に浮かべる。

両船頭は前泊御嶽の神前で誓いを立てる

フンエー　ヒヤラ　エイサ
今日は吉日ジャロー　エイサー
力もん頼むジャロー　エイサー
エイ　ヒヤホー　コーリャエイ

勇壮な光景である。舟を海に浮かべると、二つの舟の前乗りは、それぞれの舟を東に向けてタミル（固定する）。

この「儀式」が終る頃には二番基・三番基に先導されたミルクの一行、アンガー踊りの一行が到着している。「舟浮かべ儀式」の後は、旗頭に先導されてこの日の役者・芸人たちの入場となる。プログラムでは「旗頭入場」となっている。一番基に導かれて、最初に入場するのは旗手・太鼓打ち・船頭・旗振り・舟子（舟漕ぎ）たちである。旗振りと舟子たちは白シャツに白ズボン、黒帯でたすきをし、白黒縦縞のすね当てをしている。頭は唐草模様の風呂敷を三角に折ってかぶり、白の鉢巻できりっと占め、それに兜の鍬形の飾りを挿している。船頭・旗手・太鼓打ちは舟子と同じ衣装にさらにその上から藍染の着物を着け、帯を締めて尻まくりをしている。旗手は腰に一振りの短い刀を差している。

舟子たちは櫂（ヤフと呼ぶ）を持って二列になり、その間に旗振りが長刀を持って立つ。長刀には小さな旗が付いている。「旗振り」と呼ぶゆ

男衆（船漕ぎ、棒踊り）の入場
（撮影・提供：平井順光氏）

えんである。それぞれの列の後方には太鼓打ちとうたい手、さらにその後ろに、両船頭が長刀を砂に突き刺して立つ。この隊形で「ピョーシ」と称する歌をうたいながら、舟をこぐ所作をする。

この所作を「ヤフヌティ」と呼ぶ。櫂のことをヤク、あるいはヤコと呼ぶが、ヤフはその転訛である。つまり、直訳すればヤフヌティは「櫂の手」となる。太鼓打ちが太鼓を打ち、うたい手がうたうと、それに合わせて舟を漕ぐ所作をする。旗振りは舟子たちの間で長刀を頭上にかざし、旗を振る仕草をしながら前後に動く。舟子たちに気合をいれ、激を飛ばす所作であろう。この所作を繰り返しながら御座所(船元の御座)の前まで進む。

キョウハキチジツ　イマヨデゴザル　　今日は吉日　今世でゴザル
ヨイヨイ
ゴモンゴサシュ　タテヨデゴザル　　(不詳)　立て世でござる
コーラヨーイ　ヨーイ　ヨーイヨイ
ホ　ハーリヤリヤ　ホ　ハーリヤリヤ

キョウハキチジツ　　今日は吉日
ハナノサカリハ　スナイヌキリムヌ　　花の盛りは　祖納の優れもの
ヨイヨイ
ボタンバタケノ　マンナカニ　オドル　　ボタン畑の　真ん中で踊る
コーラヨーイ　ヨーイ　ヨーイヨイ

ホ　ハーリャリャ　ホ　ハーリャリャ
キョウハキチジツ　　　　　今日は吉日
ゴコクチィクリテ　ネングアゲテ　　五穀作って　年貢収めて
ヨイヨイ
オイテワカサン　ソロヨデマシタ　　老いても若く（不詳）
コーラヨーイ　ヨーイ　ヨーイヨイ
ホ　ハーリャリャ　ホ　ハーリャリャ

ヤフヌティの後には二番基に先導されて、ミルクの一行がミルク節の音頭で登場する。ミルクは、大きな軍配扇をゆっくりと打ち振りながら入場してくる。その両脇には、真っ赤な着物に陣羽織を着けた二人の婦人がミルクを支えるように立ち、すぐ後ろには二人の少女がイネ・アワの穂の束を持って続く。さらにその後に、一人は御神酒の瓶と盃、一人はマスサイ（先述）を持つ二人、続いて一人はご馳走を入れた重箱、一人は様々な農作物を入れた籠を持つ二人、これら四人の婦人が並んで進む。少し煩雑になったが、これらの品々が、後の儀礼で重要な意味を持つと考えるからである。

そして、その後にはミルクのファ（子供）と呼ばれる十数人の婦人たちが従う。それぞれ両手に長さ三〇cmほどの固い竹を持ち、ミルク節に合わせて、

眷属を引き連れて来場するミルク
（撮影・提供：平井順光氏）

それを振りながら歩く。竹の下部には穴をあけて三枚の五円玉が取り付けてあり、打ち振るごとにチャリンチャリンと鳴る、この拍子取りの道具をジンピキという。ジンは「銭」のこと、ヒキは「弾き」の意か。一行はそのまま御座所に上がり、ミルクは用意された椅子に腰かけて座る。両側に付き添ってきた娘は左右に立ち、残りは後ろで控える。

最後は、フダチミとアンガー踊り一行の登場である。三番基に導かれ、頭から足元まで黒い衣装ですっぽり身を包んだ二人のフダツミが先に立ち、アンガーたちが続く。すぐ後ろの二人のアンガーは、一人は御神酒の瓶と盃、一人は馳走の入った重箱（一段）を持っている。踊り手のアンガーは白いカカン（細かいひだの付いた長いスカート、踊り用）に、上から黒色のスディナ（打掛で赤い襟があり、横を赤いひもでむすぶ。踊り用）を着ける。頭はうす紫色の布を鉢巻のように後ろで結び、長く垂らす。ただ、後方で音取りをする太鼓打ち（六人）は藍染の着物（船頭と同じ）を着け、片袖を抜いで中からスディナの黒い袖を出している。さらに、うす紫色の布は頭からかぶり、顎の下で結んで前方で長く垂らしている。

一行は、与那覇節（ユナハブシ）の音頭で入場する。フダチミは片手に扇子を持ち、それでもう一つの手の平を軽く打ちながらリズムを取る。他のアンガーたちは、赤と白の布を結んだ三〇cmほどの長さの竹を片手に持ち、音頭に合わせて両手を肩の高さに上げ、それから前方にまっすぐ伸ばす。この竹をザイ（采）と呼ぶ。それを繰り返して進む。御座所に上がると、フダツミはミルクの右、音取り（太鼓打ち）はそのそばに座り、他はうしろで控える。

フダツミの来場
（撮影・提供：平井順光氏）

キュヌヒバ　シラビョウリ　今日の日を　調べなされ
ヨースーリヌ（囃子、以下同）
クガニヒバ　ニチィキシ　黄金ひを　基礎にされ
ヨーウミシュラヨ

ウシマユドゥ　ニガヨウル　豊穣の世こそを祈ります
ヨースーリヌ
フクヌユドゥ　ニガヨウル　福の世こそを祈ります
ヨーウミシュラヨ

アジスイヌ　ウカギ　按司の主のお蔭
ヨースーリヌ
カルイソヌ　ミユキ（「嘉例寄せの　御恩」か）
ヨーウミシュラヨ

この与那覇節はミルク節と同様、八重山地方で一般に謡われている歌詞とは違う。祖納独自のうたい方で、これもシチを特徴づける一つと言えよう。しかし、ここではその後に、一般に普及している与那覇節が添え句として謡われる。大浜善繁という人の作といわれているが、それを次に挙げる。

〈与那覇節〉

ユナフヮシュヌウカギン　ヨースリヌ
　与那覇のお蔭
シュヌマイヌブウンギン　ウネシュラヨー
　主の前の御恩義
ムカシユバタボラレ　カンヌユバタボラレ
　昔世を給わり　神の世を給わり
シュヌマイバアウイギ　ムムカフドゥティズィル
　主の前を仰ぎ　百果報を手摺る（祈願する）
ムムトゥシヌユヌ　ウニガイ
　百年世の　お願い
ヒャクサイユヌ　ウニガイ
　百歳世の　お願い
イツカマアリ　トゥカグシヌ
　五日まわり　十日越しの
ユアミバ　タボラレ
　夜雨を　給わり

与那覇節は歴史上実在の人物、在番与那覇親雲上朝起の高徳を讃えた歌とされる。在番は琉球王朝時代、八重山蔵元の役人を指揮・監督するために首里王府から派遣された高級官僚の役職名。「親雲上」はペーチンと読み、王朝時代の官職名。与那覇在番は、明和の大津波(一七七一年)の後、免税や復興の政策を強行することで疲弊した人心を鼓舞し、生活力を向上させたといわれる。

〈一一時〉　開会行事

最後のフダツミ一行が御座所に着座すると、その日のユークイ(世乞い)行事のすべての用意が整う。砂浜と陸地の間には護岸が築かれている。前方を見下ろすように砂浜と海が続き、御座所から真正面にマルマブンサンが位置する。御座所のいちばん前には神ツカサ、その後ろ中央にミルク(神)、その右にフダツミが座る。そして左側には前の方からチジビ、村の責任者たちが座る。御座所の両側は来賓・招待客・一般観客の席である。

御座所のすぐ後ろには、シチが国によって「重要無形民俗文化財」に指定された記念碑が建立されている。海岸に近く、普通の日にはマルマブンサンと向き合う形になる。開会行事は、この記念碑の参拝によって始まる。出席するのは公民館長・総責任者・婦人責任者・船頭(二人)・ミルク係りの六人である。これにはユークイ儀式安全祈願の意味があるという。その後挨拶・祝辞・感謝状贈呈と続き、乾杯で開会行事は終わる。

マイドマリ・パナリ・クシィムリ・ナリヤの神ツカサたち

節祭文化財指定記念碑

この後、船元の御座では参列者に御神酒と馳走が与えられる。まず始めに、ミルクに伴ってきた二人の娘が、捧げ持ってきた御神酒と重箱に詰めた馳走をツカサ・チジビ・村の幹部たち、そして供の者（ミリクのファ）に順次与えていく（馳走は一品一切れずつ）。次に、替わってフダツミに伴ってきた二人の娘が、同じ行為を行う。

〈一一時三〇分〉　狂言・棒芸

さて、いよいよこの日の主役、芸人・役者と言われる男たち・女たちの出番である。最初は男たちによる狂言・棒芸である。狂言は八重山の方言ではキョンギンと言う。宮良當壮氏によれば茶番・喜劇で、「主に古稀以上の生年祝（ショーニヨイ）において、狂言の三味線とともに座に出でて、太鼓の合図にて正面に立ち、今日のめでたき事由を述べ、ついてはその祝いに用いる、例えばタコなどを捕りに行く所作事をなし、演技よき結果をもたらして観客の笑いのうちに幕となる喜劇的演じものなり」という（『宮良當壮全集八　八重山語彙』）。

狂言の内容は三人の若者が次々と登場し、ルッポウ・リッポウ・キッポウという口上を述べる。まず一人が西からヤフを股に挟み、両の手でヤフの柄を持って小走りに登場する。若者たちのこの日の衣装は、スリズを出る時から決まっている。東に進んで桟敷に向かって歩み、御座所の正面で口上（狂言）を述べる。片手でヤフの柄を持ち、片手を斜め上に揚げて声を張り上げ、力強く語る。狂言の切れ目で手を替えて続ける。狂言の内容から察せられるように、若者は馬に乗って来たのである。一番手は牛、三番手（キッポウ）はそのまま走って登場する。所作は三人ともおなじである。よって口上だけを挙げることにする。

ルッポー

アガリグムヌクシカラヌリトウンジヨビダル　ミリィクユガフムッチヨルンマドゥヌティィチヨヤビン

ドー　アーサティサティ　ワーガヌティチヨルンマヤタダヌンマヤアヤビラン　ミリィクユガフムツチヨルンマドゥヌティチヨヤビンドーサリ　アーサティサティ　クヌンマヌカラジミリバ　ノウリィマイマラギヌグトウ　シータブラミリバマイフクルイテールグトウ　ムツチヨルンマドゥヌティチヨビンドーサリ　アーサティサティ　シマムラシユムラヌリハダイキシハダイミリバ　クヌイリムティムラ　キユヌユカルヒニユークイスンデ　ハナヌサチヨーヤビン　アーサティサティ　ワーガムツチヨルミリィクユガフ　クヌムラニウチワタスンドーサリ　ハツトゥダーダー

（大意）東雲の後から乗って飛び出して罷り出たのは、ミルク世果報を持っている馬を乗ってきましたぞ。アーサティサティ、わしが乗っている馬はただの馬ではないぞよ、ミルク世果報を持っている馬を乗ってきましたぞ。アーサティサティ、この馬のたてがみを見れば、実りイネを束ねたようで、下腹を見れば米袋を入れたように、持っている馬を乗ってきたのであるぞ。アーサティサティ、島村諸村を乗り回してみれば、この西表村、今日のよき日に世乞いの祭りをするとて、華やいでいる。アーサティサティ、わしが持っているミルク世果報、この村にうち渡すそうとおもうぞ。ハツトゥダーダー

ルッポー（馬役、手に持つヤフ（櫂）には馬が描かれている）（撮影・提供：平井順光氏）

リッポー

タイクタイヒンヌ　イイクトウヌアライイ　リッポーテイチ
エーウンヌキヤビラ　アガリヤマヌクシカラトゥンジタルウシヤ　ターウシデユン　ヤマトウヌアカマリハンジヨウガ　ウシデキクン　アーサティサティ　クヌウシヤタダヌウシヤアヤビランドーサリ　チイヌターチ　ミミヌターチ　ミーヌターチハナヌテイチ　クチヌテイチ　ペーヌユーチ　キザヌヤーチブーヌテイチ　ムイトールウシダヤビン　アーサティサティ
クヌウシヌフンデーキンデースルタナカイ　イチバンマイピトゥムトゥイビリバ　イチマンムトゥ　フタムトゥイビリバ　ニマンムトゥン　ミームトゥイビリバサンヨーシラン　クヌマイヌミーナリプーナリクーバ　シチハツシユナーチィク　アカブサーマイダヤビル　アーサティサティ　クヌマイシミシインチィクリバ　ミシイングシ　クサキタノリバ　イデミジイパリミジイヌグトゥ　タリトウルウサキダヤビル　クヌサキヌディ　マイヌミチイカラティーフイ　ハットゥダーダー

リッポー（牛役）（撮影・提供：平井順光氏）

（大意）大国タイヒンの（不詳）、好いことがあるので、リッポウ（不詳）ひとつ申し上げよう。東山の後ろから飛び出た牛は誰の牛というか。ヤマトの赤生まれ繁昌の牛と聞いている。アーサティサティ、この牛はただの牛ではないぞよ。角が二つ、耳が二つ、目が二つ、鼻が一つ、口が一つ、脚が四つ、ひづめが八つ、尾が一つ、生えている牛ぞ。アーサティサティ、この牛が踏んづけかき回す田には、一番イネ一本植えると一万本、二本植えると二万本、三本植えると、数えられない。このイネに実がなり穂になってくると、七八升も米つく　アカブサーイネ(品種)ぞよ。アーサティサティ、この米で神酒を作れば神酒もおいしく、酒を垂れれば出水走水のごとく、垂れる御酒であるぞ。この酒を飲んで、前の道から大手を振って歩くぞ、ハツトゥダーダー。

キッポー

三番手は素手で若者が登場し、口上を述べる。

イリクタイヒンヌ　イイクトウヌアライイ　キツポーテイチエウンヌキヤビラ　テイチヤターチ　ミーチヤミーリィク　ユーチヤユガフ　イチチヤイチングトウンネラン　ムーチヤムカシヌユ　ナナチヤナニグトウンネラン　ヤーチヤヤーチイクティ　ククヌチヤクラチイクティ　トウヤトクツトゥデービル

(大意)イリクタイヒンの(不詳)好いことがあるので　吉報一つ申し上げよう。一つは二つ　三つは弥勒四つは世果報　五つは意見事もなく　六つは昔世　七つは何事もなく　八つはヤー(家)を作って、九つは蔵を建てて　十はとくと安泰である。

この所作は、あたかも舞台の下手の方から登場して中央で客席に向かい、口上を述べる光景を彷彿させる。場面は違うが、本質的には先に引用した宮良當壮氏の説明そのままである。この狂言は、以前は次に述べる船漕ぎの後で、舟から飛び降りたずぶ濡れの若者がまっすぐに御座所の前に走り、先の口上を述べていたようである。察するに、精力を尽くして舟を漕ぎ、息も絶え絶えにあの口上を述べるのは相当難儀の業であったと思われる。それが理由であったかは分からないが、現在は述べた通りに行われている。しかし、この方が口上の内容からしても、儀礼としてはこの場にふさわしい演出と思われる。

狂言の後は若者たちによる棒芸である。棒芸は沖縄全域で祭りやイベントによく出される演目で、所によって棒踊りともいう。手に握れる太さの堅い木で作り、「六尺棒」という棒芸の型があるように、だいたいその長さの棒を用いる。地域によって少しずつ異なるが、伝承された「棒の型(手)」がある。一種の武器で、たいてい二人で打ち合うが、一人棒もある。また、その武器も棒だけではなく、長刀と鎌、刀と刀、刀と棒などの型もある。

祖納のこの日の棒芸は、二人棒芸でまとめられているようである。そして興味深く思うのは、それが小学生・中学生・高校生・成人と、年齢段階的に組み立てられている。この祭りが年中行事の中で最も大きく、村の老若男女がすべて何らかの形で関わり、参加するという精神と姿勢が受け継がれているように思われる。幼少の頃から祭りに参加することによって、共同体の一員としての意識と連帯感が深まる。人間性の啓発、人格形成という点でも大きな教育力として機能しているはずである。

棒芸は二人の勇士が、エイ・ヤーと声を掛け合いながら、突いたり切ったりして戦う。小学生や中学生の場合はこの所作が可愛く、観客から盛んな声援と拍手が送られる。高校生や成人となると体も大きく、さすがに打ち合う動作も機敏で力強く、ひやひやさせられる場面も多い。

棒芸が終るとミルクが立ち上がり、踊る。と言っても、体をゆすり、扇を大きく上下に動かすだけである。ここでのミルクのこの所作は、ミルクトゥリム

若者の勇壮な棒踊り
(撮影・提供：平井順光氏)

ミルクトゥリムチ(立って祝福を与える)

チと呼ばれる。その後で、石垣在西表郷友会長の挨拶があった。

〈一二時二〇分〉　奉納舞踊

次は舞踊の奉納である。演目は祖納岳節・西表口説・まるま盆山節など、祖納伝承の民俗舞踊数点である。踊り手は男・女あり、御座所で踊る。この後でも、ミルクトゥリムチがある。

〈一三時〉　世乞い儀式

さて、この日の象徴ともいうべき、ここでは「世乞い儀式」と呼ばれる船漕ぎ儀礼が執り行われようとしている。御座所の前、浜には二基の旗頭が固定されている。予め組み分けされている舟子たちが、船頭を先頭にして二列に整列する。公民館長の激励の挨拶があり、それに応えて両船頭が誓いの言葉を述べる。続いて総責任者によって紅白の抽選が行われ、その結果が船頭に伝えられる。両船頭が声高らかに紅白を告げると、歓声とどよめきの声が起る。紅組がコースの内側を回り、白組が外コースを回る仕組みになっていて、白組が不利と思われているようである。

前乗り二人は固い握手を交わし、駆け足でそれぞれの舟に乗り込んで舟をつないでいたロープをはずす。そして、備え付けのアダンで舟の前から後ろまで打ちながら浄める。それから舟を東に向け、三回漕いで浜に付ける。舟子全員が舟に乗り込むと、船頭は懐からマスサイを取り出し、舟と舟子全員

マルマブンサン

に振り掛ける。
船漕ぎコースの目印は五つある。正面のマルマボンサンが一つ。マルマボンサンに向かって左側に根元から切り取った枝葉の付いたままの竹が立ててある。これが二つ目。そのあたりには地元でダイダウジと呼ぶ岩礁があり、それを避けるためという。目印とするこの竹をミンギと言い、他のところでも使われている。マルマボンサンの表斜め右寄りに、水面から岩が突き出ている。これをアムリソーヤと呼んでいる。これが三つ目の目印。アムリソーヤの東、かなり離れた水面上に見えて、北（外コース）と南（内コース）に並んで二つのミンギがある。これが四つ目の目印。そして、五つ目が波打ち際、御座所の斜め左寄りに立てたミンギである。船漕ぎは二部構成になっている。前半がユー乞い儀式で、後半は競争である。総責任者の合図で船乗り祈願の歌をうたい、舟を出す。

ヒヤ　キュヌヒバ　シラビョウリ　　今日のよき日を　調べなされ
エイサー　クーバナエー　ユバコーナ　（囃子）
ヒヤ　ウシマユバ　タボラレ　　大島世（豊穣）を賜わり
エイサー　クーバナエー　ユバコーナ
ヒヤ　ミルクユバ　タボラレ　　ミルク世（同）を給わり
エイサー　クーバナエー　ユバコーナ

二つの舟は、三句でアムリソーヤに届くように歌の配分をして、ゆっくり漕いで行く。その頃にはアンガーたちやミルクのファたち、村の婦女子も浜に下りてくる。舟子たちと一体になってユーを招くかのように、両手を肩まで上げ、前へ下ろす。この仕草を太鼓のリズムに合わせて繰り返す。

アムリソーヤを回ると、船頭の「ハイッ」の声で東のミンギを目指し、全力で漕ぎ出す。浜の女たちの身振りは太鼓の連打につられて激しくなり、声援は熱気を帯びてくる。観客は、目の前沖合を抜いたり抜かれたりして進む舟を、手に汗して見守る。東のミンギを回ると、二つの舟は再びアムリソーヤを目指して漕ぎ進む。アムリソーヤを回ると力を振り絞り、御座所目指して漕ぎあげる。これで、最も重要な世乞いの船漕ぎ儀礼を終える。

後半は、いわゆる爬竜船競争である。二つの舟は、必要に応じて舟子の配置、右左・前後を入れ替えたり、舟に溜まった海水(アカと呼ぶ)をくみ取ったりして用意を整える。そして、全員が舟に乗り込み、櫂を上に揚げてその瞬間を待つ。総責任者のシグナルの号砲一発でいっせいに舟を漕ぎ出す。

この爬竜船競争も、理由あってのことと思われるが二段階構成になっている。最初は、つい先ほど済ませたユークイの船漕ぎと同じコースを漕ぐ。舟はアムリソーヤを回って東へ進み、東のミンギを回ると引っ返して再びアムリソーヤを回って出発点に戻って来る。舟が波打ち際まで来ると前乗りは舟から飛び下り、すばやく舟を一八〇度回して沖へ向ける。その間に二番手が浜に駆け上がり、御座所前の向かいに立ててある旗を抜き取って舟に乗り込む。この瞬間、舟子たちはいっせいに櫂を揃えて水をかき、最後の競争に挑む。

世乞い船漕ぎ。左の島はマルマブンサン、右はフカバナリ島(撮影・提供：平井順光氏)

目印はマルマボンサンである。直線になって進む舟は、桟敷席や浜にいる人たちからは優劣は見えない。目印のマルマボンサンは右から回る。舟が方向を変える頃からは、競り合う舟の光景がはっきり見えるようになる。桟敷席からは大きな拍手が起こり、浜の女たちの仕草はいっそうはげしくなる。舟が島蔭に隠れると暫時静まり返っているが、左から二つの舟が前後して姿を現すと大きなどよめきが起る。舟はそのまま進んでダイダウジ横のミンギを回り、御座所前に向かって突き進んでくる。水しぶきを上げ、海をかき分けて迫ってくる二つの舟は、まるで生き物である。そして、これはまさに竜である。

爬竜船は御座所前、斜め左寄りに立てられたミンギを右に見てゴールすることになっている。波打際に来ると舟子たちは海に飛び下り、両側から舟の縁を持ち上げて、そのまま所定の場所へ引き上げる。ただ前乗りは、舟から飛び下りるとそのまま御座所前に走り、口上を述べる。この口上(狂言)をパチカイ「早使い」という。勝った舟の前乗りが先に述べるが、後の舟の前乗りが述べる口上もほとんど同じで、ただ、遅れたのは自分のせいではなく、馬のせいだという言い訳が入っている。全精力を尽くして舟を漕いできた後で、この口上を述べることは相当苛酷な役割であったと思われる。スピーカーから流れる解説では、舟を漕ぐ全長は二六〇〇mになるということであった。

ヒヤクバンヤーカラヌリトウンジヨビダル　ヒヤクパチカイヌグヨーシーヌンマドーサリ　ネーランマドーゴーネーラン　アントウイナシカントウイシ　ヤクゲーキチゲーシ　ティーヌナミクディントウララン　ヤラブザキムチカサビラツティ　ウンカラヒキムドウシ　カーラヤマミチィウドゥイクイクイシマンシダギイ　トウンヌブティンジヤリバ　エーマサンズーウーニガナシ　シユヌメーミシ　ウヤドゥメーシジユウバシラ　ワンヤイチダイジナクトゥ　シービラシタミンガシ　マイビラウトゥミンガシ

ナマドゥヒヤクパチカイヤ　ウーカリヤヌジヨウニ　ユシリヤタン　ハットゥダーダー

（大意）　飛脚番屋から乗り飛び出してきた　飛脚早使いの御用の馬であるぞ。馴れない馬に道具もない。ああも取り成しこうも取り成し、手を焼き骨を折り、手並みを加えても御されない。引き戻されて屋良部崎、重ね持って、それから引っ返し、カーラ山道を躍り越え躍り越えし、マンシ岳に飛び登って見れば　八重山三隻の船頭加那志　主の前　美崎御宿前四重柱わしは一大事なこと　馬の尻をぶん殴り、前の方もぶっ叩いて、今の今、飛脚早使いは　御仮屋の門にたどり着いた。

一方両船頭は舟から飛び下りると、濡れたまま船元の御座所に勇ましく参り、前泊御嶽のチジビから御神酒の盃を受ける。それからすぐ背後にある前泊御嶽に櫂を持ったまま参拝し、神前にユークイの報告を行う。ツカサからは労をねぎらう言葉を受け、お神酒を頂く。御座所ではミルク節がうたわれ、ミルクがゆっくり立ち上がって踊る。今年のユーを寿ぎ、次の年の世果報の招来を約束する。これでユークイ儀式が終了する。

〈一四時〉　婦人アンガー巻踊り

次は、観客を最も魅了する「婦人アンガー踊り」である。フダツミの一行が浜

前泊御嶽のティジリビから祝盃を受ける。沖合にはマルマブンサンが見える

アンガー踊り。中にフダツミと音取り、まわりを踊り手が輪になって踊る
（撮影・提供：平井順光氏）

に下り、円陣を作って踊る。フダチミと音取りの四人が内円となり、他のアンガーたち（十数人）は外円となる。内円の四人は音取りの太鼓に合わせてうたいながら右回り、外円のアンガーたちは左回りで踊る。内円の音取りは太鼓を打ちながら謡い、フダツミは扇子でもう一つの手のひらを軽く打ちながらリズムを取る。外円のアンガーたちは入場してきたときのザイを腰に差し、素手で両の手を上下に動かしたり、軽く打ったりして踊る。いたって単純な所作の繰り返しである。歌は「御前風」・「五尺手拭」・「ググハ」・「フネ（舟）」である。

「御前風」は琉球古典音楽で舞踊を伴い、国王あるいは国王ゆかりの貴賓の前で演奏されたところからその名があるが、歌詞も樂曲も異なる五種が知られている。歌詞も一句で短く、そのうち祝宴の初めによく演奏されるのが、「かぎやで風」である。「御前風」と銘打ってはいるが、ここでうたわれているのはその「かぎやで風」で、後はやはり祖納独自の歌詞である。そのためであろう、上述石垣論文では「今日ヌ誇ラシヤ」となっている。

〈御前風〉

キュヌフクラシャヤ　　　今日の嬉しさは
ナウニギャナ　タティル　　何に例えよう
チブティウルハナヌ　　　蕾んでいた花が
チユチャタグトゥ　　　　露を得たようだ
ヨホンナ　　　　　　　　（囃子、以下同）

クヌドゥンチ　シュヌメー　この殿内の主の前は

オヤゴメサアテモ
オユルショメショレ
ブドゥリアシバ

畏れ多くあっても
お許し下さい
踊り遊ぼう

クヌドゥンチ　シュヌメー
クヮフナピトゥヤリバ
マイクラヤ　クシアティ
ウムイクヮ　マイナシ

この殿内の主の前は
果報な人であるから
米蔵を背にして
愛しい子らを前にして

ウーヒラカーヌミジィヤ
シィディミジィドゥヤリバ
ウマンチュヌマギリ　アモシシダサ
アモシシダサ

大平カー（井戸）の水は
シィディ（脱皮）水であるから
すべてのウマンチュ（人民）
浴びさせよう（若返らせよう）

インヌササグサヤ　ウラウラドゥユスル
ウマカナサアティドゥ　ウマニユユル
ウマニユスル

海のササ草は　浦々に寄せる
（我々は）ここが慕わしいので
ここに寄り集う

〈五尺手拭〉

グサクテヌグイ　ヨホンナ
ナカスミティ　ヨンナ
ユミヤハチマン　ナカスミティ

ヤドノナリコヲ　ヨホンナ
ワガヨセテ　ヨンナ
ユミヤハチマン　ワガヨセテ

シカクハシサ　ヨホンナ
ワドゥヌシティ　ヨンナ
ユミヤハチマン　ワドゥヌシティ

ウキヌトゥナカ　ヨホンナ
チャウタティティ　ヨンナ
ユミヤハチマン　チャウタティティ

〈ググハ〉
ググハ　ヒーヨンナ　サーヤリクヌ
ググヌカラジヤ　イナカカラジ

五尺手拭（囃子、以下同）
中を染めて（囃子、以下同）
弓矢八幡　中を染めて

屋戸の鳴子を
わが方に寄せて
弓矢八幡　わが方に寄せて

四角柱
われを乗せて
弓矢八幡　われを乗せて

沖の渡中に
波は立って
弓矢八幡　波は立って

ググハ（不詳）（囃子、以下同）
ググの髪（型）は　田舎（風）髪

カニヨモタナシティ　ガウガウトゥ　　（不詳）　ガウガウと
ターンタン

ハナヌ　ヒーヨンナ　サーヤリクヌ　　花の
ハナヌユイナル　サトゥキムスラス　　花の故なる　里心を募らせる
イランヤシミシティ　ワガキムスラス　　（不詳）　わが心を募らせる
ターンタン

ナガイ　ヒーヨンナ　サーヤリクヌ　　長い
ナガイカタナバ　サシオキゴザル　　長い刀を　差している
ウシロサヤニシティ　マエヌアガル　　後ろ鞘にして　前が上がる
ターンタン

〈フネ〉
フネー　ヒーヨーナ　カシヌキドゥ　スーリ　　舟は　樫の木の
フネデゴザル　サニサヌイ　ヒーヨーイ　　舟であるぞ　喜び乗って

パラ　ヒーヨーナ　シンキマチドゥ　スーリ　　柱は　芯木松の
パラデゴザル　サニサヌイ　ヒーヨーイ　　柱であるぞ　喜び乗って

シベー　ヒーヨーナ　フバナキドゥ　スーリ　滑車は　フバナ木（樹木名）の
シベデゴザル　サニサヌイ　ヒーヨーイ　滑車であるぞ　喜び乗って

ミナー　ヒーヨーナ　アサヌブードゥ　スーリ　縄は　苧麻の
ミナデゴザル　サニサヌイ　ヒーヨーイ　縄であるぞ　喜び乗って

ヤブー　ヒーヨーナ　サラヌビィドゥ　スーリ　矢帆は　真新しい藺草の
ヤブデゴザル　サニサヌイ　ヒーヨーイ　矢帆であるぞ　喜び乗って

トゥリー　ヒーヨナ　ウタイドゥリ　スーリ　鳥は　歌い鳥の
ユルユナカ　サニサヌイ　ヒーヨーイ　真夜中　喜び乗って

フネー　ヒーヨーナ　イダショラバ　スーリ　舟は　出帆なさるならば
ユルイダシミショウリ　夜出帆してください
サニサヌイ　ヒーヨーイ　喜び乗って

アンガー踊りは、「御前風」の後は曲の一節ごとに手を二拍し、次に三拍する。その所作を繰り返しながら踊り、退場していく。入場してくるときは二列であったが、退場する時は外側から円を解いて一列になり、最後は内円の二人のフダツミと二人の音取り(太鼓)となる。退場する時も踊りの手を休めず、今度は桟敷に向いて二拍、三拍と手を打つ。

この祭りを構成する主要な儀礼は「アンガー踊り」で終わる。その後は、ユー乞いの舟子たちを主として男たちが踊る。手には櫂や棒芸の棒を持ち、旗の周りを謡いながら回る単純な踊りである。これを「男アンガー踊り」と呼んでいる。その後には、獅子舞がある。二頭の獅子が出てきて舞う。旗頭を回ったり見上げたり、ユー乞い舟を覗いたりユー(溜まった海水)を飲む振りをする。獅子舞が退場すると御座所前でのすべての演目が終る。その後万歳三唱して閉会宣言が行われ、これで祖納村シチで最も重要な行事が終了する。

〈一五時〉 スリズの座トゥズミ

その日一日の祭りを作り上げた役者・芸人たちが退場する。入場してきた同じ順序、要領で退場していく。一番基で男芸人たち、二番基でミルクとそのフヮ(子供たち)、そして三番基でフダチミとアンガーたちが続く。一行はミルク節で前泊浜を東に進み、左へ折れて村なかを通ってスリズに到着する。

スリズではミルク節全七句を謡い、ミルクがザンマイ(所作)をする。それが終わると公民館長・総責任者の挨拶があり、全員の労をねぎらう。そして、すべての行事が終了したあとの、厳かな最後の「儀式」が執り行われる。ミルク神が人に変る儀式である。ミルク係が一礼してミルクの杖と扇を受け取り、後ろに回ってミルクの立ち上げとは逆の手続きをする。頭巾

フダツミとアンガー踊り子たちの退場。入場とは逆に、フダツミと音取りが最後尾となる

で顔を隠し、紐を解いて面をはずす。これでミルク神から人へ戻る。ミルク係りが挨拶して儀式は終わる。その後は御神酒の盃が回され、ミルクやフダチミが捧げ持ってきた馳走も配られて和やかな祝宴となる。

一方、船元の御座では役者や芸人たちが退場した後、残ったツカサやチジビたちがシチの神事が無事終わったことを喜び、御神酒を酌み交わしながら祝う。唄をうたいながらくつろいだひと時を過ごし、時を見計らって帰宅する。

（トゥドゥミ祝い）

シチ祭り三日目である。この日はウーヒラカー（大平井戸）を中心に行事が行われる。ウーヒラカーは由緒ある井戸で、初代慶来慶田城用緒が掘らせたといわれている。旱魃の時も水の枯れることがなかったといわれ、上水道が整備される以前は飲料水確保の重要な水源であった。かつてはカーラクシェー（井戸清掃）が行われていたが、現在は前もって清掃をしておく。ウーヒラカーは代々後間《くしま》家（屋号クシメー）によって守られてきたといわれる。後間家は上村の時代から続く歴史の古い家柄で、ウーヒラカーを管理するのは井戸がその屋敷内に掘られたからといわれる。

午後、スリズから二基の旗頭（一番基と二番基）が出され、それに導かれるように昨日芸人と呼ばれた男たち・女たちがウーヒラカーに集まる。やはり昨日と同じ衣装をまとっている。二基の旗頭は井戸の周りで固定される。用意が整うと、村の幹部が井戸のそばで酒・供物を供え、香を上げて感謝

ウーヒラガー（大平井戸）で、トゥズミ（止め）の行事が行われる

の祈願を行う。続いて一同も礼拝する。それが済むと、ドラの連打で女たちによるガーリがあり、男たちのパチカイ・ルッポー・リッポー・キッポー、そして棒技が行われる。

ウーヒラカーでの一連の行事が終るとドラが連打され、二基の旗頭が持ち上げられて移動する。二基の旗頭は若者たちを従えて、そこからドラと掛け声で威勢よく村の中へと移動していく。村の中では神職の家や幹部たちの家、診療所・郵便局・学校などの公共施設、スーパー・ホテルなどを気勢を上げ、時には荒々しくまわる。それを受ける家ではたいてい飲み物や菓子、おつまみなどを用意して歓待する。

日本の夏祭りでは、だし(山車)を引き出し、街の中を荒々しく駆け抜ける。これにはその起こりとして疫病や悪霊を払い、街の中を浄化する意味がある。シチ最後の日に旗頭が荒々しく村の中を駆け巡るのは、趣旨は全く同じで、村の中を浄化する儀礼構成となっている。要所々に立ちよって村を一巡すると、一行はスリズに戻る。そこで、昨日の主な芸を再び行い、そのあと祝宴となって互いに労をねぎらい、トゥズミとする。

三　祭りの性格と構造

世乞い

この祭りの性格を端的に言えば予祝祭である。予祝祭は次の年の農作物の豊作と村人の無病息災を祈願する祭りである。その性格上、人々の期待・目的を達してくれると予想される事物が入りやすい。村で祀る御嶽の神や他界から来訪する予言の神、そしてミルクなどの外に、各種の供物や芸能などが時代とともに重層的に取り込まれ、儀礼として構成されていく。とは言っても、祖納村のシチの予祝行事は、八重山地方の他の地域に類を見ないほど多様性に富み、華やかで、儀礼によっては娯楽的と思わせるものさえいくつか見受けられる。

祭をつらぬく趣旨はユークイ(世乞い)で、儀礼としては船漕ぎに集約される。ユーは「世」で表記され、文字通り世の中・社会を表すこともある。沖縄がアメリカ統治から祖国復帰(一九七二)したころは、「アメリカユー(世)からヤマトユーになった」などといわれた。しかし、この語が多く、そして重要な意味を持って使用されるのは祭儀の場面で、その場合は米・穀類を表す。つまり、ユークイは農作物の豊かな実りを乞い願う、祈願する宗教行為を表す。

さらに、ユークイは、沖縄古来の神観念を背景にして行われる。沖縄地方においては海上はるか彼方には豊かで満ち足りた楽土、神の国があると想定されている。本島やその周辺地域ではニライ・カナイ、八重山地方においてはニーラスクあるいはカネーラスクと呼ばれる。農作物の種子や豊作だけでなく農具の作り方、人々の健康・長寿もそこから神によってもたらされた、あるいは現在ももたらされるという信仰がある。ユークイはニライ・カナイから神や俵を満載した神の船を迎える、あるいは豊穣・豊作を招来する行為である。実際の祭儀の場においては手招きや踊りの所作、綱引き・船漕ぎなど、地域や祭儀の性格によって異なった儀礼がある。

さて、祖納村の「世乞い儀式」をよく観察すると、やはり他の地域とかなり違う。他の地域では船漕ぎ競争自体がそのままユークイとなっている。そしてコースも沖に設けられた目印を回ってくるだけである。単純といえば単純である。ところが、ここでは先にユークイの船漕ぎがあり、その後で続けて競争の船漕ぎがある。さらに、後の競争船漕ぎも前半と後半の二部構成である。なぜこのように手の込んだ、複雑な構成になったのか。

その理由は、御嶽(マイドマリウガン)の神との関係にある。船漕ぎ(競争)が終ると、両船頭は舟からそのまま船元の御座に上がり、前泊御嶽のチジビから労をねぎらわれ、お神酒の盃を受ける。それから御嶽に参拝し、神前でユークイの報告をする。そして、ツカサから祝福を受け、お神酒をいただく。儀礼として見るならば、この行為はユークイ船漕ぎの終了直後、すなわち競争船漕ぎの前に行われるはずである。

ところが、ユークイ船漕ぎから競争船漕ぎに移る間は、舟子の配置替えや海水を汲み出したりするわずか三分ほどの時間しかない。そこで、マルマボンサンを回る本競争の前にもう一度ユークイ船漕ぎの（模擬）コースを入れて、両船頭の御嶽参拝のつながりをつくり、矛盾を解消したと思われる。

ユークイ船漕ぎと御嶽の神との関係では、もう一つ重要なことがある。ユークイ船漕ぎでは異界（ニライ・カナイ）の神を招来して来たのではなく、ユーを積んできたのでもない。ただユークイの「祈願行為」をしてきたことになる。そして、船漕ぎ前に神前で誓い、船漕ぎ後でまた神前で報告をする両船頭の行為を見ると、ユークイは御嶽の神の意思であり、両船頭は神の依頼を受けた使いであったことが分かる。このことから、ユークイの儀式を通して御嶽の神（クライナーによれば「滞在神」）と異界の神が深く関わっていることがわかる。

沖縄本島北部地域では隔年ごとにウンジャミ（海神祭）という祭りが行われる。村近くの海辺で、神女（ツカサ）たちが開けた海に向かい、はるか彼方から訪れる（ニライ・カナイ）の神を迎える。その時は、御嶽の神もそこに招かれていて、「双方の神、相協力して豊穣たらしめよ」と祈願するそうである（仲松弥秀『古層の村』）。つまり、ニライ・カナイから訪れる神と御嶽の神が力を合わせ、実りのユーを授けてくださいということである。祖納村のユークイ儀式は、これと共通の神観念で構成されていると思われるのである。

両船頭の御嶽参拝が船漕ぎ競争の前半（結局ユークイ儀式の再現）に合わせた儀礼とするならば、一番手が行うパチカイは後半、船漕ぎ競争そのものに合わせた余興である。競争の早船から飛脚の早馬を連想し、場面も祖納の南海上から石垣島西海岸の陸路に変わっている。船漕ぎ競争のコースが複雑であったように、パチカイも複雑で難儀なコースを走る。突拍子もない、滑稽な発想のようであるが、歴史性と地域性が反映された狂言である。

尚賢王四年(一六四四)、烽火(のろし)制度が設けられた。当時の通信手段である。貢船・異国船・唐やヤマトの商船などを発見した時は次々と烽火を上げて王府に知らせる仕組みである。烽火を上げるところを「火番むる」といい、四、五人の係員を常駐させて見張りをさせた。八重山地方においては石垣島で平久保・川平・桃里に、離島においては与那国・西表・鳩間・波照間・新城・黒島に火番むるが設けられた。順次烽火をリレーして石垣島登野城村の蔵元に知らせたのであるが、石垣島の場合は、ある地点からは早馬が使われた。パチカイの「飛脚早馬使い」である。

パチカイの終着点として出てくるウーカリヤは「御仮屋」で、首里から派遣された役人(在番)の宿舎である。石垣島では蔵元の周りに、北向かいに東の仮屋、ななめ前に中の仮屋、その西隣りに西の仮屋があった。烽火は上げる側を立火、受ける側を受火といい、次は受火側が立火となって次々とリレーしていく。祖納は、不審船を発見した場合は祖納頂で烽火を上げ、それが高那平川・小浜嵩と受け継がれ、そこから蔵元に届く仕組みになっていた。

ウーカリヤは確かに祖納にもあった。しかし、祖納が受火となるのは与那国で烽火が上がり、それを崎山ユクイ頂を経由して受ける時だけで、ほとんどは烽火を上げる側であった。つまり、祖納のウーカリヤは制度上、烽火の情報を受ける立場ではなかった。平久保から馬を走らせて、海を越え、祖納のウーカリヤまで来るということは物理的にも荒唐無稽の話で、あり得なかった。ただし、その荒唐無稽の話を架空の出来事として狂言に仕立て、演じることはあり得るし、可能であろう。祖納のシチを観察して思うことは、島内であれ島外であれ、外部から多様な要素を取り入れて祭りを構成しているということであろう。パチカイも無理に思考するよりも、他の場面で演じられていた狂言を借用して当てはめた、と素直に考えたほうがよいのではないだろうか。

ミルクは「ミルク世果報」の招来を期待されるように、八重山地方においては神として広く信仰されている。この祭りにおいても、スリズでのミルク神の立ち上げから船元の御座までの行列、御座所での位置や扱いを見れば、儀礼の重要な要素となっていることが分かる。ただし、ミルクはユーを招くのではなく、与える存在である。ミルクトゥリムチはミルクが人々に世果報を約束する仕草である。

ユークイ儀式を支え、補完する儀礼は外にもある。狂言のルッポー・リッポーは農耕に大きな力となる牛馬の姿・形になぞらえて豊穣（ユー）を予言する。ルッポーは馬の形状から実ったイネや米俵を、リッポーは人に代わって田畑の耕作に大きな力となる牛の働きを示し、その牛が踏んづけ、ならした田にはイネがよく実り、実った米で祝い酒を作って飲みたいと口上を述べる。ルッポー・リッポーも豊穣の期待であり、これらもユー乞い儀礼の一つ一つである。そして、キッポーは富貴・豊穣・長寿・安泰を並べ挙げ、万人が望む、そのように満ち足りた人生を送りたいと述べる。

さて、私はこの祭りの儀礼構成は大きくまとめて「ユー乞い儀式」・「ミルクトゥリムチ」・「フダチミとアンガー踊り」の三部構成と見ているが、そのうち「ユー乞い儀式」と「フダチミとアンガー踊り」を最も重要な二つの儀礼と見ている。さらに、他の多くの村々では姿を消してしまったこの祭りを、この村で三〇〇年以上に亘って存続させてきた要因は「フダツミ」の存在にあると見ている。そこで、次にフダツミの素性について考えてみたいと思う。ユー乞い儀式については、先に御嶽の神との関係でかなり深く検証して述べた。

アンガー踊唄と大和在番

フダツミとアンガー踊についてはフダツミの儀礼的意味に強い関心を持っている。それについては後で検証して述べることにして、ここでは踊の歌謡について考えてみたい。とは言っても、踊の所作や歌謡そのものについては私の手に及ぶものではない。それらについてはその道の専門家の研究に委ねることにして、ここでは、この祭りをこのように多様な形態にしたその背景について考えてみようと思う。

アンガー踊については、比嘉盛章氏がその歌謡に日本語や琉球語が混在しているとして、次のように述べている。「この歌はそれが七五調の四句歌である所から見れば、王朝時代末期の神歌又は和讃と同系統のものと云える。あるいはその時代の神歌の一部でもあろうか。歌中に弓矢八幡の句があるのも軽々しく看過すべきではないと思はる。然もその歌旨が何であるかは薩張り判らない、特にこの歌が純粋国語で歌われている所全く奇怪である。」(「西表の節祭とアンガマ踊り」『南島』第一輯、一九四〇年、南島発行所)。

氏は王朝末期の神歌又は和讃にこだわっておられるようである。私にはそのことについて論ずる能力はないが、別の観点から検証してみようと思う。まず始めは「五尺手拭…。」の歌謡である。一七〇四年編集された『落葉集』に次の歌謡が載っている。

五尺手拭
(本調子)五尺いよこの手拭　五尺手拭中染めて
おれにいよこのくりよより　おれにくりよより宿に置け
宿がいよこのよければ　宿がよければ名も立たぬ
佐渡といよこの越後は　佐渡と越後は筋向い
橋がいよこのかきよやれ　橋をかきよやれ船橋を

橋のいよこの下には　橋の下には鵜の鳥が
小鮒いよこのくはえて　小鮒くはえてぶりしやりと
（高野辰之編『日本歌謡集成』第七巻、一九八九、東京堂出版）。

この歌謡に関しては町田佳聲《かしょう》氏の論文がある。氏は、「（五尺手拭は）すでに元禄年間（一六八八―一七〇四）の初期には流行り唄として、それも〈本調子〉と書いてある点から、三味線歌として流行しており、その発生は元禄以前に遡れるのではないかと思われる」。そして、「こうした『五尺手拭』の歌詞を踏襲していると思われる歌が二百八十年ものちの昭和の今もなお存在して」いると述べ、自ら採集した場所と曲名、用途を挙げる。氏の採集した場所を郡・町・村を略して挙げると、岩手県・茨城県・東京都・新潟県・山梨県・滋賀県・兵庫県・奈良県・岡山県・広島県・香川県・徳島県・長崎県・熊本県・鹿児島県、そして沖縄県西表祖納である。口伝に伝えられたであろう唄が、これだけ広範囲にうたわれてきたことを思うと、この歌謡の勢いに驚かされるものである。はやり唄は伝承されていく間に、そして、さらに受け入れた土地の伝統や習俗によって変化するものである。

氏の説明によると曲名も「五尺節」・「五尺手拭」・「イヨコノ節」・「しょんが節」などと様々であり、用途も多様である。「盆踊」と「祝歌」が多いようであるが、祖納村のそれは「踊唄」として分けている。このことについては特に注目しておきたいと思っている（「連綿たり元禄のはやり唄―五尺手拭管見―」『日本民謡大観』第七巻、四国篇、日本放送協会）。

（岩手県和賀郡江釣子村谷地）

五尺イヨヤコンノ手拭　五尺手拭　中染めて
染めもイヨヤコンノ染めた
染めも染めた　江戸鹿子に
染めてイヨヤコンノくりょなば　宿に置け
宿もイヨヤコンノよければ
宿も良ければ　名もたたぬ

（前掲論文）

（茨城県新治郡三村）
五尺手拭　中染めて
染めも染めたよ　鹿の子染め
染めた手拭　誰にやる
向う山の　誰にやる
わしにくりょえば　わしにくりょえば
うらへおく（以下略）

（前掲論文）

（熊本県球磨郡水上村福山）
五尺手拭　中染めてコラエ

さまに三尺　わしゃ二尺
うしお大明神な　心よしの神で
鶴女子亀女に　宿貸しゃる（以下略）
（前掲論文）

（鹿児島県肝属郡串良町）
五尺コノヒヨ　手拭
五尺ぬぐい　中染めた
サドッコイサ
染めもコノヒヨ　染めた
よう染めた　中紫に
（前掲論文）

（鹿児島県曽於郡大崎町岡別府）
五尺の手拭　中染めた
染めも染めたよ　紫に
だれにくゆかよ　宿に置け
宿がよければ　名も立たぬ
舟が見えたよ　まるやの舟が

すえは鶴亀　五葉の松

（東勝美「曽於地方の民謡」『民俗研究』二号、鹿児島民俗学会）

（鹿児島県大島郡徳之島町井之川）

ぐうしゃく　とうぬげえに　　五尺手拭に
はなじゅみいしゅみてぃぬ　　花染め染めて
マッタイナ　ハーヨイヨイ
むじょにかんばしよか　　愛人に被させよか
われがかんぱしよか　　私が被ろうか
ヤイギュラサヌ　ヤイギョラサ

（『日本民謡大観』第九巻）

（鹿児島県与論島）

五尺へんよう　くぬ手ぬぐいや
ソレ五尺手拭や　ソレ中にまた染みて
ソーサードッコイ
染物へんよう　くぬ染みたしが
ソレ染物染みたしが　ソレ染色染みてぃ

（以下はやし同じ）

イチヨーキへんよう　くぬなが浜に
ソレイチヨーキ長浜に　ソレ打い引く波や
赤佐へんよう　此ぬ女童ぬ
ソレ　赤佐めーらびぬ　ソレ微笑歯ぐき
（『日本民謡大観』第九巻）

（鹿児島県大島郡沖永良部）
五尺ヘンヨヨー　くぬてのげ（手拭）
ソレ五尺手拭
ただかに染めて　サーサドッコイ
（小川学夫「曲目より見た諸鈍芝居の流れ」『南島研究』第十号）

途中省略したが、ここでは沖縄県に近い鹿児島県地方に伝わる歌謡のいくつかを取り上げてみた。この歌謡は日本列島を北は岩手県から西は九州まで、広い範囲で流行している。先に挙げた『落葉集』の歌謡もその一つであろう。歌詞もその土地の風俗や風土が織り込まれているが、「五尺手拭」・「中染めて」は共通にうたわれている。五尺手拭は幅一尺、長さ五尺で文字通り五尺の手拭である。素材は木綿で、白地にいろいろな色で模様を染めた。アンガー踊りで、踊り手たちが頭から被って顎の下で結び、垂らしているあの紫の布である。ちなみに言えば、普通の手拭は幅一尺、長さ三尺という。
五尺手拭は農作業や、今流でいえばショールやスカーフなどのおしゃれとして、あるいは祭礼の礼服や舞踊衣装の一部、さらには入浴用(バスタオル)としてなど、多様に用いられた。また、このような実用品としての用途以外に、男女間の贈答品(プレゼント)も用いられた。特に粋な用い方としては、男性から女性への求婚(プロポーズ)の印でもあった。改めて読むと、「中染めた」・「だれにくりゃりょ」・「宿に置け」・「名も立たぬ」・「屋戸の鳴り子」などからは、忍ぶ男の姿や様がつい思い浮かぶ。

さて、この歌謡は、九州は鹿児島県の本土から海を越えて島伝いに徳之島・与論島・沖永良部へと伝わったが、その先は沖縄本島や周辺の島々、宮古島、石垣島をこえて、突然というほどに西表島の西端、辺鄙な祖納村に現れる。この現象をどう見ればよいか。沖縄地方のそこだけと限定されるのは、特異な現象である。素通りする旅人、あるいはその一過性の滞在では、これほどの文化は残らない。このように考えた時、推測される有力なパイプは「大和在番」の駐留である。

一六・一七世紀以降、スペイン・ポルトガル・オランダの東アジアへの進出が活発になっていった。これらの国々はフィリピンのマニラ、中国南部のマカオ、台湾の北部・南部に拠点を置きながら、中国・日本との交易を推し進めようとした。南方海域から北上してくるこれら異国船は「南蛮船」と呼ばれた。琉球諸島は、ちょうどそのルートに沿って島々が点在し、食料や水の補給、あるいは悪天候を避けるための漂着には都合がよかった。波照間島と西表島は、南方の島々や大陸沿岸に寄港しつつ北上する船にとっては日本に入る最初の島々であり、特に西表島の西岸は、内陸に深く入り込む船浮湾が寄港地としては絶好の存在であった。「慶来慶田城由来記」によれば、オランダ船が二、三年おきに漂着し、初代用緒は異国船と盛んに交易を行っていたことが記されている。

しかし、これらの国々、特にスペイン・ポルトガルは併行してキリスト教の布教を推進した。これは布教そのものが目的ではなく、伝道によって人民の信仰心を涵養し、交易を推進しやすくするねらいも併せ持っていた。やがて幕府はキリスト教の布教を禁止し、スペイン・ポルトガルとの交易は国禁として厳しく取り締まるようになった。鎖国制度の始まりである。この政策は八重山を含む琉球全域に適用され、南蛮人が来島したらただちに捕縛するよう強い命令が出された。

一六三九年（崇禎一二）、波照間島に南蛮人二人が小舟で漂着した（『八重山島年来記』）。一六四〇年、西表島に南蛮船が来航して南蛮人二、三百名が上陸、幼女一人を連れ去ったという知らせが入った。『球陽』尚豊一九年条には、この事件に関連した思われる記載がある。翌一六四一年、薩摩・琉球双方からなる大がかりな現地調査が行われた。薩摩側からは渋谷四郎左衛門・喜入吉兵衛門ほか、琉球側は三司官の宜野湾親方・御物奉行の大里親方ほか、それに大和衆六〇、七〇人ほどを率いて西表島祖納村に到着し、漂着船が着いた場所ならびにその近辺を視察して帰国した（『八重山島年来記』）。その折、薩摩側は南蛮船の再来に供え、警備兵は鉄砲百挺で武装していたという。当時の村人の緊張し、動揺した光景が目に浮かぶ。

現地を視察した一行は那覇に帰っていったが、後事に備え竹内備前らを現地に駐留させた。「大和在番制」である。これについて『八重山島年来記』は、「竹内備前殿お一人は、在番として残られた。これから大和在番が始まり、順治六己丑（一六四九）年まで九年間、交代で詰められた」と記す。薩摩は一六四四年、石垣島に駐留する大和の役人を祖納村に移すことを決め、二人の奉行と家来の宿舎（仮屋）の設営を命じ、実行した。さらに、漂着する南蛮船を迎撃するための石火矢《いしびや》（大型大砲）台も設置されることになった。

当時村は岬の高台にあった。旧「上村」である。そこに一六四一年から一六四九年まで、数か月単位で交代はあったが、延べ数十人のヤマト（薩摩）の役人衆が駐留していた。村とは言っても狭い空間である。水や食料を確保するなど、生活をしていく上で連日村人たちとの接触は避けられない。当然その間には村の祭りを見たり、時には参加する機会もあったはずである。そのような中で郷里、薩摩の芸能を伝えたり、手ほどきをしたりすることもあったと思われる。こうして、平成の今日まで残るヤマトの唄が、この地に伝えられたと見るのである。

歌謡五尺手拭はヤマトの唄で、もともと「五尺手拭、中染めて」を頭に置き、その後に伝えられた土地の風俗が織り込まれて今日の形になったといわれる。土地によってはその後に数句、あるいは十数句の歌詞が続く事例もある。伝えられて相当の年月が過ぎており、その間に歌詞はかなり変容があったと思われる。語意には不確かなものがあり、訳出にも脈略を捉えるにも戸惑う。

祖納村のそれも、三句目の「四角柱…」、四句目の「沖のトゥ(渡)中に…」は意味も分かりにくく、全体通しての脈略も判然としない。あるいは、元はもっと筋の通った長い詩句があり、省略されたのではないかとも思われる。「弓矢八幡」は一般に八幡神(八幡神社)を指すが、武士が誓いを立てる時の言葉で、「きっと・かならず」などの意味も持つ。なぜここに入るのか、これも不明。

アンガー踊には他に二つの歌謡が付く。「ググハ…」の歌謡は、語句や脈略がなおいっそう捉えにくい。「ググヌカラジヤ」(ググの髪)から「ググ」が一つの単語であることが分かる。これまでの報告では、「ググ」を「鳥」と解する人もいるが、訳出しない人もいる。結局は分からない。「カラジ(髪)」・「サトゥチム(里肝、恋情)」は沖縄の方言であるが、「…ござる」は「居る」・「ある」などの尊敬語でヤマト語である。両方混在している。これも元はヤマトの歌謡であったと思われる。その手がかりは、「長い刀ばさしおきござる/ウシロサヤにして前上がる」の句である。

奄美地方には、各地に「六調」と呼ばれる踊り唄が存在する。「唄・踊・サンシン・太鼓・指笛・掛け声」の六要素が合わさった(ゆえに六調)テンポの早い、激しい楽曲である。乱舞を伴い、「さわぎ唄」とも「ゾメキ唄」とも称されることもある。この唄に、「長い刀ばさしよがござる/後ろ下がれば前上がる」の句が入る。省略を入れつつ、例示してみる（奄美市笠利町）。

おろしょめでたよ　若松様よ
枝もさかえろ　葉も茂る
踊りするなら　はよ出て踊れ
踊りおそなて　踊らぬ
（略）
長い刀は　さしよがござる
うしろ下がりの　前上がる
（略）
さまはいくつか　二十二か三か
いつも変わらぬ　二十二、三
（以下略）

この奄美六調と同じ系統と思われる踊唄が、八重山地方でも広く普及している。一般には「サマハ」と呼ばれ、祝いや宴会の終焉にはよく演奏されるなじみの曲で、「カチャーシ」とか「モーヤ」とか呼ばれる乱舞が付く。奄美六調には「さまはいくつか二十二か三か」、「おろしょめでたよ若松様よ」の句があるが、八重山六調にもほとんど同じ句がある。奄美六調が八重山地方に伝わったことに疑う余地はない。

奄美六調は沖縄本島やその周辺の島々、および宮古島には伝わっていない（ただし、多良間島には存在する）。

現在普及している八重山六調には、伝わった時期については明治以降と共通しているが、ルートは異なるいくつかの見解が示されている。しかし、決め手はない。その中で、唯一根拠をもって語られているのが「宮良六調」の由来である。

明治二〇年代、奄美大島出身者で八重山開拓団が組織された。彼らは石垣島北東部（通称裏石垣）の伊野田地区に入り、サトウキビの栽培に乗り出した。ところがマラリアの猛威に前途を阻まれ、開拓団は解散した。彼らは宮良・白保（石垣島東部）の人びととともまじわりがあった。団長（カツラケンエイ）の息子、鳩間加真戸《かまと》は宮良の女性と結婚、島に残った。その人によって奄美の六調が八重山に伝えられたという（仲宗根幸市「沖縄から六調を考える」山下欣一・松原武美・小川学夫『奄美六調をめぐって―徳之島から』一九九〇、海風社）。この話は事実であろう。宮良にはその末裔も存在するという。

様はいくつか　二十二か三か
　　サヤウサンカ
やがて二十五の生まれ年
　　ヨイやなーこりゃサマハ
今日の座敷は　祝いの座敷
鶴と亀とが舞い遊ぶ
嬉し嬉しや　若松様
枝も栄えて　葉も繁る
人の結びは　枯れ木の枝を

登り下りの危なさよ
踊れ踊れよ　品よく踊れ
品のよい娘は嫁に取る
君とわしゃとは　羽織の紐よ
しかと結んで胸の上
君は百歳　わしゃ九十九まで
共に白髪のはえるまで
（「宮良六調」以下略）

ところが「宮良六調」をはじめ、現在八重山地方のどの地で唄われる六調（通称「さまは」）にも、祖納村のアンガー踊唄、「ググは…」の「長い刀ばさしよがござる／後ろ下がれば前上がる」の句は存在しない。アンガー踊唄の伝わり方には、奄美六調とは異なったルートと時期があったのではないか。このように考えていくと、やはり大和在番の駐留に行き着く。

もう一度、奄美六調に戻って考えてみる。奄美六調には元唄があった。民謡研究家の町田佳聲氏（前出）によれば、「球磨六調子」（熊本）・「薩摩六調子」（鹿児島）等の南九州の祝い唄が奄美に伝わり、南国的なテンポの早い、奄美流の踊唄になったという（「民謡漂流考」『日本の民謡と民俗芸能』一九六七、音楽之友社）。また、小川学夫氏（前出）は六調について、「歌詞は」として、次のようにも述べている。

踊り好きなら　早よ出て踊れ　踊り上手を嫁にとる

長い刀は　差し様がゴザル　うしろ下がれば　前上がる
あなた百まで　わたしゃ九十九まで　共に白髪がはゆるまで

のごとき流れの句が

ハレィーおどりすきなら　はよでておどれ
おどりじょうずを　よめにとる　ヨイヤネー

のようにうたわれる。つまりヤマト渡来の歌だということがこれで分かるが、その音楽を聞くかぎりは特にテンポとリズムの南国特有の歌と印象づけられるに違いない（『奄美の島唄―その世界と系譜―』一九八一、根元書房）。

「ヤマト渡来の歌」という指摘に注意しておきたい。氏はまた、レコード解説（築地俊造「奄美の心を唄う」キングレコードＳＫＫ５１６５）の中で、このようにも述べている。やはり奄美六調についてとして、「この歌につけられる文句は、本来『長い刀は　差し様がござる　前が上がれば　尻さがる』のような本土系のもので、この曲自体もいつの頃か本土から入ったものと考えられます」。

話題を絞って述べることにしよう。町田・小川両氏の推論から、「奄美六調」にも含まれる「長い刀は　差し様がゴザル　うしろ下がれば　前上がる」の句は、元はヤマト（九州）の唄に入っていたことを知る。この句が、ヤマトから遠く離れた沖縄の西端、西表祖納に忽然と姿を現す。「五尺手拭」の場合と同様、「ググは」の歌謡も大和在番によって伝えられたと見て間違いない。

それに対し、「舟」は歌詞・脈略とも明瞭で、筋がはっきりしている。舟材の「樫の木」から「柱」・「滑車」・「縄」・「矢帆」と、舟の本体とそれに備わる各部が畳み掛けるように詠みこまれ、勢いがある。これだけを見ると舟下ろしの祝い唄とも取れるが、祖納村でそのような現実的な事例があったかについては確認することも、検証することも今はできない。

確かに、伝説的には祖納堂儀佐が船を仕立てて与那国に渡り、酋長を生け捕りにした逸話や、慶来慶田城用緒が一人で舟を操って石垣島に渡り、平久保村の豪族加奈按司を退治した話などが残されている。さらに、朝鮮人漂流者を波照間島まで輸送していった記録もある。これらのことから、一五世紀の半ばごろには造船や操船の知識や技術を既に持っていたと推測される。

しかし、アンガー踊に謡われた船はかなりしっかりとした構造が想像され、それだけ時代が進展していたと認めることができる。改めて歌詞を見ると、中に「ござる」などのヤマト言葉を含むが、ほとんど沖縄語で、それも八重山の方言である。他の歌謡に比べて、このように整然としていることを考えると、この歌謡は地元で作られたと思われる。それも、そんなに古くはないであろう。

王国の支配と統治が進むと、役人の往来や貢納物の輸送など、首里・那覇間の航海が頻繁になっていった。それと軌を一にするかのように、数多くのユンタやジラバの舟唄が現れる。その中で、「浦船ジラバ」(波照間島)・「いんしがーぬ金盛ゆんた」(黒島)・「いしゃじょうにゆんた」(宮良村)・「ばがふにジラバ」(与那国島)などは、二〇数節から三〇数節に及ぶ長編の歌詞が綴られている。内容は多くが船の出来栄えと船大工の匠を称え、妻や姉妹の航海安全(かりゆし)を祈るものとなっている。

アンガー踊の舟唄も見事に造られた舟を称えるが、末尾になると、出航する時は「喜び乗って」、「船出する時は夜がよい」とうたう、これは古の人びとの慣習であったと思われる。しかし、ここで高じてきた感情が途切れる。この歌謡は、その後にストーリをもった歌詞が続いたのではないかと予想されるのである。つまり、その部分が省略されて現在見る形になった、と推測する。そして、この歌は実際の船出に際して唄われたのではなく、祝いの儀礼歌として唄われたのではなかったかとも思うのである。

最後に、『八重山歴史』（喜舎場永珣、一九七五、国書刊行会）に次の記述があることを付け加えておく。

琉球の在番が、琉球の芸能を伝授して、八重山の琉球化に成功しつつあるのを見た薩摩の在番等も芸術家を駐在せしめて、茶の湯・謡曲・能楽・浄瑠璃・活花・舞踊・狂言・弓道・割烹・カルタ等の近代日本の芸能文化を移入して、八重山の文化に貢献したのである。

四　フダツミの正体

原形は薩摩地方の水神祭

「五尺手拭」が大和在番、薩摩藩の役人たちによって伝えられたことを見てきた。しかし、当時は歌だけをうたって楽しむという環境はなかったであろう。歌には所作が伴う。歌が所作（踊り）を伴って伝えられる場は祭りである。年に一度、大和在番の面々が村人と交わり、楽しむことのできる祭りがあった。シチである。『由来記』によれば、往古シチは「歳帰し」と述べる正月と、「皆々遊び申すなり」と述べる予祝祭から成る、二部構成の祭りであった。正月には祖霊を迎えてもてなし、予祝祭では三日間、人々は来る一年間の幸せと農作物の豊作を願い、発散して祭りを楽しんだ。

川平村は祖納村と同様、今日もシチが行われている村である。五日間にわたって行われるが、初めの二日間は正月であり、あとの三日間は、まさに「三日遊び申すなり」の予祝祭である。このような言い伝え、記憶が村人の意識の中にはある。「節祭りを節遊びともいい、「シチヌユンド、ヌチンプサル」（節祭のためにこそ、命もほしいものだ）とまでいわれ、楽しい節遊びの日を指折り数えて待った。（略）節祭の日ばかりは上下を問わず平等に楽しんだと伝えられている。即ちその日だけは、四カ村から招かれた役人、川平在勤の役人、士族とか平民のへだたりなく自由にたのしんだということである（『川平村の歴史』川平公民館）。文中の「四カ村」は石垣市の登野城・大川・石垣・新川の村々の総称で、首里王府の出先機関、「八重山蔵元」が置かれていた。

その昔、祖納村に八年間も駐留した大和在番の役人たちも、招かれて祭りを楽しんだはずである。現在まで伝わるフダツミとアンガー踊り（の原形）はヤマトの習俗であり、大和在番の役人たちと祖納村の人々との交わりがなければ、今日見るようなシチの形は実現しなかったことは容易に察しがつく。その交流の場、機会がシチの「三日遊び申すなり」の予祝祭の日であった。今日見る祖納村のシチの性格は予祝祭である。

それでは、大和在番の故郷、薩摩では「五尺手拭」はいつ、どのように歌い踊られていたか。現在の鹿児島県で調べてみると、各地に「五尺手拭」の歌がなお生きている。特に大隅半島の郡部に多い。形態は少しずつ異なるが、趣旨は大方共通である。水神祭である。文字通り水の神を祀るが、旧暦八月の一五日前後に行われるので「八月踊り」ともいわれ、また夏行われるので「夏祭り」と呼ぶところもある。

民俗音楽研究家の松原武実氏（鹿児島市在住、元鹿児島国際大学国際文化部音楽学科教授）から話を聞いた。氏は南九州から奄美、沖縄に至る地域の歌謡・踊研究の第一人者で、『南九州歌謡の研究』（第一書房、一九九二年）のほか、多数の著書・論文がある。メールと書簡のやり取りで多くのことを教わった。

次は、氏の研究論文から引用した「五尺手拭」の分布・形態の状況である。分布については、列記する市・

町内で行われている地区を挙げ、解説がなされている。ここでは、その地区を数字で示すことにした。かつては行なっていたが、今は行なっていない地区も挙げられているそうである（松原「大隅八月踊の研究一分布の問題」『地域総合研究』第三〇巻第四号、二〇〇二、鹿児島国際大学附属地域総合研究所）。

分布

垂水市（6）・輝北志帳（4）・大隅町（1）・有明帳（12）・大崎町（19）・鹿屋市（10）・串良町（16）・東串良町（14）・吾平町（2）・高山町（13）　計97

形態

踊の形態は中央に櫓（やぐら）を組み、中にしつらえた楽屋に三味線・太鼓などの楽と歌い手が坐り、周囲を男女の踊り子が輪になって踊る形が基本である。いわゆる盆踊スタイルである。

串良町立小野（事例）

服装は男が浴衣に紋付羽織を着、スゲ笠を被った。女はオコソ頭巾を被りハツガン（銀紙）を頭の脇に下げた。踊は①花にやすば、②五尺、③くどく（相撲取口説）、④淀の川瀬、⑤おしくどく⑥おざかみやげ、⑦おはらまんじょう、⑧ねりくどく。

踊の形態は「盆踊スタイル」という。確かによく見る盆踊りは中に櫓を組み、その上に三味線・太鼓・笛などの伴走者と歌い手が坐し、その周りで踊り手が輪になって踊る。氏によれば、鹿児島地方には盆踊りはないという。しかし、隣の宮崎県では盆踊りが盛んのようである。氏は、この踊りの形態が鹿児島に伝わり、宮崎と接する大島半島で広く分布しているのではないか、と見る。

沖縄地方にはアンガマやニンブチャー、エイサーなどの盆踊りはあるが、このスタイルの踊りはない。しかし、祖納のアンガ踊りをよく見ると、櫓こそないがまさしくスタイルは盆踊りである。アンガー踊りでは、二人の女が太鼓を打って音頭を取る。この二人の女は、長い紫の布(これこそ五尺手拭)を頭から被り、首からまわして顎の下で結んでいる。先の引用文中、串良町立小野の事例で女たちの被るオコソ頭巾、そのものである。他の多くの踊り手の女たちは、同じ布を鉢巻にして頭の後ろで結び、背中に垂らしている。これなどは、「オコソ頭巾」の後の変化であろう。

鹿児島地方　主として大隅半島の水神祭の日に、「五尺手拭」の歌謡と踊りがこれほどに広く分布して行われている(上記松原氏の調査で九七カ所)。同じ歌謡と踊りが、遠く離れた日本の最西端の西表島で、それもさらに辺鄙な祖納村で毎年行われている。これまで見てきたように、その源は一七世紀の中ごろまで遡り、三〇〇年余に亘って伝えられてきた。これは驚きであり、感動である。しかし、この長い年月の間で、踊の形態は徐々に変化していったはずである。その中で、最も大きな変化はフダツミ(古の先祖たちはそうは呼ばなかったが)の出現と存在であった。

フダツミ伝承と大和在番

大和在番の駐留は一六四一年から一六四九年の八年間である。大和在番の駐留と同時進行と考えるならば、今日見るアンガー踊りとフダツミの原形は、一七世紀の中ごろにはでき上がっていたと推測することができる。大和在番の制度が廃止され、薩摩の役人たちが引き揚げても、彼らが伝えた「五尺手拭」の歌と踊りは、祖納村の祭りの中で続けられていった。
ところが、いつの頃からか、この踊りの形が変わって踊られるようになった。頭のてっぺんから爪先まで、黒い衣装に包まれた異形の存在のまわりで輪になって踊る形である。つまり、今日見るフダツミとアンガー踊りである。その由来を語って、フダツミには二つ、いや三つというべきか、伝承がある。

伝承一　昔慶来慶田城用緒に一七、八なる美しい娘がいた。彼女は神に仕える身（ツカサ）であった。家の奥深く大事に育てられて成長し、祭儀の場に外へ出る以外は家事に就くこともなく、平穏に暮らしていた。しかし、彼女の生涯を大きく左右する出来事が起こった。いつの頃からか、村によそ者の漂流者が現れ、住みついていた。明らかにヤマトの人と思われるその男は、村人に製鉄の方法や農具の作り方を教えた。ウーヒラカー（大平井戸）は、慶来慶田城用緒の要請でその男が掘ったといわれる。ある日の祭りの場で、彼と彼女は偶然にも顔を合わせた。そして、互いに相慕うようになり、人知れず会うようになっていった。ところがそのうちに、男が国に帰る日がやってきた。娘は毎日泣き暮らしていた。二人を理解し、同情していた兄嫁（義妹とも）が手筈を整え、二人を島から出してやった。あの黒衣装は、娘が泣きはらした顔をかくすために被ったのだという。また、別にいう。何年かして娘は村に戻ってきた。あの衣装は、娘が自分の身を村人に見られるのを恥じて着けるのだと。そして、アンガー踊りは娘が男の国、ヤマトで覚えたものを村の婦女子に教えたのだという。

伝承二　これも慶来慶田城にまつわる言い伝えである。やはり一七、八なる美しい娘がいた。ある日娘は田圃からの帰り、ミタラ（美田良）の浜辺で湧き出る泉で水を飲み、折から沖に停泊中の異国船に見入っていた。その時、どこに隠れていたのか異国人が急に現れ、彼女を拉致し去った。異国人から逃れんと抵抗しつつも、彼女は家族か村人にこの乱暴な出来事を知らしめんと、とっさに傍らのシバ（ススキ）の葉を結び、また足跡を残した。今は護岸が築かれてなくなったが、かつてはそこに「シバ結い井戸《かー》」と呼ぶ泉があった。そこで水を飲む人は、必ずシバを結うことが慣わしになっていたという。彼女は異国の地で異国人の妾となった。何年か後に、娘は異国人とともに村に戻ってきた。アンガー踊りは、娘が異国の地で習った踊りであった。娘はその踊りを村の婦女子におしえたが、その折、娘は村人に顔を見られるのを嫌い、覆面をして踊ったという。

もう一つ。星勲氏の『西表島の民俗』ではこの二つの伝承が一つに綴られて、長い伝承物語になっている。ただし、ウーヒラカー（大平井戸）を掘ったヤマトの男と慶来慶田城の娘との恋物語である。伝承が二つであれ三つであれ、その背景は慶来慶田城用緒の時代、すなわち一五世紀の半ばから一六世紀の初めの頃である。それより先、一二、三世紀の頃から沖縄の近海には倭寇やヤマトの商船などが頻繁に出没していた。さらに一六、七世紀になるとポルトガルやスペインの異国船が出没した。いわゆる南蛮船である。それらの船を見張るために「火番むる」（烽火台）が設けられたり、薩摩から大和在番が派遣されたりしたことについては既に述べた通りである。

慶来慶田城用緒の時代、娘がヤマトの男と村から出たこと（伝承一）については確認する術はない。しかし、事実であろう。はるか昔、ヤマトの船乗りと村の娘が恋仲になって村を出た、あるいは村に留まって夫婦になったという伝承は各地に数多く残されている。また、異国船に娘が拉致されたといわれる事件（伝承二）は史料（『球陽』）に記述があり、事実であったと認めることができる。

ただし伝承の後半部分、ヤマトであれ異国であれ、その娘が帰ってきてアンガー踊りを教えたということは、当時の歴史的・社会的状況から推測してあり得なかったと考える。ヤマトの船にしても異国船にしても、定期航路が合法的に開かれていて、そのルートで航海する定期船ではなかった。何か月にもわたって航海を続け、何らかの事情あるいは目的で、たまたま立ち寄った船であった。このような状況のなかで、娘が戻って来ることはあり得なかったと考えるのが自然であろう。

伝承は目撃者が語った話ではなかった。もしそうだとするならば、全く異なる二つの事件が、踊りを伝えたという一つの話に収束しなかったはずである。伝承は娘が島を出たというかすかな記憶を基にして、これもその由来がわからなくなっていたフダツミに重ね、娘が戻ってきたという話に再構成されたのである。さらに、注意深く読むと、伝承のモチーフはアンガー踊りに絞られている。

いずれの伝承とも、アンガー踊りはヤマト、あるいは異国から島に戻ってきた娘が教えたことになっている。つまり、地元で自前で作った踊りではなかった。とするならば、島外から来て踊りを教えた可能性があるのは、「五尺手拭」の歌謡を伝えた大和在番の面々である。

フダツミは神である

今日見るフダツミとアンガー踊りの原形は、大和在番の役人たちによって伝えられたことに疑う余地はない、と思っている。大和在番が駐留していた当時、それ以前にはそのような形の踊りはなった。その以後のある時期に、踊りの形が大きく変化した。人とは違う異形の存在が出現したのである。村を出て何年かして戻った娘が、顔を隠すために黒い衣装で身を包んだと伝承は語るが、後の人々が意識しているのは人間である。しかし。フダツミは人間ではなかった。神である。

川平村では、シチの夜にマユンガナシという神が現れる。古見村では、プールにアカマタ・クロマタの神が出現するが、その神もシチに出現した神であった。そして、フダツミもシチに出現する神である。神は人間の姿では出現しない。マユンガナシは蓑笠をかぶり、蓑を身にまとっている。アカマタ・クロマタの顔は面で、身は草木で覆われている。そして、フダツミは黒い衣装で身を包む。

これらの神々が共通してシチに現れるのには理由があった。シチは正月と予祝祭が組み合わさった祭りであったが、正月の年の夜は祖霊を迎え、もてなす日であった。しかし、祖霊は本来姿の見えない存在である。それでは、その祖霊が何を契機にして、姿を現すようになったか。それについても誘因となる共通の契機があった。シチはもともと七月に行われていた行事であった。仏教の伝来で、現在のように二、三か月ずらして、一〇、一一月に行われるようになった。それを契機として、祖霊が姿を現した。このことについては第一部第二章で「二、姿を現した神」として論じておいた。参照されたい。

祖納村のシチにはミルクも登場する。しかし、歴史的にミルクの登場ははるか後のことである。ミルクは、もちろん仏教で説く弥勒菩薩である。その弥勒菩薩が沖縄古来の信仰と習合して信仰されるようになり、八重山地方ではミルク神として拝まれるようになった。喜舎場永珣氏によれば、昔黒島首里大屋子職にあった大浜用倫が首里からの帰途暴風に遭って安南に漂着、そこでミルク踊りを見て感激し、ミルクの面と衣装を新調して持ち帰った。それが八重山におけるミルク踊りの始まりだといわれる。寛政三年（一七九一）のことであった（喜舎場永珣『八重山民謡誌』）。

ミルク神は八重山地方には広く信仰され、豊年祭や結願祭には必ず登場する。両方行う村では両方の祭りに登場する。その歌も宴会の終了にはよくうたわれる。非常にポピュラーな神信仰であるが、人間が創り出した創作神で、フダツミとは性格がまったく違う。フダツミは、祖納村にだけ出現する神である。舟漕ぎで他界からの神を迎えたりユーを漕ぎ寄せたりする習俗は八重山の他の地域でも行われているが、それはさらに後のことである。

船元の御座には人々が神と仰ぐミルクが居り、ツカサが居並ぶことは御嶽の神も招かれている。ユー乞いの舟漕ぎが終ると、両船頭はそこに上がってチジビから御神酒をいただく。そこは神聖な場である。そこに、ヤマトであれ異国であれ、男と島を出たいわくつきの女性（伝承）が、同じように座を占めることはないはずである。ミルクは、世果報をもたらす神とされる。船元の御座で、ミルクの供が配る馳走はミルクがもたらす世果報の象徴である。同じく、フダツミの供が与える馳走もまた世果報の象徴である。フダツミは元来神であった。

伝統行事が何百年にわたって伝えられてくるには、それなりの理由がある。それは祭りに中心となる儀礼があり、その儀礼が村人の共通認識で執り行われていることである。「家ごとにばらばらにとり行われる儀礼よりも、一つの地域社会に共通した儀礼や、地域社会全体で執行される儀礼の方がより消えにくいという傾向が指摘されている」（『日本宗教事典』一九九四、弘文堂）。八重山地方の多くの村々では、シチは姿を消してしまった。家々の行事であったからである。祖納村は一つの儀礼、アンガー踊を成員の共通認識と固い絆で執り行ってきた。そして、その中心に儀礼を支える、今は芸人と呼ばれるフダツミがいた。

祖納村のシチ祭りは村内の紛争によって廃止され、長い間空白の期間があったという。再興された年月については報告者によって多少のずれはあるが、星勲氏は昭和一五年一一月再興として、次のように述べている。「中興混成の行事だけに東組西組の行事を取り入れた混ぜ行事の形で行われている」として、「西祖納はアンガマにふんする婦人、東祖納はミルクとその行列に参加する婦人、…」（『西表島の民俗』）と。つまり、現在の祭りの形態がその時に成立した。しかし、ここで注目したいのは、「西祖納はアンガマにふんする婦人」

の文脈である。祖納村の発祥の地は岬の高台で、祖納村はそこを中心に発展してきた。後にそこは上村と称されるようになり、西部落は上村を母体とする。シチ祭り再興の際、「アンガマ」が西村に割り当てられたということは、古より上村では後にフダツミと呼ばれるようになる来訪神、祖霊を迎えてきたからだと思うのである。

この祭りを現地で実際に見る人にも、テレビや写真で見る人にも強い印象を与えるのは、頭から足元まですっぽり黒い衣装をまとった姿のフダツミの存在であろう。閉じた扇子を片手に持ち、他の手の平を軽く打ちながら登場してくるその異形は、見る者に衝撃的で、旋律さえ覚えさせる。白浜と海、その向こうに連なる島々と山並、それら大自然を背景として、ここ前泊浜を斎場と見るならば、そこに現れたフダツミはまさに「遠つ国」から訪れた神そのものである。

五　祭りの変容

いうまでもなく、民俗は時代とともに変化していく本質を持っている。一〇年一昔といわれたが、今日の私たちの日常生活は五年どころか、三年スパンで変化していることはインターネットや携帯電話等の急速な普及をとってみても容易に推測することができる。このような多方面な社会の変化、つまり、日常生活の変化は伝統行事にも大きな影響を及ぼしていることは言うまでもない。

村全体で行われる年中行事も例外ではない。それには、大きく分けて理由が二つあると思っている。その一つは人口減少である。人口の流出、特に若い人たちの減少によって行事が支えられなくなっている。そのためにある行事は姿を消し、ある行事は簡略化されたり改変されたりしている。二つ目は人々の意識の変化である。社会の変化に伴い、人々の意識（人生観・世界観）も変化していく。村の伝統行事、特に八重山地方の年中行事は御嶽祭祀を中心に行われる。御嶽祭祀を成立させてきた基盤が人口減少や人々の意識等の変化によって伝統行事は相当変容していると見る。

祖納村のシチについては主なものを取り上げてみても、喜舎場永珣・比嘉盛章・石垣博孝・星勲・那根亨氏らの報告がある。幸いにも調査の時期がずれており、比較しながら通して見るには都合がいい。気づくことは、御嶽祭祀の変化による祭りの変容が大きいということである。そこで、ここでは御嶽祭祀の変化に絞り、先学の研究報告を参照しつつ、私独自の調査に基づいて祖納村のシチの変容について考えてみたい。

「ヲハタケ根所」は村建ての祖といわれる祖納堂の屋敷跡で、「八重山島由来記」がまとめられた一七〇五年頃には既に御嶽となり、村人に尊宗されていた。「根所（ニードゥクル）」はその村の創始者の大宗家を意味し、村が岬の高台にあったいわゆる上村の時代から今日まで、そこは村の祭祀の中心として機能してきた。ユー乞いの日（二日目）、公民館長は未明の四時ごろから起きてヲハタケ根所に参拝し、その後公民館に戻って一番ドラを打ったという。

夜が明けると、ヲハタケ根所にツカサ・バキ（脇）ツカサ・チジビ・その他手伝いの者二、三人が来て祭儀が行われる。そこへ身支度を整えた両船頭・旗振りが来て礼拝する。両船頭は神前で正々堂々と、力いっぱいユー乞いの舟を漕ぐことを誓い合い、ツカサから励ましの言葉を受ける。そのあと両船頭はスリズに向かう。スリズでは両船頭の到着を待って儀式が行われ、それから隊列を整えて前泊浜へ出発する。一方ツカサたち神職はなお祭儀を続け、時間を見計らって船元の御座へ行く。そこでの一同の行為からも、ヲハタケ根所が村の祭祀と行事にいかに重要な位置を占めていたか、推測することができる。

「紛争」によって祭りが廃止される以前、シチは上村を母体とする西村（白組とも）と下村を母体とする東村（紅組とも）によって行事が構成されていた。ところが、両船頭のヲハタケ根所参拝が行われなくなった。ヲハタケ根所で神を祀るツカサやチジビが島を離れ、後継者も出なかったからである。ただし、ヲハタケ根所で神を祀ってきた家筋の末裔は大竹屋として残った。その後、両船頭の参拝は西村が大竹屋と慶田城屋に、東村が玉代勢屋《たまよせ》（屋号「ナシテ」）で行われ、それぞれの家の火の神と位牌を拝んだ。それから両軍は前泊御嶽に赴き、神前で誓いを立てた。

さらにその後大竹屋もその住人が島を離れ、不在となった。しかし、それでも残った慶田城屋・玉代勢屋で行事は続けられた。ユークイ行事が終ると、一番基に導かれてミルクと船漕ぎの紅組は玉代勢屋（ナシテ）に、二番基に導かれたフダツミと船漕ぎの白組は慶田城屋（キダスケ）に向かった。玉代勢屋ではミルク踊りと二、三の棒技、慶田城屋ではアンガー踊りとやはり二、三の棒技、そしてパチカイが演じられ、それぞれトゥズミとした。ところが、その両家もまた不在となり、そこでのトゥズミの行事も行われなくなった。

さて、このように見てくると、祖納のシチが大竹屋・慶田城屋・玉代勢屋を軸にして行われてきたことが分かる。大竹屋は祖納村建ての祖といわれる大竹祖納堂儀佐の血を引くといわれる家筋、慶田城屋は祖納堂の後を受けて祖納村の基礎を固め、さらに発展させた慶来慶田城用緒の末裔の家柄である。祖納堂は伝説的な人物であったが。慶来慶田城用緒は歴史の表舞台にはっきりと姿を見せた人物であった。玉代勢屋は慶田城屋に嫁を出した家といわれ、互いに姻戚関係にあった。

慶来慶田城用緒は外離島のノソコサジから移動して祖納岬高台に居を構えたといわれるが、言い伝えによると、玉代勢屋の先祖もノソコサジから移り住んだ一族であったといわれる。仮にそれが事実とするならば、祖納上村の原型は大竹屋・慶田城屋・玉代勢屋それぞれの先祖の一族集団で構成されていたのではないか、と考えることもできるのである。

よく知られた祖納の民謡、「まるま盆山」の第二句は祖納ゆかりの集落名を挙げ、「アダチ・ウフダティ・ウカリ・ソンバレ・マヤマ・ウキミチ・ナリヤ・フナウキ」とうたう。このうち、ナリヤは内離島にあった集落、フナウキはさらに奥の対岸に現存する集落である。そして、アダチ・ウフダティ・ウカリは上村にあった集落、ソンバレ・マヤマ・ウキミチは下村の集落という。古代の集落はまず血縁関係で形成され、いくつかの血縁集団が次第に地縁関係へと進み、より大きな村落共同体へと発展していく。うがった見方をすれば、上村を構成していたと思われるアダチ・ウフダティ・ウカリの集落は、大竹屋・慶田城屋・玉代勢屋それぞれの先祖たちの血族集団ではなかったかと思うのである。ただし、アダティは後に川平へ移動した(させられた)といわれる。とにかく、祖納のシチは大竹屋・慶田城屋・玉代勢屋、特に村建てとその発展に力を発揮した大竹屋と慶田城屋の先祖を祀る祭祀を中核にして執り行われてきた。

祭の寄合い所は、かつては八月十五夜に村の総会で決めていたが、後に人民会長(現在の公民館長)の家になり、現在は公民館がスリズとなっている。ユークイ船漕ぎの前、ヲハタケ根所で行われていた祭儀は、現在は前泊御嶽で行われる。ただし、土地の人に聞いてもヲハタケ根所と前泊御嶽の関係、つまり神を祀る家と家の関係は分からないという。斎場となる前泊浜(船元の御座)に近いからではないか、という人もいた。

祭りは、村人の間に起こった紛争によって廃止され、十数年も途絶えていた。その時の紛争の原因については、村人の間では士族と平民の争いであったという言い伝えもある。どのような階級の意識と形態が残っていたかは分からないが、祭りは時を経て再興された。それを契機として、様相が変わった。共同体主体の祭りへと変容したのである。公民館長が采配を振り、その指名を受けた「総責任者」の指揮の下に祭りは執行される。ある神ツカサは、「プール(豊年祭)に比べるとシチはずっと楽だ、村で祭りが行われるから」、と話していた。

祭りの変容を現象として見た時、私にはどうしてもある光景が脳裏に浮かぶ。ユークイの日の早朝、スリズ（公民館）の庭に凛として立つ四基の旗頭である。旗頭の形容につては先に述べたとおりである。ここで敢えて取り上げるのは、なぜ旗頭か、と思うからである。今日では各種団体のシンボルとして、色々なイベントに競うように登場するが、旗頭は本来神の依代である。古の時代においては、山から切り取ってきた木を末の枝葉のみを残して形を整え、斎場と定めたところに立てて神の降臨を仰いだ。「山ガシラ」と呼ばれており、それが旗頭の原形である。今日村の祭りでは精巧で華麗な旗頭が登場するが、神の依代としての本来の性格は変わらない。旗頭は御嶽から出て、御嶽に返る。

ところが、祖納のシチに持ち出される旗頭には神の依代としての性格を見ることはできない。祭りに勢いを付け、祭りを支える機能を持たされた装置としての感を持つ。唯一神の依代としての性格を付与されたと思わせるのはトゥドゥミの日の二基の旗頭である。その日、ウーヒラカーでの行事（先述）を終えると、二基の旗頭は荒々しく村の中を駆け巡る。手の込んだただの物体ではない。この行為は村の浄化で、旗頭に神が乗り移っているという意識が底流している。祖納村の旗頭について述べたが、シチの長い歴史の中においてみるならばその存在は古くはなく、シチが再興された折を機に、熱い思いで製作されたものと思っている。

祖納のシチは、一九九一年、「重要無形民俗文化財」として国の指定を受けた。前泊浜に接する陸地、前泊御嶽の右隣に、開けた海を見渡すように石碑が建立されている。シチ二日目のユークイの日、船元の御座に船漕ぎ隊・ミルク・アンガー踊りの一行が到着すると開会行事が行われる。その冒頭、「記念碑参拝」が行われる。公民館長・総責任者・婦人責任者・両船頭・ミルク係りの六人が参列する。その日の儀礼演目の責任者たちである。その光景を見て、最初私は奇異に感じた。「参拝」は宗教行為である。記念碑とはいえ、拝む対象は石である。なぜ石が拝む対象となるのかと思ったからである。

しかし、よく考えてみて納得した。石の背後には、先祖たちの魂があった。つまり、この祭りを生み育て、延々と守り伝えてきた先祖たちの意思と魂である。ところがその先祖たちの魂と意志が紛争によって断ち切られた。十数年の長い苦難の時期を経て祭りは再興された。先祖たちに感謝するとともに、現世代、さらに続く世代がこの祭りを引き継いでいくという共同体としての固い意志が評価され、国の「重要無形民俗文化財」の指定を受けたと思っている。「記念碑参拝」はユー乞いの安全祈願といわれるが、本旨はここで述べた村人の意志と心情が宗教行為になって表れたものと見ている。記念碑はその象徴である。この祭りに関心を抱き、魅了され、調査のためにたびたび祖納村を訪れた者として、この祭りが永続することを願わずにはいられない。

第二部　シチとプール

第一章　再生予祝祭―一族の祭りオンプール

『由来記』（一七一三）はシチのことについて、「年帰シトテ家中掃除、家・蔵・辻迄改メ、諸道具至迄洗擠、皆々年縄ヲ引、三日遊ヒ申也」、と述べる。「年帰シ」は年が改まることで、シチは正月であった。仏教の伝来で、正月としてのシチが二、三か月先送りして行われるようになった。その一方で、シチに伴っていた「三日遊び申すなり」の予祝祭が残され、新しくプールとして行われるようになった。

今日プールは二つの形態を持ち、オンプールを執り行った後にムラプールを行うという仕組になっている。オンプールはオン（御嶽）で行われるプールの意で、氏子を中心として行われる。つまり、一族の祭りである。シチから離れた予祝祭はそれまでの御嶽祭祀と結合して行われ、その発展した形態がオンプールであった。しかし、名称と形態について二つの疑問がある。

先ず名称について。プールは一般に豊年祭と訳される。プールについて宮良當壮氏は見出しを「プーリィ」として、「豊年祭、穂利と記す。穂祈りの義」と説明する（『宮良當壮全集八　八重山語彙』）。また、「与世山親方八重山島規模帳」（一七六八年）は、アカマタ・クロマタ祭儀を取り上げる中で「豊年祭」の語を用いている（第三部古見村のプール）。この語はかなり古くから用いられていた。しかし公用語で、農民（村人）はプール・プーリィの語を長い間使ってきた。つまり、オンプールという呼び方はなかった。

御嶽で行わるプールがオンプールと呼ばれるようになるのは、ムラプールを行うようになってからである。対する語として、これまでのプールをオンプールと呼ぶようになった。オンプールは、プールを行う八重山地方のほとんどの村で行われている。そのオンプールに村の安寧と発展を願う予祝祭が付け加えられた。ムラプールである。

ムラプールは村の全員を対象とし、祭りの規模は大きくなる。予祝祭の特徴としてニライ・カナイの神や、具象神ミルク神(弥勒)、アカマタ・クロマタが出現する。儀礼の構成は多様で、演出も勇壮で華やかになっていった。華麗なハタガシラが立ち、綱引き・棒踊り・パーレ(船漕ぎ)などが行われ、祭りの雰囲気を最高に盛り上げる。「プールのために一年を働く」といわれるほど、村中が熱く燃える。しかし、ムラプールの導入は比較的新しく、大正の初めごろと見ている(第二章　新生予祝祭)。従って、オンプールという呼び方も比較的新しい。以下においては、一般に通用しているオンプールとムラプールの語を使うことにする。

次は形態について。オンプールの前には「籠り」(オングマリ・ユードゥーシ・ユーグマリなど)の祭儀が行われるが、籠りは収穫感謝祭で、一般に(ユーヌ)シュビニガイと呼ばれ、願解きの祭儀である。予祝祭としてのプールと続けて行われるため、両者を一体にしてプールと見る傾向があるが、両者は性格が異なる全く別の祭りである。構造的に見るならば、シュビニガイは農耕の終わりで、オンプールは農耕の初めである。

シュビニガイとオンプールの祭りの形は、作物(主としてイネとアワ)の栽培と育成を繰り返し、長い体験から編み出されたもので、農業を営むすべての人にとっては農事歴で、必須の指針であった。それゆえオンプールは、どの村でも共通に行われている。しかし、伝統や歴史的背景により、形態は少しずつ違う。二つの村の事例を挙げる。

事例一　石垣村のオンプール

プールの原形

この村のオンプールが他の村と違うところが二つある。その一つは、シュビニガイとオンプールが間を置いて行われていることである。シュビニガイは「ユーヌシュビ」と呼ばれ、収穫感謝と願解きの祭儀が行われる。この祭儀の特徴は、御嶽で夜を通して、二日あるいは三日「籠り」をして行われることである。そこから、ユーグマリ（夜籠り）・ユードゥシ（夜通し）・オングマリ（御嶽籠り）などと呼ばれる。

柳田國男が「祭りの本体」と位置づけるように、八重山地方においても、これほど厳かで、しめやかに行われる祭儀は、他にはキツガンを行う二、三の村にあるだけである（キツガンは同じ趣旨を持つ祭りである）。シュビニガイは、すべての農作物の収穫を終え、農作業を収める祭儀である。農民にとっては、神の加護を最も意識するときである。

ほとんどの村では、シュビニガイに続けてオンプールが行われる。しかし、この村では、一〇日ほど後にオンプールが行われる。この事例は、シュビニガイとオンプールは全く異なる祭りであること、そして、両者は別々に成立したことを如実に示している。

もう一つ、この村のオンプールでは、他の村で行われている「朝参り」がない。多くの村では、たいてい複数の御嶽が存在する。そのうちの一つは、村の草分けといわれる宗家が祀る御嶽で、村の年中行事の中心となっている。各御嶽の神職（ツカサ・ティジリビ）と村の幹部、氏子の長老たちがその御嶽から始まり、全部の御嶽をまわる祭祀行為である。

御嶽には創建者がいる。御嶽は、創建者の血筋の者が守護神を祀る宗教施設である。村の年中行事は御嶽を中心に行われる。必然的に年中行事、祭りの性格は、一族の成員の無病息災・豊穣を祈願する行事となる。御嶽参りは、本来は一族の守護神を祀る御嶽の全神職が、揃って各御嶽をまわって祈願することで、神の加護が村全体に亘るようにするための措置である。神々に、力を合わせて村人の無病息災、豊穣と村の安寧を賜るよう祈願する。ところが、石垣村で守護神を祀る御嶽は、「宮鳥御嶽」一つである。従って、ここでは御嶽参りは不要となる。

一つの御嶽と二柱の神

石垣村では守護神を祀り、祈願の中心となっている御嶽はミヤトリオン（宮鳥御嶽）と呼ばれる。『由来記』（一七一三）には八重山地方の村々の御嶽が取り上げられている。由来について述べられたものもあるが、述べられてないものも少くない。ミヤトリオンは由来の述べられた御嶽の一つで、概略を述べるとこうである。

宮島御嶽

昔この島には村がなかった。人々は愚かで慈悲仁愛を知らず、好き勝手に家を作り、強力に任せて他人の財産を奪い、殺し合いが絶えなかった。そのような中で、マタネマシス、オハタツ、ヒラカワカワラの三兄妹がいた。マタネマシスは信仰深くイシスクヤマ（石城山）という所に住んでいた。ある寅の日、暁の空にマサシモトタイという神が現れ、宮鳥山というところで妹に乗り移り、告げ給うた。神ソラは父母、人は神の子である。神の子であれば、人は皆兄弟である。奪い合い、殺し合いを止め、これからは神を敬い、兄弟愛し合っていくべし、我はここ（宮鳥山）を住処とする、と告げて昇天された。マタネマシスは神意を深く受け止め、宮鳥山の近くの石垣に居を構え、兄弟妹を始め隣人を愛し、日頃の暮らしに励んだ。兄弟の作る作物は毎年よく実り、満作となった。人々は神の験と驚き、周りに集まって住むようになった。このようにして今の石垣村、そして登野城村が出来た。

御嶽の中で最も聖なる空間はイビと呼ばれる。そこはその御嶽で祀る神の降臨されるところである。宮鳥御嶽で祀る神の由来とされるイビの中で、この神と直接向き合うのは神職ツカサである。この由来とどのような関わりがあるか不明であるが、この御嶽のツカサは西石垣家の血筋の者とされる。

イビの外から神を祀る施設、遥拝所としてパイデンが敷設されている。中には床から一mほど上げて棚が設けられ、香炉が安置されている。この棚は北壁に沿って左側に設けられ、遥拝する人々がイビに向くように設えてある。

ところが、この建物の中には右側で、並ぶようにもう一つの棚が設けられ香炉が安置されている。そこではこの香炉を守り、祭儀を行うツカサが存在する。そのツカサは池城家の血筋の者とされている。つまりこの御嶽には性格の異なる二柱の神が祀られ、血筋の全く異なる系統の家から二人のツカサが出ている。さらに、この御嶽で行われるすべての祭儀はこの二人のツカサによって行われ、イビの中で行われる祭儀までも二人で勤める。御嶽の本質から見れば、これは異例の現象である。なぜこのようなことが起り得るのか。この事例の経緯は、次の伝承に基いている。

昔この島は激しい旱魃に見舞われたことがあった。何か月にわたって一滴の雨も降らず、日照りが続いた。そのような折、池城家の先祖が、ずぶ濡れになって歩いていく犬を見かけた。このような日照りの中を不思議なことと思い、犬の跡をつけた。犬は道一つ隔てた隣りの大川村の、北外れの藪の中へ入って行った。いよいよ怪しく思い、なおも跡をつけていくと、藪の中には大きな水たまりができていた。非常に驚き、神、水の神のなせる業と強く意識し、そこに小さな祠を作って拝んだ。ところが、後そのやぶが取り払われ、そこにこの島に初めてイネの種を持ち込んだといわれるマルタイを祀る拝所が作られた。大川村の御嶽、ウシャギオン（大石垣御嶽《うふいしゃなぎおん》の転）である。その折、どういう措置が取られたかは分からないが、やぶの中の拝所で祀られていた水の神が、その御嶽で祀られるようになった。

さて、そこからこの水の神の不安定で、数奇な運命が始まる。この神を祀るツカサは、伝説により池城家の血筋から出る。大川村で祭儀がある場合は、大川村のツカサと共に祭儀を行う。この神は、単独で祀られることはない。必ず村の祭り、御嶽の祭儀が行われる折、この神の出番が来る。この神が、石垣村の宮鳥御嶽でも祀られるようになった（上述）。伝え聞くところによると、池城家は石垣村にあり、先祖代々そこに住んできたということが理由となったらしい。結局この神を祀るツカサは、両方に赴いて祭儀を勤めるようになった。それだけではない。この神を祀る祭儀が、石垣村で行われる場合も大川村で行われる場合も、供物は石垣村で用意し整える。

この神を祀るツカサに継承者がなく、一〇年ほど不在となった、その間、宮鳥御嶽（石垣村）では、本来の御嶽のツカサが両方で神を祀り、祭儀を行うようになった。なぜそのようなことをするのかと尋ねると、〝人情だから〟と応えていた。そこに御嶽の性格と本質、人々の神観念を見る思いがした。その後、沖縄本島に住む某（女性）が、自分がやるべきだと名乗り出た。池城家との関係は分からない。ツカサ不在で困っていた村では、幹部たちが協議してその人にやってもらうことにした。今は元に戻って二人のツカサがいる。しかし、水の神を祀るツカサは石垣村には住んでいない。祭儀の折だけ沖縄本島から渡ってくる。

祭りの準備

祭りの準備で、最初に動き出すのは村の青年部である。若者たちは祭りの一週間前、あるいは一〇日前から公民館に集まり、まずカシラの準備をする。カシラは、ハタガシラ（旗頭）のことで、一般には略して単にカシラと呼ぶ。長い竿の先端に取り付ける造形物で、花・鳥・太陽・月・光・作物・農具など、招福や豊作の事物をデザインとして製作する。旗頭は、その道に通じた人に依頼して製作させる。シカムラ（登野城・大川・石垣・新川の四か村）

石垣村の旗ガシラ

の各村には「旗頭本」と呼ばれる、これまで製作された数十の旗頭を描いた冊子が残されている。依頼を受けた人は、そのなかから選択して製作する。

完成した旗頭は、デザインにもよるが、横一・五m、縦一m、高さ一・三mほどで、重量は一五キロにも達する。彩色を施し、華麗である。それを、七mほどの竹竿の尖端に差し込み、固定する。竹竿は鹿児島あたりから輸入した孟宗竹で、本と末の太さがあまり変わらないものを選び、曲りを直して使う。若者たちの仕事は、その竿を強化することから始まる。竹竿には、幅一・五m、長さ五mほどの布を取り付ける。それを「旗」という。「旗頭」と呼ぶ所以である。旗には五風十雨・祈豊年・慈雨・薫風など、農作物の豊穣を祈願する文言が書き込まれる。旗頭は各村とも二基製作する。カシラの準備が終ると、若者たちは棒踊りや獅子舞の稽古をする。祝祭の出し物である。

一方婦人部は、祭事係（男女あり）を中心にしてミシャク（ミシーとも）をつくる。ミシャクは、蒸したコメをすり潰して発酵させた白濁の神酒である。古来のつくり方は、未婚の若い娘たちが蒸したコメを歯で噛み砕き、吐き出して容器に集めたものを発酵させてつくった。唾液の中のアミラーゼが、でんぷんを分解してアルコールに変える原理である。このつくり方は戦後のある時期まで続けられていたが、衛生上悪いとして廃止された。現在は蒸したご飯に水を加えてミキサーでひき、別に目の細かい臼でひいた少量の生米を加える。さらに特産のシークヮサー（ヒラミレモン）と砂糖を加えて攪拌し、適当な容器に入れて密閉する。三日ほどで、とろりとした甘酸っぱいミシャクができる。ミシャクは新穀で作ることを原則とし、三〜四斗ほどつくる。オンプールの祈願では最も重要な供物である。

カシラと村の浄化

オンプールの日、早朝ミヤトリオンの境内はあわただしい雰囲気に包まれる。カシラが村中を巡回するのである。この慣習は石垣村だけに行われている儀礼であるが、カシラの持つ性格を推察することができるよい事例である。カシラは製作から保管、移動を含め、すべて村の若者たち(青年部)の役目である。まず公民館に保管してあったカシラが持ち出され、竿に挿して整えられる。それらを、パイデンの前に設けられた柱にしばらく固定しておく。その間に、小学校高学年から中学生の少年たちが三々五々集まってくる。

若者たちは柔道着を黒く染めたような上着に白ズボン、裾は靴下かすね当てで絞り、足袋を履く。少年たちは皆白のワイシャツに白のズボン、裾はやはり靴下で絞り靴を履いている。そして黒の帯でたすきをかけ、白のはちまきをしている。カシラを移動させる際にはカシラを持つ人一人、カシラを安定させ、倒れないように綱を持つ二人(竿の上端から二本の綱をつける)、倒れかかった時支える一人(Y字型の金具を付けた棒を持つ)、そして交代要員が一~二人、合わせて一基に五~六人が必要である。少年たちの役割りは鉦たたきや太鼓打ちで、ソーンク(鉦鼓)隊と呼ばれる。

人員が揃うと、リーダー格の若者の指揮で隊列を整える。固定されていた二基のカシラがはずされ、道路の近く、鳥居の手前に立つ。その前には、根元から切った背丈よりも高い竹を持った少年が立たされる。竹には「石垣村」と染め抜いた細長い布がさげられている。これをシルシハタ(印し旗)という。この旗を持った少年がカシラを先導する形となる。カシラの後ろには二列縦隊(一〇~一二人)の鉦叩きの少年たち、続いて、これも同人数ほどの太鼓打ちの少年たちが並ぶ。鉦叩き少年隊の前列の横には笛を持った少年が立ち、要所で、ピーッと号令の笛を吹く。その笛の号令でキャランキャランと鉦が叩かれ、ドンドコドンと太鼓が打たれる。その音頭によってカシラは進み、あるいは進行を止めて、サーサーサーの掛け声でカシラを上下に突き上げたり下げたりして気勢を上げる。

隊列が整うと、パイデンの前の広場でひとしきり気勢を上げた後、一行は鳥居から外へ出て村の中をまわる。しかし、すべての道を隈なく通るわけではなく、比較的大きい道を、村を囲むようにして回ってくる。途中神職を出す家や歴史的に由緒ある家、公民館長や議員などの名士の家に立ち寄る。庭が広ければ中に入り、無理な場合は門の外から気勢を上げる。立ち寄った家では、主人が家の守護神に供えたお神酒を持ってきて振舞う。二時間ほどで村の中を回り、オンに戻ってくる。境内で再び気勢を上げた後、カシラは所定の場所に固定され、一行はひとまず解散する。

沖縄地方では村の祭り、学校や各種団体の行事・イベントにはよくハタカシラが登場する。そのハタカシラは村や団体のシンボルとして、あるいは成員の連帯感を高め、鼓舞するために引き出される、と考えられている。ところが、村の祭りのなかでハタカシラをていねいに観察すると、本来の目的は別にあったことが分かる。つまり、神の依代である。

旗ガシラの村マーリ(村回り)

オンプールの日の朝、石垣村で行われるこの慣習、早朝から村のシンボルを持ち出して披露する必要はないであろう。また、村人を鼓舞する意味もあるまい。別に考えていくと、村の浄化である。この形態、山車(だし)が笛や太鼓・鉦を鳴らして荒々しくねり回り、街の中を浄化するのに似ている。山車は本来神の依代で、神が宿る。それゆえ浄化の力がある。旗頭もまた神の座から持ち出され、村の中をまわる。やはり神の依代で、神が宿るのである。

おそらく原初の形態は、山から適当な木を切り出し、それを神の依代にしたと思われる。それを目印として神は降臨し給い、そこで祭りが行われた。今ではほとんど見ることはなくなったが、「山ガシラ」の名称が残っている。石垣市平得村にはタニドゥル（種取り）という祭りがある。イネの種子を持ってきたという神を海岸で迎えるのであるが、はるか海の彼方から来訪する神に目印としてカシラを立てる。そのカシラが変わっている。長い竹竿の先にススキの束を括り付けただけで、素朴な形をしている。

大浜村には、年に一度、海上はるか彼方からイネ・アワの俵を満載して、神の船がやってくるという信仰がある。ムラプールの日、カースンヤ浜で神迎えの祭事が行われる。神ツカサたちが横並びに立ち、その後ろにカンマンガ（男性神職）たちが太鼓を持って立つ。太鼓の楽に合わせて。ツカサたちが「アガリ節」を歌いながら手招きして神を迎える。ツカサたちの前には、クロツグの枝三本をカメラの三脚のように砂に挿しこみ、立ててある。明らかに神の依代であり、神はそれを目差してやってくる。

カシラの前身はそのようなものであったろうと推測する。時が下るにつれて人の手で加工するようになり、さらに、他と競うようになってより精巧に、彩色を施してより華麗になり、現在のような形になったのであろう。カシラの先頭に立つ少年の持つ竹は、原初の形態の名残ではなかろうか。

予祝祭儀とミシャクパーシ

オンプールは、ツカサがイビの中で神に語りかける祭儀と、その後イビの外で

神の依代（大浜村のムラプール）

平得村の種取祭（写真提供：荻堂久子氏）

村人によって行われるミシャクパーシ、そして、その日の午後行われる祝祭の三段階で構成される。祭りの趣旨はずばりエンガフウヌニガイである。エンは次の年、カフウは果報で、来る年の豊作と一族・村人の無病息災を祈願(ニガイ)する。

　午前九時ごろ、御嶽ではオンプールの最も重要な祭儀が行われようとしている。まずこの御嶽の氏子と意識する人たち(女性)が、それぞれの家で用意した供物を持ち寄る。内容はほとんど同じで、お膳にお米少量、プール特有のバショウの葉やサンニ(ゲットウ)の葉にくるんだ餅、そして重箱に詰めたテンプラ・カマボコなどの馳走である。しかし、ひと昔前に比べると大分数が減ったという。賑やかに展開する祝祭には大勢参加するが、オンの祈願には次第に意識の変化が起きているのであろう。イビの門の前にビニールシートを敷き、その上に持ち寄った供物の膳を並べる。ほどなくして、祭事係りがそれぞれの膳から馳走の一切れ、お米の一つまみ、餅一枚を取り上げ、えり分けて盆あるいは膳に盛る。それをイビの中に運び、あのミシャクと併せて香炉の前(神前)に並べる。

　祭事係りが拾い上げたお米・餅・ミシャクをフバナと呼ぶ。フバナは「穂花」で、つまりイネ・新穀の意で、その年の豊作の象徴である。それらの品を神前に供えることを「フバナアギ(供え)」と呼び、プールの重要な祈願となる。準備が整うと、二人のツカサによる祈願が始まる。内容は、「今年のユー(作物の実り)はほどほどでした。来年こそたんとのユーを授けてください…」と、ひたすら祈る。こ

イビの中の祭儀。女子だけ入ることが出来る。(写真提供：市川規子氏)

氏子が持ち寄った供え物の品々(写真提供：市川規子氏)

の祈願を中心としてオンプールの祭りは組み立てられている。察せられるように、その性格は、次の年の豊穣を祈願する予祝祭である。

イビの中での祭儀が終わると、連動して外での祈願が行われる。ミシャクパーシという。イビの中から二人のツカサが出てきて、門を背にして座る。向かい合うように、村人(男)が二人ずつ縦四列(決まりはない)になって座る。その右側には、祈願に参列する男たちが椅子に腰かけて座る。ほとんど村の長老たちで、若者は少ない。皆黒染めの着物を着けている。反対側、左側には女たちが座る。こちらは婦人部の役員が主で、着けるものもそれぞれ違う。準備が整うと、ミシャクパーシが始まる。

ミシャクパーシは、給仕と呼ばれる男が口上を述べ、ツカサが応える形式で進められる。そして、ところどころで給仕がアヨウを歌うと、他の人々も唱和して歌う。給仕は口上を述べる際、ミシャクの入った木製で、胴長のバダシと呼ばれる急須を斜め上に捧げ、次に反対方向に同様の仕草を行う。それに合わせるように、後ろに連なる男たちも素手で同様の仕草を行う。一方、ツカサは両側に取手の付いたツノザラ(角皿)と呼ぶ深椀を持ち、やはり同様の仕草を行う。一節の向上を述べ終わると、給仕はツカサの椀にミシャクを注ぐ。ツカサはそれを飲む。そして次の口上とアヨウが、同様の仕草を伴って続けられる。

ミシャクパーシィ(撮影・提供:宮良文氏)

ミシャクがここでも重要な役割を果たしている。ミシャクは豊作、豊穣の象徴であり、新穀で作ることを原則とする。それゆえ、収穫感謝のシュビニガイと、次の年の豊作を祈願するオンプールでは最も重要な供物となる。この一連の所作は、収穫を神に感謝し、次の年の豊作を祈願して恭しく捧げられる儀礼の所作と見ることができる。

ミシャクパーシは「ミシャク囃子」の意で、祈願が一つのまとまった「芸能」としてとらえられている。見てきたように口上で祈願が進められるが、祈願本来の意味を伝えるのは途中で歌われるアヨウである。アヨウは、神に直接ことばで伝えられるカンフチ(神口)やニガイフチ(願い口)を受け継ぎ、節を付けて叙事詩的に歌われるようになった古謡である。

このように見てくると、一つの大きな疑問が浮かんでくる。なぜそこにツカサがいて、人々の礼拝を受けているかという疑問である。ツカサは、カンフチ・ニガイフチを通して直接神に人々の願いを伝える人物である。その日も、ミシャクパーシの直前にイビの中で神と向かい合い、次の年の豊作を祈願してきたばかりである。

ミシャクパーシは、村人がひとまとまりになってアヨウを歌いながら祈る宗教行事である。その光景は、あたかも古代人の祈りの様を彷彿させる。神と直接交渉する神職が確立され、その神職が神に祈る場とは次元が異なるのである。つまり、ミシャクパーシの場にツカサが座るようになるのは後世の演出だろうと思うのである。その証となる事例を二つ挙げる。

シカムラのいちばん東の地区は登野城村である。そこでも、オンプールの日にはミシャクパーシが行われる。ところが、その中にツカサはいない。八人の長老に対して四人の村人が向き合う。二人が四人の長老に給仕するという形である。『登野城村古謡集(第一集)』に収められた「みしゃぐ・パーシキ」では、長老は「客」となっている。そして解説では、「みしゃぐ・パーシ

イヤナシウタキ(米為御獄)のミシャクパーシィ(登野城村)

ヰは豊年祭のオンプーリヰにおける重要な儀式で、神前に供えたミシャグ（御神酒）をいただく儀礼歌謡である」と述べる（「登野城ユンタ保存会」一九九二、南西印刷）。この形態が、ミシャクパーシの原形にいちばん近いのではないかと見ている。もう一つ事例を挙げる。

喜舎場永珣《きしゃばえいじゅん》氏の著書『八重山古謡』（上・下）には、喜舎場氏が八重山地方の村々を回って収集した数多くの古謡が収められている。その上巻に、ミヤトリオンのミシャクパーシが載っている。採集した年は不明であるが、年譜によると上記の古謡が明治末から大正の初めごろにかけて収集されているので、その間のいずれかの年であろうと思われる。

それで見ると、その中にツカサがいない。進行役の給仕は「若者」と注が付けられている。給仕が口上を唱え、アヨウの音頭を取ると、それに応じるのは「村人」である。この形態は、先述の登野城のミシャクパーシのそれと同じである。次に、そのまま抜き出してみる。なお、かつてはアワも重要な農作物であった。

原　歌	訳
一　給仕サリ	サリ（もし）
ウミシャグヌ	御神酒の
ウミシィ	米奇を
上グナーラサリ	差し上げましょう
二　村人	村の先輩
ウーシィイサリ	はい、どうか下さい

三　給仕
アヨウヌ
カザリ
シアグナーラサリ

給仕
アヨウウの古謡体で
謡いつつ
御神酒を上げましょうか

四　村人
ウーシィサリ

はい。どうぞそのようにお願いします

五　給仕
宮鳥ヌ御神ヌ
ミブギン
ヒ、稔世バ
実り世バ
給ボウラレ

宮鳥御嶽の神様の
御恩誼（御恵み）によって
豊年の世をば
稔り豊かな世を
恵み下された

六　村人
今年ヤダードゥ
ナカラ世バ

今年こそは
中作の世を

トゥラレリィ
ピティイジィ
トゥラリダル
イエンヌ世ヤ
満作ヌ世バ
トゥラレリ
重々
トゥラレーヌ
御神酒
ウミシィドゥ
トゥラリダユウ
シサリ

お恵みを
一つだけ
給われたが
来年の世は
満作豊穣の世を
お恵み下さるように
重ね重ね
お恵みの米で造った
御神酒の
みきをば
頂戴いたしました
有難うございます

七　給仕

御願ヌ
ウミシャグ
ウミシィ
上ギダユウ
シィサリ

御祈願の米で造った
御神酒の
米奇を
差し上げた
のであります

ニーウスイ　（粟の敬語）

八　給仕　サリ根ウスイヌ　もし、これは粟で造った
御神酒　御神酒を
上グナーラサリ　差し上げましょう

九　村人　ウーシィサリ　はい、どうぞ下さい

十　給仕　ナヨウヌカザリ　アヨウの古謡体で
シアグナーラ　謡いつつ進上
シサリ　しましょう

一一　村人　ウーシィサリ　はい、どうぞそうしてください

一二　給仕

根ウスイヌ
御神酒
ヒ、囃シバドゥ
世ヤ稔ル
ヒ、ウヤキ
ヒ、根ウスイヌ
ヒ、囃シバドゥ
世ヤ稔ル

粟で醸造した
御神酒を頂戴したら
囃しを村人がよくされると
来年の世は豊作に稔る
豊作の世
粟作は
給仕と村人がよく交互に囃し謡えば
来年は満作する

一三

給仕、村人
中皿ヌ
御神酒
ヒ、囃シバドゥ
世ヤ稔ル
ヒ、ウヤキ
ヒ、中皿ユ
囃シバドゥ
世ヤ稔ル

中皿の木椀に並々と
盛り入れた御神酒は
給仕のアヨウにあわせて村人がハヤシをすれば
来年の世は満作だ
稔り豊かに
中皿の木椀の神酒を
頂戴して給仕とハヤシをすれば
来年は豊作だ

ここから見えてくるのは、神職のツカサがイビの中で祈願する祈願と、村人たちが祈るミシャクパーシは別系統の祭りではなかったかということである。後にツカサが入るようになって現在の形態になった。神に仕えるツカサが入ることによって、祈りがより神に近づくと考えるようになったのではないだろうか。

イビの前のミシャクパーシが終ると、場所を変えて再びミシャクパーシが行われる。場所は鳥居を入って左側、境内の境界あたりである。祈願の形態は全く同じである。長老たちに、なぜ同じことを二度やるのかと尋ねると、わからないと答える。推測すれば、おそらくこの御嶽には二柱の神が祀られているという意識に由来するものと思われる。ミシャクパーシは、それらの神に働きかけるものという意識がある。最初の場所は、ムラの創建と深く関わる神を祀る聖域イビと直結している、あるいは最も近いという意識がある。そして、境内の片隅で行われる二度目は、向かう神が後で他所から移された神、「本流でない神」という区別の意識が働いている。

祝祭

お昼近く、ミシャクパーシが終ると参列者はひとまず解散する。そして午後三時ごろ、再び寄り集まる。ほとんどが着替えて、ズボンにハッピ姿で、頭にタオルを巻きつけている。祝祭がはじまるのである。まず旗頭の奉納がある。旗頭はその日の朝早く村中を回り、若者たちによってパイデンの前で固定されている。その旗頭が一度鳥居の外へ持ち出され、再び境内へ入場して来るときは恭しく迎えられる。旗頭が所定の場所に固定されるとそれに伴い、太鼓・巻踊り・棒踊り・獅子舞などの奉納行事がある。プールは農耕に関する祭りである。続いてさとうきび・水稲・畜産の生産で成績のよかった農家の表彰があり、祝祭の前半がおわる。

後半は祝賀会と銘打って行われる。公民館長の挨拶の後、石垣市長、沖縄県八重山農林水産振興センター所長の祝辞があり、乾杯をして余興に移る。先述の表彰やここでの祝辞等は後に挿入されたものであろう。仮説の舞台では婦人部による舞踊「鷲ヌ鳥節」ほか、伝統芸能保存会による演奏や舞踊が披露される。午後六時ごろ、すべての演目が終了すると万歳三唱し、オンプールのすべての日程を終了する。参列者は三々五々家路につき、境内では、若者たちが後片付けと次の日のムラプールの準備で忙しく動き回っている。

事例二　祖納村のオンプール

コモリと朝参り

二〇一六年の祖納村のプールは旧暦六月二五日（辛・亥）、二六日（壬・子）、二七日（癸・丑）、二八日（甲・寅）に行われた。旧暦七月は法事の月（お盆もある）と意識され、神事は避ける慣わしである。二七日と二八日はコモリ（籠り）と称し、二晩ツカサは付き添いの女性（氏子）とウガン（御嶽）で寝起きし、祈願をする。ユーヌシュビニガイとよばれ、収穫感謝と願解きの祭儀が執り行われる。

コモリの最初の日、公民館長ほか村の幹部たちが各ウガンを回り、慰労する。初めにクシモリウガン（御嶽）に揃う。公民館長が来意を告げるとツカサが香を上げ、神に伝えて一同の健康を願い、村の発展を祈願する。一同の者も手を合わせ、礼拝する。それから座を解き、「仲良田節《なからだ》」を三味線に合わせて歌い、しばし歓談する。この要領でマイドマリウガン・パナリウガンを回る。夜が明けて次の日、ツカサと付き添いの女性は交代（無人にしない）で家に帰って風呂に入り、着替えて戻る。

コモリの二日目、氏子たちが「見舞い」と称して見舞いの品（手作りの馳走・酒・菓子など）を持参し、それを供え、手を合わせて拝んで座に就く。そこは氏子同士、しばし歓談が続くと三味線が鳴り、歌が出る。そして最初に歌われるのは、やはりあの仲良田節である。氏子たちは、夜半前には三々五々それぞれの家に戻る。そして身支度を整える。

二晩のコモリが終って夜が明けると、ツカサと付き添いは家に帰り、休む間もなく風呂に入って身支度を整える。「朝参り」に出かけるのである。午前一〇時ごろ、各ウガンのツカサとチチビ（ティジリビとも）、公民館長と村の幹部、長老たちがマイドマリウガン（前泊御嶽）に集まる。一同がそろうと祈願が始まる。四人のツカサ（ナリヤウガンを含む）を前にして、その後に四人のチチビ、そして他の人たちがイビに向かって座る。パイデンとイビの間には二五、六坪ほどの空間があり、その日のために既にむしろが敷かれ、テントが張られている。朝参りでは、次の年の豊穣・豊作と村の安寧と発展、村人の無病息災が祈願される。

マイドマリウガンの祈願が済むと、クシモリウガンに向かう。このウガンは祖納半島の頂上にある。現在の集落の西端から緩い坂を三〇mほど登る。意外と平坦で台地状に開けている。西の方角を見渡すと、高い山々のすぐ下まで迫るように船浮湾が入り込み、眼下にはフカバナリ（外離島）とウチバナリ（内離島）が手に取るように見える。西北の方角には、晴れた日には与那国島が見えるという。

そこは祖納村発祥の地で、昭和の初めごろまでは祖納村の集落があった。土地の人々は、今でも「上の村《ういぬむら》」と意識し、懐かしむ。上の村には祖納村建ての祖といわれる大竹祖納堂儀佐と、その後を継いで村を発展させた慶来慶田城用緒の屋敷跡がある。共にウガンとして信仰されていたが祀る人の継承者がなく、今はただ竹富町史跡の碑が立っているだけである。クシモリウガンのクシモリは「後森」の意か。大竹祖納堂儀佐の屋敷跡から少し奥に入ったところにある。伝承によれば、そこは大竹祖納堂儀佐の血筋の女性が嫁いだ家の跡という。拝む対象がその女性か、あるいはその夫、またはその先祖かは不明である。

クシモリウガンの次はパナリウガン（離御嶽）である。このウガンは学校の敷地内で、その北東側にあり、ニシドマリ（北泊《にしどまり》）海岸に近い。もちろんウガンの創建がはるかに先で、後世広い敷地を要する学校が建てられ、ウガンを取り込むように敷地の区画がなされた。止むを得ず、ウガンへは校門から入って行くことになる。パナリウガンの隣りには石垣を境にしてウフウガンがある。創建以来、航海安全を祈願する拝所として信仰されてきたが、神職の継承者がなく、現在は不在である。朝参りの一行は鳥居の外から手を合わせて拝み、パナリウガンに入る。パナリウガンで朝参りは終わり、一行はそこで解散する。

豊穣と氏子のドゥパダニガイ

午後三時を目途に、氏子たちがそれぞれの属するウガンに酒肴携帯で寄り集まる。その前に、ツカサはイビに入り、次の年の豊穣・豊作、当人のドゥパダニガイを行う。ドゥパダニガイは「胴肌願い」で、健康・無病息災を祈願する。その祈願が済むとツカサは、今度はイビの外から祈願を行う。氏子たちがほぼ出そろったころ、氏子たちのドゥパダニガイが行われる。ツカサがイビの入り口で奥に向かい、香炉に香を上げて祈願を始めると、司会が一座の全員に手を合わせて礼拝するよう指示する。

ここからは、マイドマリウガンの事例を述べることにする。進行は司会を立てて行われる。一同の礼拝が済むと、ツカサによる「米ウクチ」が行われる。用意された米から一つまみを取りあげ、盆に乗せる。外部の者にはよくわからない。ツカサは盆の上の米粒を選り分けているようであったが、「いいことがありますよ」と一座に伝えた。そして最後の米粒を髪の毛の中

前泊御嶽

に入れてすりこんだ。要するに、吉凶の占いである。次の年も氏子全員・家族には豊穣・豊作、無病息災の福が訪れるとのことであった。最後の米粒を髪にすりこむ理由については、後で尋ねてみると、神が判断を下された聖なるものゆえ、女性の最も大事な髪の中に奥深く、しばし入れ収めるということであった。

続いて、ツカサによる神フチ（口、唱え）がある。この地ではツカサを「神司様」と呼び、崇める。神フチの内容はこうである。マイドマリウガンの神様のお蔭で農作物も豊かに実り、一族・一門のみんなも健康で仕事に励むことができた。来る年もまた神様のお恵みが給わるようにお祈りをした。このような内容を、五、六分かけて一座に語る。

間合いに公民館長、来賓（竹富町長・学校長）が座に就く。司会の紹介で、初めに公民館長がプリヨイ（豊年祝い）祭詞を述べる。内容はツカサの神フチと共通するが、ただ村の総責任者としての立場から神（ここではマイドマリウガン）の御恵に感謝し、村の安寧・平和と来期の豊穣・豊作、村人の無病息災を給わるよう祈り申し上げる、と祭詞を読み上げる。続いて司会から来賓の紹介があり、竹富町長の祝辞があった。その後、さらにマイドマリウガンのチヂビの挨拶があって、前半の儀式的行事が終る

全員で乾杯すると、後半は宴となる。初めに公民館婦人部（選出された二人）による舞踊奉納がある。演目は西表祖納の民謡、「仲良田節」である。

イビ前で祭儀を行う神ツカサ

仲良田節を踊る女性（祝祭）

ナカラダヌ　マイ　ンヨー
パナリチヂ　アワ　ンヨー
チヂシラビ　ミキリヨー
ミルク　ユガフヨー
ウヌクイヌ　イニヤヨー
ニングジョウヌ　アギティヨー
アワムリン　マラショウリヨー
ウンシャグン　チクティヨー
ワシタミヤラビヌヨー
チクリティアル　ウサキヨー
ウマチシドゥ　ウタルヨー
マチカニドゥ　ウタルヨー
ククルヤシヤシトゥヨー
アガティ　タビミショウリヨー
アスビイリムティヌヨー
フクイムラデムヌヨー
アスビザヌカジニヨー
ワサタミセミセナヨー

仲良田で取れる米は
（外）離島の頂で作る粟は
粒粒をえらんだように実り
弥勒世の果報
年貢を納めて
残った稲で
泡盛（酒）を作り
お神酒も作って
私たち娘が
心を込めて作ったお酒
お待ちしておりました
待ちかねておりました
心やすやすと
召し上がってください
神遊び行事の豊かな村だから
幸多い村だから
遊び座のたび毎に
（不詳）

前泊海岸を西回りに進み、赤崎を回ると白浜村である。白浜港から少し先は、海は蛇行して細い入り江となって奥地に入り込む。その先端に、仲良川が注いでいる。その両域は、ほとんどの面積を山が占め、その山が海岸に迫っている。西表島では珍しく、山間に広大な平野が開けている。祖納村の人々は古くから舟で通ってそこを開墾し、豊かな田園に仕立ててい た。「仲良田」である。

また、船浮湾口が外洋に開ける海域にはフカバナリ・ウチバナリの両島がある。その昔、そこにも人が住んでいた。古代の豪勇、慶来慶田城用緒はフカバナリから身を立てた。後、人々は祖納村に移り住んだ。ウチバナリにはナリヤ村があり、ナリヤウガンがあった。現在マイドマリウガンの境内にあるナリヤウガンは、ウチバナリから移り住んだ人たちの子孫が、かつて先祖たちが拝んでいたウガンに向かって拝む遥拝所である。

同じ境内にあるナリヤ御嶽の遙拝所。（ウチバナリ（内離島）のナリヤ村からの移住者たちによって造られ、ウチバナリに向かって拝む）

仲良田節の冒頭には、仲良田から取れる米、フカバナリ島の頂で作られた粟が主テーマとして提示される。米と粟は「イニ・アワ」として、五穀の象徴であった。予祝祭はそのイニ・アワが豊作であるように祈願することが中心となる。仲良田節が祖納のプールで歌われ、踊りが奉納される意義がここにある。

ただ、文脈はその後に、汗水流して作ったイニ・アワはまず初めに年貢としてその多くを納め、残りで泡盛やお神酒を造ると続く。そして、その酒で村の娘たちが役人を歓待すると続く。ここで描かれる人間関係は役人と百姓、支配者と被支配者、強者と弱者の構図である。しかし、その現実を明るく、楽天的に受け止める。そして、祖納村の人は神を信頼して拝み、私たちの祈りに応えて神は私たちを見守り、恵みを授けてくださると結ぶ。文末の「アスビ」は神を祀り、神と饗応する「神遊び」であろう。

舞踊奉納の後には来賓(竹富町長)の挨拶があり、「西の子御神輿隊」がワッショイ、ワッショイの掛け声で入場して「祭り」・「豊年祭」の歌を披露する。西表小中学校一三人の全生徒たちである。四人で担げるように二mほどの二本の棒に板を渡し、それにたくさんの花を乗せたのがこの子たちの御神輿である。子供たちは次の日も出番があり、その光景から、この村のプールの性格を考える一つのヒントが思い浮かぶ。

予祝祭としてのプールを特徴づける儀礼が、続いて二つ行われる。「ミシャクパーシ」と「フバナアギ」である。ミシャクパーシのミシャクは「御神酒」、パーシは「囃し」である。ただし、お神酒は醸造酒ではない。水に浸した米を水切りした後、すり潰して砂糖や特産のシークヮーサー(ヒラリレモン)を加えて発酵させた白濁の酒で、とろりとして甘ずっぱく、美味である。神を祀る時はよく供物として供え、参拝者が直会でいただく。

ミシャクパーシは石垣市シカムラの登野城・大川・石垣・新川のプールにも行われる。趣旨は同じだと思われるが、ここマイドマリウガンで行われるミシャクパーシは形態が若干違うようだ。また、同じ祖納村においても、ミシャクパーシがあるのはマイドマリウガンだけで、他のウガンには無い。なぜそのような違いが生じたか、その理由は分からない。

ミシャクパーシは、神前に供えられたミシャクをツカサからいただき、長老・来賓・主だった人たちにナカザラ(中皿)・チヌザラ(角皿)の容器に注いで差し上げる。皿といっても平たい器ではなく、木製の少し大ぶりの深椀である。チヌザラは両側に突き出すように取っ手(角)が付いている。ナカザラ・チヌザラとも、二人一組になって二人の客と向き合う。一人はミシャクを入れた木製の急須を持ち、一人は盆に二つのナカザラあるいはチヌザラを乗せて持つ。

始めはツカサと向き合い、ミシャクパーシをおこなう。それからミシャクをツカサからいただき、客を回る。サラ（椀）にミシャクを注いで客に渡すとナカ皿の歌を歌う。歌に合わせて給仕は急須と盆を、客はミシャクの入った容器を互いに右、そして左と捧げるように斜め上に上げる。給仕と客は互い違いの所作となる。歌と所作が終ると給仕は次の客の前に移り、先の客にはもう一つのミシャクパーシ、チヌザラが同じ要領で行われる。歌はそれぞれ異なる。

（ナカザラ）

ナカザラヌ　ウミキ　　中皿に盛られた　米のお神酒を
　ウヤシバドゥ　ユナウル　　皆人に振舞ってこそ　豊作の世となる
ウヤキ　ナカザラユ　　豊穣の豊かな　中皿に盛ったお神酒を
ハヤシバドゥ　ユナウル　　皆人で讃え頂いてこそ　豊作の世となる
ウヤキユナホ（レ）　　豊穣豊かな世とし給え
リカユナウレ　　さらに豊かな世とし給え

ニウスイヌ　ウミキ　　粟の御神酒を
　ウヤシバドゥ　ユナウル　　皆人に振舞ってこそ　豊作の世となる
ウヤキ　ニウスイユ　　豊穣豊かな　粟の実りを

ミシャクパーシィ。この後、一座の全員を回る

ハヤシバドゥ　ユナウル　　皆人で讃え頂いてこそ　豊作の世となる
ウヤキユナホ（レ）　　豊穣豊かな世とし給え
リカユナウレ　　さらに豊かな世とし給え

（チヌザラ）
ウシバルン　ナカニ　　大石原（地名）の　中に
ムトゥスイナウレ　　根所栄えあれ
カンヌニヌフクラニ　　神の根の　真ん中に
ムトゥスイナウレ　　根所栄えあれ
サカエテナウレ　　栄えて末広に
マーマディタボリ　　子々孫々　守り給え

マムルソヌ　ミブキニ　　守護し給う神の御恵で
ムトゥスイナウレ　　根所栄えあれ
カリユシヌウカギニ　　めでたさを恵み給うたお蔭で
ムトゥスイナウレ　　根所栄えあれ
サカエテナウレ　　栄えて末広に
マーマディタボリ　　子々孫々　守り給え

ミリクユバタボラリ　弥勒世を給わり
ムトゥスイナウレ　根所栄えあれ
ノウリユバタボラリ　豊かな豊作の世を給わり
ムトゥスイナウレ　根所栄えあれ
サカエテナウレ　栄えて末広に
マーマディタボリ　子々孫々　守り給え

ミシャクパーシの後には、続いて「フパナアギ」の儀礼が行われる。フパナは「新穀」で、アギは「上げ」で供えを意味する。フパナアギは、八重山地方のどの村においても、プールの最も象徴的な儀礼である。この儀礼が設定される根底には、一年に亘るムヌスクリ（物作り、農耕）の汗と労苦の結晶という新穀に対する強い意識がある。プールでは芭蕉の葉やゲットウの葉で餅（プールムチ）を作るが、その米は新穀である。ミシャクを作るのも、もちろん新穀である。各戸から、人数割り当てで五勺マイを徴収するが、それも新穀で、綱引きの綱を作る藁も新ワラである。

　石垣市シカムラでは、プールムチ・ミシャク・和え物を供えてフパナアギとするが、ここ祖納村では、ミシャクをもってフパナアギとするようである。フパナアギは女性二人が一組となり、二組が供えられたミシャクをツカサか

ミシャクパーシィを受ける参拝者

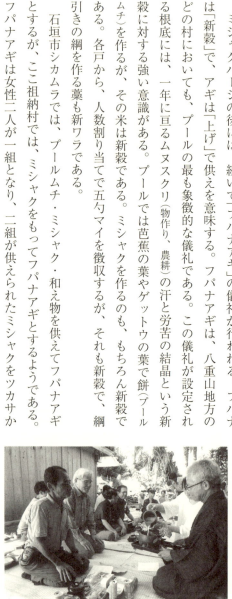

らいただき、一座の全員に給仕する。一人はミシャクを入れた急須を持ち、一人はミシャクを受ける椀を持つ。二組で行うのは、振る舞う人数が多いことに加え、歌の長い仲良田節に合わせながら行われるからである。

フパナアギの次には「持参受け」と呼ばれる儀礼が行われる。供えられた酒をツカサから受けていただくのであるから、これも儀礼の一つであろう。その日、ウガンに参拝に訪れる人は、氏子であれ招待者であれ、酒や菓子、あるいは金一封などを持参してくる。ツカサはそれを受けると、その人の健康を守ってくださいという趣旨の祈りをする。

イビ入り口の脇にはそれらの品々がずらりと並べられている。酒の一升瓶などには「祝豊年〇〇某」と書かれている。その酒が、二つのコップになみなみと注がれている。指名を受けた二人の若者が、一座を代表してその酒をいただくのであるが、一気に飲み干さなければならない。なんとも荒っぽい「儀礼」である。最近では、持参受けに選ばれることを避けようとする若者が増える傾向にあると聞いた。

オンプールの祭儀・祝祭を終え、トゥニムトゥへ向かうパナリ御嶽の一行

これで、ウガンでのその日のすべての日程が終了する。全員でアーパレ・ヤラヨ（共に古謡、歌詞省略）を歌い、その後で閉式の辞が述べられる。そして、全員がぞろぞろと立ち上がり、ミルク（弥勒）節を歌いながら、「神司様」（と呼ばれる）をトゥニムトゥ（ツカサの家）まで送る。トゥニムトゥに到着すると祝宴に変わり、宴は夜半まで続く。

第二章　新生予祝祭――ムラプール

現在石垣市は沖縄県八重山諸島の一つ石垣島一島で一市を構成する。かつては表の旧石垣市と裏の旧大浜町に行政区画されていたが、一九六四年に合併して一島一市の石垣市となった。島の南西部にシカムラと呼ばれる集落街がある。古くからある四つの村、東から登野城《とのしろ》・大川・石垣・新川《あらかわ》の村を総称して四箇《しか》村と呼び習わしてきたことによる。王朝時代には首里王府の出先機関「蔵元《くらもと》」が置かれ、王府はそこから全八重山を統治した。以来、八重山地方の政治・経済・文化の中心となっている。

戦後間もないころまでは馬車がやっと通る南北に走る道が村と村の境になっていた。車時代になって少し広げられたが、それでも内部では一方通行の道が多い。村の南側の境は海岸で、横に長く護岸が築かれていた。その後急速な人口増加と産業・経済の発展により広大な面積の海が埋め立てられ、新栄町・美崎町・八重洲町が出現した。また、東には離れて平得《ひらえ》・真栄里《まえさと》の村があり、さらにその東は野や畑を隔てて大浜村があったが、その間もスプロール現象で都市化が進み、ひと続きになっている。

このようにして、シカムラは周りから取り残される形になったが、八重山地方の中心であることに変わりはない。竹富町・与那国町を含めた全八重山の人口は五万三九五五(二〇一八年三月現在)、そのうち約九〇パーセントの四万九〇三一(同年)が石垣市の人口である。さらに、その五三パーセントにあたる二万五三八八人がシカムラの住民である(同年)。

さて、プールは一般に豊年祭と訳される。八重山地方においてはどの村でも年中行事の中で最も大きな祭りで、稲刈りの終わった旧暦の六月、日を選んで行われる。現在は産業形態も大きく変わり、商業・工業・サービス業に従事する人々も多くなったが、歴史的にはどの村も生業は農業で、作物の中心はイネであった。近年はサトウキビ・パイナップル・青果物など、農作物の種類や農業の形態も変わりつつあるが、それでも伝統的な祭りはイネの生産と収穫に関するものである。

一　自治行政から生まれたムラプール

シカムラの各村には「旗頭本」という記録が残されている。それまでの旗頭のデザインを描いたものであるが、数十にも及ぶ絵図がていねいに描かれ、中には細部の寸法や旗の揮毫者まで書き込まれている。さらに注目するのは、その旗頭がいつ、何の折に製作され、どこで立てられたかの文が添えられているものが相当数あることである。一番古い例は「登野城本」の一七八〇年で、大津波後およそ一〇年である。

次に、石垣博孝氏のまとめから綱引きに関わる文を抜き出してみる（石垣、前掲論文）。年号は西暦に改められ、（登野城）のように（　）内には出典を示す村名を表記されている。なお、読みやすいように私が手を加えたところが何か所かあることを断っておきたい。

一七八〇年　大川村綱勝負之時好立（登野城）

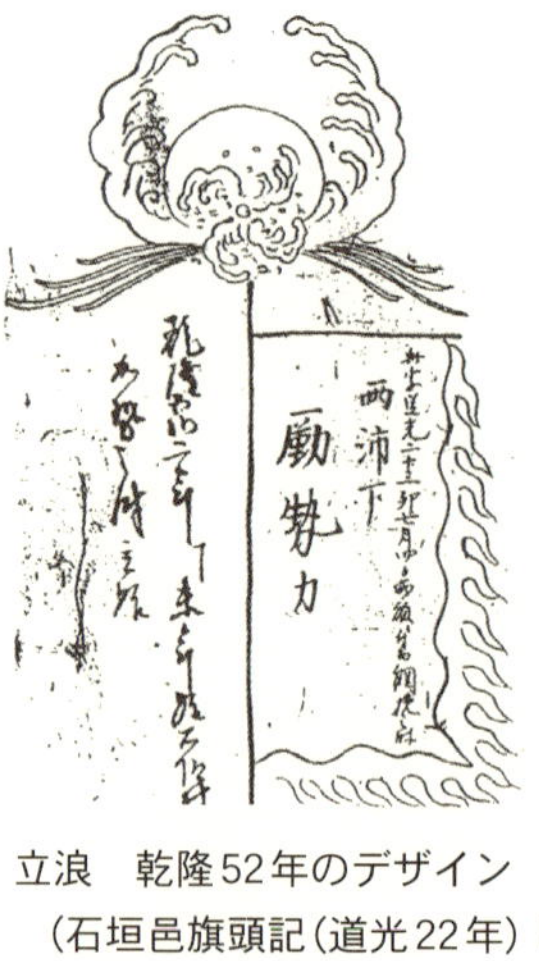

立浪　乾隆52年のデザイン　　青龍　乾隆45年のデザイン
（石垣邑旗頭記（道光22年）「石垣字誌」資料集第1号より）

一七八一年　新川村綱挽加勢之時初（登野城）
一七八四年　石垣村江綱引加勢之時立始（登野城）
一七九三年　馬場ニ綱勝負之時好立（登野城）
一八一七年　六月二七日蔵元於後道綱勝負之時立始（登野城）
一八四三年　七月四日雨願ニ付キ而綱挽之時（登野城）
一八八七年　一一月三日天長節綱引被仰付候調之（新川）
一八九一年　六月二一日新川真乙姥江綱挽加勢之時四ケ村旗頭左ニ記附新川者先例之旗頭ニ而相違候事（登野城）
一八九四年　十一月三日天長節縄挽之時調（石垣）
一八九五年　六月十九日祝凱旋之時蔵元前ノ道筋ニ縄挽被仰付候事（新川）
一八九九年　六月一八日穂利（プール）綱引之時好直（新川）
一九一五年　一一月一六日御即位御願儀ニ付大綱引之時仕立（新川）

添えられた文を読むとかなり古くから多様な目的・場所で綱引きが行われていたことが分かる。特に廃藩置県で沖縄県が誕生した一八七九年以後は「天長節」・「凱旋（日清戦争）」等の国家的祝賀行事にイベントとして行われていたことが注目される。しかもそれらは「仰せ達せられ」とあるように、上部から指示・命令されたものであった。一言でいえば、「動員」である。

大綱引きについては伝承がある。一七七一年の大津波（「明和の大津波」）で石垣島の村々は壊滅的な被害を受けた。時の与那覇在番は憔悴して気力を失っている人々を勇気づけようと思い、考えて実行したのが綱引きであったという。そして、プールの大綱引きの源はそこにあるといわれる。牧野清氏はこの伝承をさらに敷衍して次のように言う。

与那覇在番は、大津波の災害によって萎靡沈滞している島民の気力を振起し、社会の活力、団結、生産力の回復を図るために、お嶽の祭祀を盛大に挙行するという政策を進めたもののようである。(略)四ケ村が旗頭を捧持して新川の真乙姥御嶽の前に集合し、豊年祭祀を取り行うという形は、以上のような歴史によるものと考えられる

しかし、牧野氏は続けて、「これは戦前まで行われていた形であるが、四ケ村の古文書にこのことを直接述べた記録は目に触れないようである」と、注目すべきことも述べている。そして、現在のシカムラのプールの祭祀形態については次のように述べる。戦後、島民は敗戦で気力を失い、社会は混乱、萎靡沈滞しきっていた。そのような中で、石垣村の某(実名)等農民団体の役員青壮年が決起し、村々の各お嶽を中心とする、村民大集合の盛大な豊年祭を挙行することにした。オンプールとムラプールの形態はこのようにして出来たというのである(牧野、前掲書)。

「在番」は八重山蔵元を監督するために首里王府から派遣された役人で、与那覇在番は歴史上実在の人物である。与那覇在番の奨励は牧野氏が指摘するように、お嶽祭祀を盛んにして人々の気力を回復しようとしたと考えられ、直接綱引きを指示したものではなかったと推察される。前述の記録からも、村単位で綱引きが行われていたことを窺い知ることができる。しかし、上記の綱引きは折々に行われたもので、年中行事として行われたものではなかった。

それでは、シカムラのプールの形態、オンプールとムラプールの祭祀の形態を成立させた要因は何か。そのことについて牧野氏は、戦後農民団体の青壮年たちの協議で成立したとしている。しかし、研究者たちのなかでそのことについて触れた例はない。例えば喜舎場永珣氏の『八重山民俗誌』（一九七七年）・『八重山歴史』（一九七五年）は「アヒャー綱」については述べているが、ムラプールが戦後作られたとは書いていないし、『石垣市史』「各論編民俗」（二〇〇七年）にも豊年祭の項はあるが、そのことについての記述はない。戦後の荒れた社会情勢の中で、祭りを賑やかに行おうという気運はあったと考えられるが、伝統的な祭祀の形態を農民団体の青壮年たちの協議で変えられたとは考えられない。ここは、戦時体制に向かう厳しい情勢の中で、一時中断していた祭りを戦後復活したと見るべきであろう。

ムラプールの祭祀を注意深く観察すると、豊穣祈願と降雨祈願の二つの柱で構成されていることが分かる。マイツバオン前のアヒャー綱は性的模擬行為の演出による豊穣祈願の儀礼であり、場所を移しての大綱引きは二匹の竜の争いによる降雨祈願の儀礼である。そして二つの綱引きのツィナヌミンはそれぞれの行為の主体を具象的に演出した。このように、二つの綱引きは予祝祭祀の儀礼としてセットで巧妙に組み立てられている。したがって、与那覇在番の伝承がそのままプールの綱引きとならなかったし、牧野氏が言うように、戦前からの伝統を認めつつ、オンプールとムラプールは戦後作られたとも簡単にいえないのである。

もう一つは、『石垣邑旗頭記（石垣字誌資料集第一号）』に掲載された黒島為一氏（元市立図書館長）の「石垣四箇村の村プールの起源」とする見解である。文末の付記によれば、『八重山日報』に連載したもの（一九九九年七月二四日〜七月二九日）に加筆したとなっている。黒島氏は「旗頭本」の図案と添えられた文を比較して、「総合的に検討していくと、（中略）石垣四箇村の村プールは、明治三二（一八九九）年頃から新川の真乙姥御嶽で開催されることが慣例となり、次第に固定化されたと推測することが可能である」と述べる（黒島、二〇〇〇）。ムラプールの起源を明治三二（一八九九）年頃とする根拠と判断は別にして、ムラプールが比較的新しい祭りであるとする点は私の考えに近い。ただ大きく異なる点を言えば、御嶽祭祀との関係で考察されていないことである。

　伝統的な祭り、祭祀における変化要因を考えるにあたっては、行政区画の変遷を含む支配・統治の変化がその背景として大きな影響力を有したものと私は推測している。古琉球時代、租税の対象としての集落は「シマ」と呼ばれていた。一六〇九年の薩摩の侵攻以後（近世）は、薩摩の制度に従って村（むら）と呼ばれるようになる。廃藩置県で沖縄県が誕生するのは一八七九（明治一二）年である。琉球国時代の制度では全土は「間切《まぎり》」に区画され、その中にいくつかの村を包括して統治していた。八重山は一九〇二（明治三五）年当時、三一の村が三つの間切りにまとめられていた。ただし、近隣の村々を束ねたというものではなく、たとえば石垣間切においては島内の石垣村・新川村・川平村などに離島の竹富・黒島・新城の村を含めるという具合であった。三つの間切りを統括していたのが首里王府の出先機関、八重山蔵元であった。

　一九〇八（明治四一）年四月一日、特別町村制が施行された。それによって、全八重山が一つの「村（そん）」として区画された。そして、石垣島内の一九の村と離島の一〇の村が「字」として分けられた。海を隔てた小さな村々が多く、それらを一つの行政区画として扱うのはいかにも効率が悪い。翌年、早速「八重山村は区域拡大、交通極めて不便、住民は気質風俗民度等相同じうせず、到底村民をして一村の観念を惹起せしめ、共同一致の精神を奮起せしめること困難…」の意見書が提出された（牧野『新八重山歴史』一九七二）。

　村長を始め初期の責任者たちは、「村民をして一村の観念を惹起せしめ、共同一致の精神を奮起せしめる」ためには何をすればよいか、苦心したにちがいない。先の意見書は、時期尚早として取り上げられなかったが、一九一三年に再び提出され、一九一四（大正三）年四月一日をもって石垣村《いしがきそん》・大浜村《おおはまそん》・竹富村《たけとみそん》・与那国村《よなぐにそん》の四村分割が実現した。このうち、石垣村には現在シカムラと呼ばれる登野城・大川・石垣・新川に加え桴海・

川平・名蔵が含まれた。後の三つのムラ(字)はシカムラからは山を越えて裏側にあり、桴海《ふかい》と川平《かびら》は後に大浜村に組み入れられた。統治範囲は縮小されたが、それでも石垣村の行政区域は現在シカムラと呼ばれる登野城・大川・石垣・新川の四箇ムラをまとめ、最も大きかった。村と村の境は馬車一台がやっと通れるほどの縦道で区切られているが、それぞれ独立した共同体として扱われ、独自の歴史と伝統、自治組織を持っていた。それが括られて一つの共同体となった。王朝時代から続くこの古い村々を一つにまとめ、人々に「一村の観念を惹起せしめ、共同一致の精神を奮起せしめること」は重要、かつ重大な課題であったに違いない。思案の結果、考え出されたのが祭祀の変革と綱引きの導入であったと見ている。綱引きについては、彼らは既に多くのことを体験し、綱引きの持つ力、連帯・共同の意識と精神を学んでいたからである。それまでの祭祀を改変し、彼らは共同で神を祭ることを中心に据えた改革を実行した。それが精神的な支柱として結束力を強め、連帯感を維持すると考えたからである。しかし、そのためには各村(字)で伝統的に行われていた祭祀を改める必要があった。つまり、各村で行われていた予祝祭をオンプールとして温存し、各村で行っていた綱引きを廃止した。そして次の日、ムラプールとして新しく祭りを組み立てたのである。伝統的な行事、特に祭祀の変革には住民の間に戸惑いもあり、抵抗もあったであろう。それでも、試行錯誤を重ねながらも政策は続けられた。

このように、この祭りは従来の伝統的な祭祀に新しく重ねて仕立てた比較的新しい祭りであった。歴史的には大正の初めごろで、シカムラが「石垣村《そん》」として一つの行政区画に括られたことが契機になったと推察されよう。つまり、上からの力が伝統的な祭祀の形態を変えたのである。呼応したかのように、「旗頭本」に記述されていた綱引きの事例は一九一四(大正四)年をもって終わり、それ以後の記載はない。

それではもう一つの疑問、なぜマイツバオンが斎場に選ばれたかである。それには理由が二つあって、はっきりしている。その一つは、他のオンには代えられなかったからである。それぞれの村には村の創建と関わるといわれる古いオンがある。そこには、村と村人の安泰と繁栄を約束する神が祀られている。そこに、新しく神を祀ることはできないし、いずれかの村の神を充てることもできなかったのである。

マイツバオンが斎場となったもう一つの理由は祭神、マイツバの性格による。マイツバは八重山歴史の大きな転換期、オヤケアカハチの乱の折に生きた人物であった。アカハチの乱を契機として、首里王府は本格的に八重山統治に乗り出し、八重山地方全土が琉球王国の領域に入った。いわば乱世の時代の終わりで、マイツバはそのなかで象徴的な人物の一人であった。そして四百年後の今日、マイツバは再び象徴的な存在となった。四つの村が一つの共同体としてまとまるためには、マイツバの象徴性が必要となったのである。

二　豊穣と降雨祈願のムラプール——シチを行わないシカムラ

今日プールと呼ぶ祭り(行事)は、往古シチで行われていた予祝祭、「三日遊ぶなり」が基になっている。仏教の伝来で、シチの「年帰し」と述べる正月の祭りが二、三か月後にずらして行われるようになった。それを契機として、あとに「三日遊ぶなり」の予祝祭が残された。その予祝祭が御嶽祭祀と結ばれ、今日見るプールの形態が成立したと推測される。すなわち、オンプールである。

一般にプールは「豊年祭」と訳されるが、「与世山親方八重山島規模帳」(一七六八)には既にこの語が見え、かなり古くから行われていたことが分かる。六月に行うシュビニガイ(収穫感謝と願解)は、一年のすべての農作業の終わりで、続けて行われるプールは一年の農作業の始めであった。このパターンは、シチを行う村においても行わない村においても、農業を営むすべての農家にとっては共通の農事歴で、現在もオンプールはすべての村でおこなわれている。

ところで、シチは戦後のある時期まではすべての村で行われていたが、それには二つの形態があった。家レベルで行われるシチと、村全体の行事として行われるシチである。村全体の行事として行われるシチをよく観察すると、その中に来訪神の存在があり、儀礼全体を貫いて祭りを支えている。シチで来訪神が出現するのは、仏教の伝来で、シチが遅れて行われるようになったのが誘因となった。「豊年祭」という祭りの出現(上述)を合わせて考えると、一八世紀の中ごろには、すでにシチは家レベルと村レベルに分かれて行われていたと推測することができる。

さて、新しく予祝祭、ムラプールが導入されると、両者に違いが現れた。ムラプールは、村全体の連帯と結束を目差して創設された。その目的を達するために、初期の指導者たちは綱引きを導入した。ただし、ただのイベントではなかった。村人の伝統や慣習、信仰心に訴えるように、祭りは「豊穣と降雨」祈願の予祝祭として演出された。

ムラプールは、石垣市シカムラで初めて実践に移された。この新しい試みの祭りが、家レベルでシチが行われていた村、あるいは村レベルでシチが行われていた村でそれぞれどのように受け入れられたか、考えてみる。見出しに「シチを行わない村」とあるのは、かつて家レベルでシチが行われていた村のことである。

マイツバオン(真乙姥御嶽)

シカムラは旧石垣市の字村、登野城・大川・石垣・新川を総称して、「四箇村《しかむら》」と呼び習わしてきたことによる。この祭り、ムラプールはマイツバオンの境内とその前の道路を斎場として行われる。初めに、マイツバオンの性格について述べておかなければならない。この祭りの成立に深く関わっていると見るからである。

マイツバオンは新川村にあるが、新川村には村の守護神を祀る長崎御嶽がある。マイツバオンは、ムラプールのために特別に選ばれた御嶽である。

マイツバオンは歴史上実在の人物、マイツバ(真乙姥)を神として祀る。境内にはその墓と伝えられる塚も存在する。一五世紀後半、八重山地方は各地で豪族が台頭し、互いに覇を競い合っていた。英雄時代とも群雄割拠の時代ともいわれる。マイツバは石垣村の豪雄、長田大主《なあたうふしゅ》(方言でナータフージィ)の姉であった

そのころ、首里王府(琉球国)は本格的な八重山統治に乗り出そうと画策していた。八重山の豪雄たちは琉球国王に忠誠を誓うか否かで、八重山地方はいっそう緊張した社会状態が続いていた。西暦一五〇〇年、大浜村のオヤケアカハチが兵を挙げ、首里王府に抵抗した。八重山歴史上名高いアカハチの乱である。アカハチ挙兵の理由はよくわかっていない。アカハチ反乱の報を受けた王府は、ただちにアカハチ討伐の態勢を整えた。大小四六艘の軍船に3千余人の兵が分乗し、銭原を大将として八重山に向け遠征の途についた。圧倒的な勢力の前にアカハチ軍は敗走した。アカハチは捉えられて処刑され、乱は収まった。

乱を鎮圧した後、王府軍にとって最大の問題は、あれだけの軍船と兵が無事に那覇に帰還できるかどうかということであった。折しも王府軍に加担した長田大主の姉、マイツバが進み出て申した。昨夜エラビンガネ(永良比金)の神が託宣を下された。今全船を率いて出港すれば、無事彼の地に着くであろう、と。王府軍の大将はマイツバに、お前の言うとおりになったら表彰されようが、その通りにならなかったら命はないものと思え、と告げて船団は帰還の途についた。

その日からマイツバは美崎山(現登野城村海岸近くの雑木林)に籠り、食を絶ち、風雨・寒暑を怖れず、一心に神に祈った。日が立ち、憔悴して息も絶え絶えになっているところを、マイツバは平得村の多田屋遠那理《ただやおなり》に救い出され、その介抱を受けた。エラビンガネの神の加護あってか、王府軍は全員無事帰還した。その功績

により、次の年マイツバと遠那理に神衣が与えられた。さらにその翌年、二人は中山（首里城）に呼ばれ、国王からマイツバに「大阿母《おおあも》」の神職が与えられた。しかし、マイツバは大阿母の神職を遠那理に譲りたいと願い出て許され、マイツバには「エラビンガネ」の神職の称号が授けられた。その外に、二人は国王から金のかんざしを頂いている。

琉球国は尚真王の時代（一四七七〜一五二六）、盤石の体制を築いた。その基本は、国事を担う強力な官僚組織と信仰面から支える神女組織の構築であった。神女組織は国王の娘か姉妹を聞得大君《きこえおおきみ》として頂点に置き、その下に中間的に支配する神女、そしてその下に村々の神女（ツカサなど）を束ねる大阿母がおかれた。八重山の大阿母は方言でホールザと呼ばれ、八重山全域の神女を従えた。多田屋遠那理以来平得村に置かれ、琉球王国とともに存続したが、エラビンガネの神職は後に廃止された。見てきたように、マイツバは琉球王国の八重山進出と支配に深く関わった人物であった。マイツバオンはそのマイツバを祀る。その故事により、マイツバオンは航海の神を祀るとして崇敬されてきた。

豊穣祈願の綱引き

その日の早朝、新川村の役員や若者たちがマイツバオンに集まってくる。公民館長の陣頭指揮で境内を掃除し、午後の祭儀・祝祭に備えて机や椅子を並べ、会場の設営をする。午前一〇時ごろ長老たちが集まり、パイデンの中でミシャクパーシが行われる。皆黒染めの着物を着ている。それが祭儀に参列する時の正装である。先刻まで軽装で若者たちを指揮していた新川村の公民館長も着替えて参列している。ミシャクパーシは、前日の各村のオンプールで行われたミシャクパーシと形態も趣旨も変わらない。それが予祝祭としてのプールには重要で、基本となる儀礼として取り込まれたのであろう。

午後になると、各村の御嶽の境内はあわただしく、緊張した雰囲気に包まれている。旗頭がマイツバオンに向けて移動するのである。旗頭は、それぞれ役割を持った数十人が一団を伴って移動する。移動の形態や要領は、先に述べた石垣村のオンプールの日の場合とほとんど同じである。ただ違う点が二つある。その一つは、ここでは総責任者として公民館長が付くことである。公民館長は軽装で、ズボンに靴を履き、祭り半纏を着け、わら縄で帯をする。そして印し旗の後ろ、つまり旗頭の前に立つ。違う点のもう一つは、十数人から二十数人の婦人の集団を伴うことである。婦人の集団はその日のマキ踊り(奉納舞踊)を演ずる人たちで、各村とも演目に合わせた揃いの着物を着け、カシラの最後列に従う。

カシラは、新川村が先にマイツバオンに運ばれる慣わしになっている。到着すると鳥居に面した道路で二基の旗頭を空に何度も突き上げて気勢をあげる。その周りで、同行の一団がサーサーサーと声を上げて踊る。しばらく気勢を上げた後、旗頭は鳥居の両脚に固定される。新川村の旗頭は他の村の旗頭の取り扱いとかなり異なる。その後他の村の旗頭が次々と到着し、やはりしばらく気勢を上げ、所定の場所に固定する。道沿いには柱がずらりと立並び、旗頭はそれに固定する。今では村々の旗頭だけでなく、JAおきなわ・製糖工場・農林高校・近隣の中学校からも旗頭が出され、立ち並ぶ光景は壮観である。

各村の旗ガシラが真乙姥御嶽に向けて移動する

パイデンの中ではマイツバオンのツカサが窓近くで座を占め、外に向いて坐る。その後ろでは、他の村々のツカサが横に並んで座る慣わしであった。しかしその慣わし、今は崩れている。ツカサの斜め横、パイデンの外では新川村の公民館長が椅子に腰かけて座る。来客の挨拶を受けるため、祭儀の正装である黒染めの着物を着て正面、鳥居に向かっている。間もなくすると、各村の長老たちや招待客が三々五々鳥居をくぐって入ってくる。そのままパイデンに向かって礼をして神を拝み、それから公民館長のところに行き、挨拶をしてそれぞれ指定された席に着く。カシラ一団の総指揮をしてきた他の村々の公民館長とて、ここでは同じ作法に従う。

ムラプールは午前の祭儀の後、午後の祝祭は三部構成で成り立っている。第一部は「祝典」と称するセレモニーによって始まる。午後三時ごろ、新川村公民館長の挨拶の後、石垣市長・他の村の公民館長の祝辞がある。新川村の外には石垣・大川・登野城の村があるが、その日の祝辞は毎年交代で行うという。察せられるように、この祭りは創設の趣旨とムラプールの名称とは関わりなく新川村主導で行われ、他の村は従の関係である。最後は乾杯をして祝典はおわる。

第二部と第三部がムラプールの本番である。プログラムでは「旗頭・巻踊り奉納」と「大綱引き」となっている。マキ踊りはオンの境内、つまりツカサたちの面前で村や団体が仕込んできた舞踊を披露する。奉納は新川村から始まる。まず固定されていた旗頭が外され、鳥居の外の路上でサーサーサーと声を掛け合いながら気勢を上げる。これが旗頭奉納である。旗頭の奉納が終わり、あたりが静かになるとマキ踊りが始まる。

ムラプールが次の年の豊作を祈願する祭りであるため、農作業や収穫を所作とするものが多い。それらのなかでも、新川村のマキ踊りにはストーリーがある。プログラムに沿って示すと次のようになる(平成二五年度)。マキ踊りは鳥居の外から境内に入り、反時計まわりに列を作って演技をし、鳥居の外へ戻っていく。

開会セレモニー。真乙姥御嶽のツカサと新川村幹部

数字は列の順番、それぞれ記された用具を持って所作をしたり、歩いたりする。

1 シルシバタ（記旗）

2 ゴコク（五穀） 二人の少年がイネ・アワの籠を持ち、マイツバのツカサの前に来て差し出す。

3 ミズヌス（水主） 水の神を祀る神職。

4 ユームツ（世持ち） 村の最高責任者で部落会長と呼ばれたこともあったが、現在は公民館長と言われる。

5 ウヤジュウ（長老たち）

6 ザイ（麾） 三〇cmほどの細い竹に五色の布を割いて結びつける。虹を表すといわれ、虹は雨を呼ぶという。

7 ツヅン（鼓）

8 イニスリ（稲摺） モミを殻と実（米）に分ける作業。実際は、直径三〇cmほどの丸木を上部と下部に分けて合わせ、上部を両側から二人で縄を引き、回してモミを摺る。かなり重量のある用具ゆえ、舞踊としては二人（女性）の者が縄を交錯させて持ち、交互に引き合う所作をする。

9 ユラス（篭） 竹製の道具でモミガラを飛ばして実を選り分けるのに使う。

10 アズン（杵） 米を臼でついて精米する。戦時中、米を一升瓶に入れて

印し旗を持つ少年と五穀豊穣の象徴、イネ・アワの籠を持つ幼児（巻踊りの先頭。新川村）

新川村も巻踊り「水の主」（水の神を祀る神職）

棒でついた要領である。

11　カマハライ（鎌払い）

12　タウチ（田打ち）

以下太鼓・鉦鼓・銅鑼と続く。新川村の後は他の村々のマキ踊りと続くが、要領はまったく同じで、先に鳥居の外の路上でカシラを激しく突き上げたり下ろしたりして気勢を上げ、その後当該村の婦人たちが境内に入って踊る。ただし、踊りの形は大分異なる。新川村のマキ踊りにはストーリーがあったが、ここではそれが見られない。婦人たちが軽快な曲に合わせて一曲か二曲、輪になったり、時には塊になったりしてリズミカルに踊る。それでも祈願・祝祭が予祝の性格を持つゆえ、農作業や収穫をイメージさせる所作の踊りが多い。マキ踊りの最後は八重山農林高等学校芸能クラブの生徒たちの出番である。若者らしいはつらつとした動きや掛け声で観客を魅了し、毎年大きな喝采を受ける。

さて、第三部は、ムラプールの成立・存在の意義をも問う祝祭が執行される。綱引き儀礼が中心であるが、その構成・演出が巧妙で毎年多くの観客を引きつける。多くの研究者がこの儀礼の意味について解釈し、報告書を出してきた。舞踊の奉納が終るとオンの前の道路、四号線が斎場となる。観客が緊張して見守るなか、東と西から板の台（かつては雨戸二枚）が持ち上げられ、ゆっくり近寄ってくる。

続く他村の棒踊り

ここでは女性が当事者である

東の台には黒装束に白い頭巾をかぶり、長いあごひげを蓄えた男が杖を持って立っている。傍らには二人の少年が座って控えている。こちらは明らかに神としての演出である(口絵)。一方、西の台には着物の上から白い打掛を着け、紫の鉢巻を背中に長く垂らした女性が座って合掌している。こちらはツカサ(ツカサ)である。東西二つの台が中央、オンの真ん前で合わせられると東から西へイネ・アワの入った籠が渡される。それが済むと、二つの台はいっきに東西へ引き離されていく。この板の台と登場する人物は、合わせてツィナヌミンという。

　ツィナヌミンが終るとその跡に大勢の女たちがどっと繰り出し、熱く踊り出す。両手を額の前でしなやかに動かし、脚を交互に上げ下げし、サーサーサーと声を上げながら狂ったように踊る。間もなくその中から一人の女が抜け出し、鳥居をくぐって境内へ入っていく。パイデンの前まで進むと、ツカサが神前に供えられて

ツィナヌミン。東からは神(口絵)、西からはツカサが登場する

真乙姥御嶽の神前に供えられた貫棒を授かる欣喜雀躍の女

ツィナヌミン。東西から舞台が合わされ、東から西へ五穀豊穣を象徴する籠がわたされていく(撮影・提供：平井順光氏)

必死に綱を結合する女たち(豊穣祈願綱引)

いた直径七、八㎝、長さ一五〇㎝ほどの棒を渡す。その端には紅白の布が巻きつけられている。女は欣喜雀躍、その棒を突き上げながら鳥居の外へ出てくる。女たちはそれを取り囲みながらいっそう興奮して踊る。棒が女たちの頭上でリズミカルに上下に動く。

しばらくすると女たちは、今度は道の片側へ集まってくる。そこにはムラプール最後の儀礼として行われる大綱引きの綱が無造作に置かれている。沖縄地方の綱引きは、二つの綱の先端に設けた輪を一方の輪に入れ、それにヌチボウ（貫棒）と呼ばれる棒を差し込み固定して引く。女たちは力を合わせ、東の綱の輪を西の綱の輪に入れ、それに先ほどツカサから授けられた棒を差し込み、綱をゆする。これで終わりである。女たちはまた道いっぱいに広がり、何かに取り付かれたように踊り出す。この綱引きはアヒャー綱と呼ばれる。「アヒャー」は貴婦人の意味を持つ。

降雨祈願の綱引き

マイツバオンでの祭儀・祝祭が終ると、場所を一五〇ｍほど西へ移し、十字路で大綱引きが行われる。女たちが二つの大綱を引きずって行くのであるが、現在では見物人や観光客も大勢加わって賑やかである。各村の旗頭も合わせて移動する。移動が一揃いすると、新川村公民館長の挨拶がある。その直後、四方八方から若者たちが飛び出してきて気勢を上げる。それぞれの村の幟を掲げ、跳んだりはねたり、走りまわったり、入り乱れて熱く燃える。その中へ、周りから水がかけられる。マイツバオンでの祭儀・祝祭では女性が主役であったが、ここでは男性が主役である。

綱引き前のガーリー（乱舞）。
ここでは男たちが「主人公」である

あたりが薄暗くなる午後七時ごろ、銅鑼の合図で若者たちが四方八方へいっせいに引く。ここでの大綱引きは石垣村と登野城村が東となり、大川村と新川村が西になって競う。それぞれの村は兄弟村といわれ、昔石垣村から登野城村が分かれ、新川村から大川村が分かれたいきさつによるという。それぞれの村の旗頭が各陣営に向け、東と西に分かれて移動する。最後に、特別に新川村の二つの旗頭が東と西に分かれて移動する。大綱引きの儀礼、ツィナヌミンが行われるのである。

あたりが静かになり、緊張がみなぎる。その雰囲気の中、東と西の各陣営で十数本のたいまつに火が灯され、その中からあの板の台が持ち上げられる。ツィナヌミンである。東の台には長刀を持ち、西の台には両手に鎌を持った双方二人の武人が載っている。ツィナヌミンがゆっくりと動き、双方の間隔を縮めていく。二人の武人は時々武器を振りかざして構え、相手を威嚇するようなポーズを取る。十字路の中央で二つのツィナヌミンが合わさると、二人の武人は丁丁発止と戦う。周りから銅鑼が乱打され、指笛が鳴り、拍手や声援が上がる。戦いが五、六分も続くとひときわ大きく銅鑼が鳴らされ、二つのツィナヌミンは一気に元の場所へ運ばれていく。その後で大綱引きが行われる。

綱引きが始まって五、六分もすると勝負がつく。銅鑼がひときわ大きく打ち鳴らされ、大綱引きは終わる。そして、ムラプールの長い一日も終わる。大綱引きの綱は道の傍らに寄せておき、次の日若者たちが来て片づける。夜も更ける午後九時ごろ、鉦と太鼓の音を響かせながら、旗頭がそれぞれの村へと帰っていく。

武人のツィナヌミン
（降雨祈願の綱引き。撮影・提供：石垣佳彦氏）

ムラプールの性格と構成

午後各村・団体のカシラが出揃うと、新川村から始まり、順次各村のカシラの奉納と巻踊りが行われる（前項）。新川村のカシラと巻踊りには予祝儀礼としての要素が巧みに織り込まれている。新川村のカシラはタガシラ（田頭）とイヤガシラ（射矢頭）といわれる。タガシラは円い太鼓型の枠に布を張り、前方と後方の側面に十字形の線を入れて田んぼを表す。そして左右の面には鍬や鎌などの農具の模型を挿す。いうまでもなく、豊穣・豊作を期待するのである。

一方イヤガシラは、箱に四角錐の蓋をしたような形をしている。前方と後方の両面には的を表す三重の輪が描かれ、左右の両面には四本ずつの矢が挿してある。イヤガシラは願いが確実に通る（的中する）ようにという意図が込められているそうである。願いの対象は「雨」である。イヤガシラのてっぺんには細く割いた五色の布（ザイという）が翻っている。この布は虹を表し、雨を呼ぶという。他の村々の旗頭が彩色を施され華やかであるのに対し、新川村のカシラは地味である。また、他の村々のカシラが二、三年ごとにデザインを変えて作り替えられるのに対し、新川村のカシラはデザインを変えることをしない。この儀礼で強調されているのは、いうまでもなく豊穣・豊作と降雨である。

巻踊りは農事を所作とするものが多いが、いちばん最初に登場する新川村の巻踊りにはストーリーがあると述べておいた。それぞれ役割を持った数人が行列を作って境内を右回りに一巡するが、その中から「五穀」・「ミズヌス（水の主）」・

新川村の「田ガシ」

新川村の「矢ガシ」

「ザイ（麾）」と抜き出してみると、この儀礼が豊穣・豊作と降雨を主として組み立てられていることが分かる。さらにその後はイニスリ（稲摺）・ユラス（篭）・アズン（杵）・カマハライ（鎌払い）・タウチ（田打ち）と、農作業や収穫の所作の踊りが続く（前項）。

各村すべての巻踊りの後は、マイツバオン前の道路が斎場となって儀礼が行われる。先のカシラ・巻踊りの儀礼に込められた「豊穣・豊作と降雨」が、次のステージではどのように変化し、受け継がれていくか、考えてみる。最初は、女たちによる引かない綱引き、アヒャー綱についてである。この綱引きについては、相異なる二つの伝承がある。

〈伝承一〉　昔この島に航海術に長けた者がいた。その操船術を買われ、彼は公用船の船頭として那覇（沖縄本島）との間を往き来していた。ところがある年、彼の船は航海に出たまま返ってこなかった。残された妻はマイツバオンの神前に額ずき、もし夫を無事に帰してくださったら、綱を引いて差し上げますと願をかけた。その功あってか、夫は三年目にして無事故郷に帰ってきた。妻を始め親族の女たちは大いに喜び、誓約どおり神前で綱を引いた。急なことで、有り合わせの綱をより合せ、近所の女たちもいっしょになって引いた。井戸のつるべの縄を使ったともいう。その年はことのほか豊作であったので、新川村では、毎年プールに女たちだけによる綱引きを行うようになった。

〈伝承二〉　ある年、村は大干ばつに襲われた。連日神仏に祈願しても、雨は降らなかった。窮余の策として、アヒャーたちがマイツバオンで綱を引き、神霊を慰めることにした。女たちが二手に分かれて一心に綱を引くと、その夜大雨が降った。人々は霊験あらたかな神をますます尊び、それからは、プールになると女たちによる綱引きがマイツバオンの神前で行われるようになった。

しかし、この伝承をよく検討すると綱は一本綱で、現在の綱引きとは違う。二つの綱の輪を合わせて引く現在の綱引きは、韓国系の綱引きが大陸のどこかを経由して沖縄地方に伝わったと考えられている(小野重朗、一九七二『十五夜綱引の研究』常民文化叢書8、開明堂)。

マイツバオン前の女たちによる綱引きアヒャー綱は、これまで引かない綱引きとして奇異に扱われてきた。喜舎場永珣氏はその伝承を踏まえ、「願解き」の綱引きを第一回とし、その後、役人が帰国する際の「風願い」の綱引きが第二回、「雨乞い」の綱引きの第三回が行われたとする。そして、第三回の綱引きが行われた晩は大雨が降ったのでそれからはプールにアヒャー綱を引くようになったという(喜舎場、一九七五『新訂増補八重山歴史』国書刊行会)。察せられるように、伝承の綱引きは降雨を期待する人々の心情と重なっていた。

しかし、よく観察し考察すると、現在のアヒャー綱は模擬生殖行為そのもので、それ以外の何ものでもない。わずかに石垣博孝氏が、「特に意識を持ってとり行っているわけではないが、雌雄の結合によって生命体が創り出され、増えていくという原理を象徴しているように思えてならない」と述べるだけである(石垣、一九九八「八重山諸島の綱引」『八重山文化論集』第三号、ひるぎ社)。しかし、意識して儀礼が構成されているのである。

綱の輪の挿入と結合が生殖行為を表していることは明らかであろう。この綱引きはひたすらそれだけを演出するために行うのである。それまでの引く綱引きに性的模擬行為の儀礼を導入するため、新たに案出した形がこの引かない綱引きであった。敢えて綱を引かない策を取ったことによって、逆にその意図が強調されることになった。そして、さらにその形を完成させたのが、神前に祀られていたあの棒である。あの棒は男根の象徴と見る。

綱引きの儀礼的意味は綱の結合という行為に集約されている。期待されているのは「豊穣」である。懐胎という生理的現象が豊作・豊穣と結びつくのである。儀礼という文化的行為が自然的・体験的行為に基いて演出されている。八重山地方の綱引きでは西側（雌綱）が勝てば次の年は豊作とされ、実際に意図的に西側を勝たせる措置も取られる。そしてその理由としては、女性は霊威が高いからとも、あるいは東からユー（豊作）をひきよせるからとも言われる。しかしそれらは古来の信仰に同調した後の解釈で、本来の意味はもっと自然的なものであったはずである。すなわち、雌綱を勝たせることで懐胎という生理的現象を確実なものとして演出し、それによって次の年の豊作を実感しようとした。吉か凶かの占いではなく、予祝の儀礼なのである。

アヒャー綱を模擬生殖行為と見ると、それではその前に行われるツィナヌミンは何を表し、それは綱引きとどう結びつくのか。ここで思い出されるのは小野重朗氏も指摘する韓国の綱引きとの関係である。韓国の綱引きでは綱の結合はもっとリアルに行われるそうである。綱の結合の前に、両方から新郎・新婦に扮した若者が綱に乗って登場する。その後で綱の結合となるが、それが時間をかけて行われる。何度も綱の輪を入れたり抜いたりする。そのたびに綱の結合に携わる者からも、見物人からも卑猥な言葉が次々と飛び出す。そして、ゲラゲラ笑う。そこでの綱の結合は、新郎・新婦の行為を表現する（池春相、二〇〇二「韓国と沖縄の綱引における性戯性」『韓国と沖縄の社会と文化』第一書房）。

綱の頭部と板の舞台、新郎・新婦と神とツカサ、その形態は異なるが、ツィナヌミンも発想は同じであろう。ツィナヌミンは「綱の耳」の意で、本来は綱の結合部分、頭部の輪を指す言葉である。あの板の台をツィナヌミンと呼ぶのはそれが綱の輪を代行しているからである。つまり、韓国の綱引きで綱の頭部に載った新郎・新婦が、ここでは神とツカサとなってツィナヌミンと呼ぶ板の台に乗ったことになる。韓国の事例と同様、ここで表そうとしているのは模擬生殖行為の主体である。綱の結合で表される「生殖行為―豊穣」の関係を人物で具象的に演出したと見ていい。

このツィナヌミンは、従来「種子授受の儀礼」として説明されてきた。例えば小野重朗氏は、「沖縄の民俗芸能、神事芸能の中に八重山の綱引でみられるような『長者の大主』的な人物から穀物の種が部落の百姓女などに授けられる内容のものがあって、八月十五夜行事の中でこの劇的芸能も演じられ、綱引も行われていてこの二つが融合することになったのだろうと思う」と述べている（小野前掲書）。伊藤幹治・本田安次両氏も、ツィナヌミンを種子授受の儀礼と見る点では小野と同じである（伊藤『稲作儀礼の研究―日琉同祖論の再検討』、本田『沖縄の祭りと芸能』）。地元の研究者も大方それに従っている。小野が述べるような八月十五夜の芸能が存在したかどうかは分からない。少なくとも現在そのような芸能を確認することはできない。だが、種子授受の伝承はある。シカムラには、安南からイネの種子を持ってきて村人に与えたというタルファイの伝承がある。その人物が死後神として祀られ、その墓が大川村の御嶽（大石垣御嶽《うしゃぎおん》）となっている。しかし、そこでは種子授受の儀礼は行われない。その大川村も、村を挙げてムラプールに参列する。

マイツバオン前のツィナヌミンを種子授受の儀礼と見る解釈は、神から渡されるイネ・アワの穂を種子と解したところからくる。この解釈は、作物の種子はニライ・カナイの神によってもたらされたという古来の信仰を拠り所にしている。しかし、ツィナヌミン儀礼の意図は別にあった。イネ・アワの穂は種子を表していない。それは作物そのものを表し、豊穣の象徴として用いられている。この地方では、ほとんどの村がプール（ところによってプーリィとも）にカシラを出す。そのカシラにはイネやアワの穂が取り付けられる。しかしこのイネ・アワの穂は豊穣の象徴であり、種子を表しているのではない。

また、ほとんどの村では、やはりプールにミルク（弥勒）踊りを出す。ふくよかな大きな面をかぶったミルクが右手に軍配団扇、左手に杖を持ち、ミルクのファ（子供）と呼ばれる娘たちを引き連れて登場する。ミルクのファの先頭の娘は酒瓶を持ち、次の娘はイネ・アワの穂を入れた籠を捧げている。予祝祭(プール)に訪れるミルクは次の年の豊穣を約束する神である。その神に従い、娘が捧げ持つ籠の中のイネ・アワの穂は種子を表すのではなく、豊穣・豊作の象徴である。

綱引きとツィナヌミンは一体のものとして、統一的に構成されている。綱の結合—模擬生殖行為によって期待されるユー(豊穣)をイネ・アワの籠が象徴し、その行為の主体を二人の人物が演じている。マイツバオン前の綱引きでは神とツカサという形を取ったが、それには背景がある。はるか彼方(東の海上とは限らない)の異界から神が訪れ、村人に福を授けるという古来の信仰がある。その神はアカマタ・クロマタ(古見・小浜・上地・宮良の各村)やマユンガナシ(川平)、フダツミ(祖納)のように具象神として現れる場合もあるが、姿を見せず訪れる神もある。後者の場合、その神はイネ・アワの俵を満載した船でやってくることになっている。それらの神が、ツィナヌミンの神として具現化したと見ていい。神から渡されるイネ・アワの籠は豊穣の印である。

マイツバオン前の綱引きが性的模擬行為を表し、その主体が神とツカサとするならば、ツィナヌミンはまた神人結婚の演出でもある。神と人間の結婚という発想は現代から見れば異様にも思えるが、古来珍しいことではない。この儀礼を創造した当時の人々は今よりはもっと純粋に、自然にそのことを見ていたのではないだろうか。この地方では、ツカサは神の妻になると考えられ、ツカサに就任する儀礼では一週間、あるいは一〇日以上同衾を厳しく禁じる

さて、次は場所を移して行われる大綱引きの儀礼についてである。綱引きの綱が竜を表すという見方は既に定説となっている。また、竜が司水の神であるという見方も一般的である。そして、竜が怒り暴れると雨が降るという考えも普及していた。日照りが続くと、人々は宮良川(石垣島東部)の上流から腐った魚や動物の

死骸を流したり、棒で川底をつついたりした。川に住む竜を怒らせるためだったという。

また、二つの竜が争うと雨が降るという考え方も伝わっていた。馬淵東一氏は、漢民族の間ではと前置きして次のように述べる。「豪雨は二匹の竜の戦いと観ぜられ、あるいは青い竜と白い竜とが相接して戦えば雨期となり、両者が相離れると乾季となる、などとされています。二匹の竜またはそれに該当するものの戦いを人間が演ずることにより、雨をもたらし得るという考えが爬竜船やこれに関連ある行事の根底にあるのかもしれません（馬淵「爬竜船について」『沖縄文化』第十六号、一九六四、沖縄文化協会）。

これは爬竜船について書かれた論文であるが、綱引きがここで述べられている「関連ある行事」に入ることはいうまでもない。そして綱引きが二匹の竜の戦いとして演出され、ツィナヌミンは人間が演じたその戦いであることもあきらかであろう。従ってここでは西側を勝たせるという措置は必要なかった。

場所を移して行われる大綱引きは大がかりで、演出も巧み、壮観である。研究者の目もマスコミの取材もそこに集中する。もちろん観客もそれを目当てに殺到する。当然研究・報告書も多い。しかし、ここでの研究・報告はほとんどが綱引きの前に行われるツィナヌミンに関するものである。瀬名波長宣氏は「露払いの意か」と言い（瀬名波『八重山小話』一九七三）、本田安次氏は「これはまさに穀物授受のもどきである」と述べる（本田、前掲書）。また、牧野清氏は「これは大綱曳きの先駆的行事で、今では普通『牛若、弁慶』とよばれているけれども、元来は群衆の気勢昂揚を図る目的で行われるものと考えられる」と述べ（牧野『八重山のお嶽』一九九〇、あーまん企画）、さらに石垣博孝氏は、「ツィナヌミンを大綱引きの前に配した演出は絶妙で、奔流を一瞬せき止め、更に大きな力となってほとばしるエネルギーを湧き出させる溜めに成功している」と述べる（石垣、前掲論文）。つまり、ツィナヌミンは大綱引きを盛り上げるための演出と見る。

綱引きが行われる十字路の北西角の家から二軒目に、屋号マーフタヤ（真久田家）と呼ばれる家がある。この家は代々ミズヌス（水の主）と呼ばれる神職を出す家柄であった（今は行われていない）。雨乞いの祈願が行われる折はその人を中心にして行われた。綱引きが行われている間、その家ではツカサたちによる降雨祈願が一心に行われていた。大綱引きが場所を移して行われる理由はここにある。この綱引きが降雨祈願の儀礼として行われていることは明らかである。そして、綱引きが二匹の竜の争いとして演出されていることも明らかである。ツィナヌミンの二人の武人の戦いは、二匹の竜の争いを具象的に表現した。農作物がよく実ることは農家の切実な願いであったが、もう一つの願いは雨であった。農作物の害は害虫・病気・風などいろいろあったが、最も恐れられたのは旱魃であった。各地には雨乞い行事の伝承や歌が数多く残されている。

予祝祭としてのムラプールの儀礼は綱引きである。そして、その綱引きは豊穣祈願と降雨祈願の儀礼として構成されていることを見てきた。作物を植え、生育を管理し、収穫を迎えるまでのおよそ一年、農民はひと時とて気が休まらない。もちろん、最終の期待と祈りは豊穣・豊作である。ところが、それまでには風害・病害・虫害など、様々な障害が襲う。その中で、最も恐れられたのは旱魃、日照りであった。ムラプールの二つの綱引きは、豊穣と降雨の儀礼として巧妙に構成されている。

三　ムラプールの伝播と変容―他村への波及

八重山地方の多くの村々では、プールに綱引きが行われている。この綱引きは、特別町村制の施行という時代の大きな流れのなかで、石垣市シカムラで完成した。綱引きの儀礼的意味は豊穣祈願と降雨祈願にある。その形態の綱引きが他の村々にも受け入れられていったのであるが、それぞれの村で、一見異なるプールの形態が出現した。それぞれの村では伝統的に豊穣と降雨の祭儀が営まれていたが、そのどちらかに比重が置かれていた。豊穣祈願と降雨祈願の綱引儀礼が伝わり、それを取り入れた時、それぞれの村の実情に沿って演出がなされたのである。

事例一　大浜村

シカムラから東へ四キロほど行くと、大浜村がある。かなり古い村で、十五世紀末、ここはオヤケアカハチが支配していた。ここでも綱引きはプールの二日目、ムラプールの日に行う。

大浜村には五つの御嶽がある。その日の午後三時ごろ、五つの御嶽のサカサとカマンガー(男性神職)、村の幹部たち前の浜、カースンヤ浜に集う。村は東の海に面しており、方位的には東の浜となる。そこからは、はるかに水平線を望むことができる。この村では、はるか東方海上から、イネ・アワの俵を満載した神船が村にやってくるという古来の信仰がある。一行はそこで神歌「アガリブシ(東節)」を歌い、神迎えをする。

アガリカラ　クウルオフニ　　東から来る船は
　エンターレ　　　　　　　　(囃子)
バガウイヌ　スンキャラ　　　我が上の　(囃子)
　エンターレ　　　　　　　　(囃子)
スウミヤヨ　スウミヤヨ　　　(囃子)
　ユウバナウレ　　　　　　　ユー(世)は直れ

若者たちが、早朝から綱をつくる

この歌謡は一二番まであるが、最初の一句だけが異なり、あとは繰り返し（リフレイン）である。エンターレは「（神の船が来て）よかった」、スンキャラとスウミヤヨは対語で、「すべての皆様の意」である。ユバナウレはよく用いられる語で、「果報に恵まれますように祈ります」の意である（石垣市大浜村在住の広田辰雄氏の御教示による）。以下初句だけを示すと、つぎのようになる。

ウハラカラクウルフニ　　はるか海上から来る船は／
ナニシャルフニヤド　　何をする船だろう／
イカシャルフニヤド　　どのような船だろう／
ヌシヤネンフニヤド　　人の乗っていない船だよ／
シドウやネンフニド　　船頭のいない船だよ／
アワダーラドヌセオール　　粟俵を乗せておられる／
クミダーラドヌセオール　　米俵を乗せておられる／
オオハマムラウイナガ　　大浜村の上に／
クルシムラウイナガ　　黒石村（大浜村の異称）の上に

（以下略）

おそらく、カースンヤ浜での神迎えはこの村固有の信仰で、宗教行事であった。そして、プールがシチから分かれて導入される以前から行われていた。あるい

カースンヤ浜でツカサたちが神を招く

オーセに異郷の神を案内し、祭る

はシチに伴っていた行事で、役人も参列していたとも推測される。この信仰が影響を与え、ここでは独自の綱引き儀礼を作り上げた。

カースンヤ浜で神迎えをした一行は、ツカサを先頭にしてオーセへ向かう。オーセは旧王朝時代の村番所の跡で、そこには村役人が拝んでいた神が祀られている。ツカサたちは拝殿の中へ入り、そこで村人の無病息災・繁栄を祈願する。神迎えの儀礼はそこで完結すると見ていい。

その後で、境内では太鼓や銅鑼が鳴り、旗頭やミルク(弥勒)踊り、舞踊が次々と奉納される。ここから儀礼は次のステップへと移っている。そして午後六時ごろ、ツカサ・カマンガー、村の幹部たちはオーセの前、東西に延びる道路に出る。そこで、ツカサを前にして横に並び、再びアガリブシを歌って神迎えをする。この神迎えは、先のカースンヤ浜での神迎えとは全く別に構成された儀礼と考えていい。

プールは予祝祭で、切望されているのは豊穣と降雨である。それを叶えてくれるように仕組まれた儀礼が、豊穣には性的模擬行為の綱引きであり、降雨には竜の争いの綱引きであった。この二つの儀礼の綱引きは石垣市シカムラのムラプールで構成され、次第に他の村々に波及していったと考えられる。

ところが、この村では性的模擬行為の綱引き儀礼は行なわれていない。その必要がなかったのだ。この村では、毎年神がイネ・アワを神船に満載して村に届ける。その神船を向かえる行為が予祝儀礼であった。外から新しい文化が入

再び神迎えをするツカサたち。ここからムラプールは始まる

オーセの庭では奉納芸能が演じられる

るときは伝統がそれを退ける場合もあり、伝統と習合して新しい形を作る場合もある。この村の場合は前者の例であろう。

しかし、もう一つの降雨の儀礼(雨乞い)は竜の争いとして、綱引きがシカムラの例と形態を同じくして行われる。やはり、神迎えの儀礼の場から五、六〇m西へ場所を移動して行われる。午後八時ごろ、東西で一〇数本のタイマツに火が灯され、東からは長刀を持った武人が、西からは両手に二つの鎌を持った武人が板の台に担がれて登場し、中央で戦う。ツィナヌミンである。その後で大綱引きがある。シカムラの綱引きの形態と変わらない。

事例二　白保村

次は、大浜村とは全く逆の現象である。白保村は大浜村からさらに六㎞東にある。大浜村の次には宮良村があり、その次の村である。ここも村は東向きに形成され、海を前にする。前の海は広く珊瑚礁が発達し、豊かな漁場でもあった。代々農業と漁業で生計を立ててきた。

明和の大津波で(一七七一年)、この村は壊滅的な被害を受けた。記録(「大波之時各村形行書」)によると村の住人一五七四人のうち、生存者は二八人という惨状であった。大津波の後、波照間島から強制的に人口を移動させ、村の再建が図られた。そして近年(一九八〇年代初頭)、この村は新石垣空港建設問題で大きく揺れた。村の東の海を埋め立てて空港を建設する計画が提示されたのである。そこは生活の糧を得るかけがえのない所で、死活問題であった。さらに、その海域には世界的に見ても貴重なアオサンゴの群落があり、国内外の自然保護団体や研究者等の強い批判や反対運動が起った。その後建設予定地は二転三転したが、結局村から四キロほど東の海岸寄りの陸上に絞られ、工事が始まった。そして二〇一三年三月、現在地に新石垣空港が開港した。海は守られた。

ここではプーリィ（と言う）は四日にわたって行われるが、祝祭とも呼べる予祝の儀礼は三日目に行われる。祭りの場はカデカルオン（嘉手刈御嶽）と、その前の道路である。カデカルオンは、かつては嘉手刈原という遠方の地にあった。遠くて祭事を行うには不便ということで、戦後現在地に移された（一九五三年）。その境内にカツァルバカオンという拝所がある。香炉が一つ置かれただけのひっそりとしたたずまいで、容易には分からない。しかし、村人からは篤く信仰されてきたところである。それを取り囲むようにして境内が作られた。

カツァルバカオンは、馬真謝《んままじゃ》を神として祀る。馬真謝は大波によって埋まれて位置も分からなくなっていた真謝井戸《まじゃんがー》を掘り起こし、村人に飲み水を与えてくれた恩人と崇敬されている。その死後、遺体は真謝井戸の北方近くに葬られ、その霊は「水元の神」として信仰されるようになった。ただし、墓は実体としては存在しない。それ故、カツァルバカオンは遥拝所としての性格を持つ。カツァルバカオン（飾墓御嶽）の名称もそこからくるのであろう。近くに「馬真謝之墓」という碑が建てられている。午後三時ごろ、各オン（御嶽）でそれぞれの祈願を終えたツカサや氏子たち、村の幹部がカツァルバカオンに参集する。そこで四人のツカサによる祭儀が行われる。一通り祭儀が済むと舞台は前の道路に移る。

村人は快活で、芸達者である。伝統行事の綱引きの前に、戦後「イネの一生の物語」なる仮装行列が創作され、組み込まれた。イネの栽培は田打ちから始まって苗代作り、種蒔きと続き、それから収穫まで、成長の過程で気を抜けない骨の折れる作業が待っている。それぞれの過程の農作業を衣装と道

マジャンガー（真謝井戸　白保）

具を揃え、その一コマ一コマを大勢の村人が分担して演じる。感動したり爆笑したり、拍手が起こり、指笛が鳴る。しかし壮観である。最近ではそれを目当てに遠方からも大勢の見物人が押し寄せる。

仮装行列の後は、祭りは一転して粛々と綱引き儀礼が執り行われる。午後八時ごろ、神とツカサのツィナヌミンがある。その形態はシカムラのそれとほとんど変わらない。ただここでは、この村独自の説明がなされる。この村には四つのオンがあるが、そのうち東にある多原《たばる》オンは弟神を祀り、西のカデカルオンは姉神を祀るといわれる。このツィナヌミンは、東の弟神から西の姉神に今年とれたイネ・アワを贈るのだという。

このようにこの村では、ツィナヌミンはオンの由来と性格に関係付けて説明される。しかし、神とツカサに形象化されてはいても、儀礼の構成要素としては「男と女」である。この後に行われる綱引きは、東の雄綱の輪を西の雌綱の中に入れ、棒で固定して引く。この綱の結合は明らかに性的模擬行為を表し、ツィナヌミンの二人の男女はその行為の主体となっている。儀礼の目的は豊穣である。その年とれたイネ・アワを贈るという意味付けからもそのことが分かる。おそらくここでも、儀礼導入初期の記憶が薄れていくなかで、このような説明がなされていくようになったのであろう。

ツィナヌミン儀礼の受け入れ方では、この村ではもう一つ大きな特徴がある。武人が戦うツィナヌミン、すなわち、降雨祈願の綱引の儀礼がない。なぜここ

豊穣祈願のツィナヌミン（白保）

豊穣祈願の綱引き（白保）

ではそれが省かれたのか。その理由は、カツァルバカオンの性格からくる。先に述べたように、カツァルバカオンは馬真謝を水元の神として祀る。ここでの祭事は、降雨を祈願して行われてきた。因みに言えば、この祈願は旧暦八月にも重ねて行われる構成になっている。その時は真謝井戸から水を汲み活花をする。それからカツァルバカオンを拝み、その後で真謝井戸を拝む。これもやはり降雨の祈願である。

このように、ここでは降雨の祈願が重厚に行われてきた。それ故、ツィナヌミンの儀礼が入ってきたとき、降雨を祈願する綱引きの儀礼は不要だったのである。それで省かれた。この受け入れ方は、大浜村の場合とは対照的である。大浜村では豊穣の神迎えが定着していた。それ故大浜村では、豊穣の綱引きの儀礼が省かれた。

事例三　鳩間島

鳩間島は石垣島の西方二七km、西表島の北岸船浦から北方六kmの海上に浮かぶ、周囲四kmにも満たない小さな島である。八重山諸島の中で人の住む島としては一番小さく、珊瑚礁が隆起してできた平たい島である。島の中央部分よりやや南寄りに「中森」と呼ぶ小高い土地がある。いちばん高い所でも海抜三七mしかない。その中森を背にして、南側に集落は形成されている。島の形状から推察されるように、この島には川もなければ池もない。飲料水にも困窮するほどの島である。島には三か所に共同で使う井戸があるが、水量が少ない。番号を取り、水の湧くのを待って順番に水を汲む。西表島からの海底ケーブルで、電気や水道が引かれたのは一九八〇年代に入ってからである。畑はあるが、田はもちろんない。イネは対岸の西表島に通って作る。そのため、各家は通耕に使うサバニと呼ぶ舟を持っている。

このような窮状から、家族の中で一人は水係を置かなければならなかった。現実生活の中では、サバニにドラム缶を一本か二本積み、向かいの西表島から水を運ぶことは日常の光景であった。このような現実的対応とともに、最後はやはり神頼みであった。村の年中行事はほとんど農耕に関するものである。たいていの祭儀のなかでは、降雨を祈願するカンフチ（神口、祈りの唱え）が含まれていたが、長い日照りが続くと、村を挙げての大がかりな雨乞いの行事が行われた。

そしてその雨乞い、降雨祈願の儀礼として、祭りのなかで導入されたのがパーレであった。パーレは船漕ぎ競争のことを指す。一般的にはハーリーと呼ばれることが多いが、この島ではパーレと呼ぶ。爬竜船の「爬竜」の転訛であろう。この島でも最も大きな年中行事のプールの中で、パーレは行われる。

プールは三日にわたって行われるが、二日目はトゥピン（当日）と言い、実質的な祭りの日で、正日といわれる日に当たる。例のごとく朝早く御嶽で予祝の祭儀があり、午後は、近隣の村から船をチャーターして観覧に来るほどの祭りが行われる。祭りの場は海岸に続く広場である。賑やかで軽快な踊りから勇壮な棒踊りまで、数多くの多彩な演目が演じられる。拍手や指笛が鳴り、ほろ酔い機嫌の観客が飛び出して踊り子に沿い、勝手に踊り回る場面に爆笑が起ったりする。

すべての演目が終る午後五時ごろ、パーレが行われる。海岸と陸地の境には低く護岸が築かれている。観客はいっせいに護岸に向けて移動し、海に向かって座る。この島の集落は、中を南北に通る細い道で東西に分かれ、西部落・東部落と呼んでいる。日常生活で意識するのは共同作業の割り振りの場合などくらいであるが、プールではその意識が顕著に現れ、高揚する。パーレも東部落、西部落で競い合う形を取る。

プールには東部落、西部落の旗頭が出る。すべての演目が終ると、ドラの大きな一打でその旗頭が海岸（砂浜）に向けて移動する。浜にはカシラを固定する二本の柱が立てられている。その前で、東西二艘のパーレ舟は海に向けて置かれ、静かに時の来るのを待っている。その先、三百ｍほどの沖合には折り返し点の目印となる二つの白い旗が見える。二基の旗頭が所定の位置に到着すると、両方の漕ぎ手たちは両側から船縁を持ち上げていっきに舟を海に浮かべる。

パーレ舟に乗り込むのは一二人。漕ぎ手は棒踊りをした（バウを打つという）若者たちである。その漕ぎ手たちは、舟の両側からそれぞれ乗り込む位置に立ってその時を待っている。浜には、漕ぎ手たちに続いて踊りを終えた女たちが次々と下りてくる。手にはタオルや小太鼓などを持っている。

舟を漕ぎ出すと浜では銅鑼や太鼓が乱打され、女たちはタオルやハンカチ、あるいは竹に紙を結んだザイを持って両手を上げては下し、招くような仕草をする。これをガーリと呼ぶ。舟は折り返し点の旗を回る時、前から二番目の漕ぎ手がそれをたたき折ることになっている。二つの舟が沖から疾走してくるのを見ると女たちはいっそう興奮して踊りだす。多くの者が腰まで海の中に入って舟を招く。

舟が波打ち際に来ると漕ぎ手はいっせいに舟から飛び降り、イチバンヤク（ヤクは櫂のこと）はサカサの前に走って行って祝杯を受け、他の者たちは両側から舟の縁を持ち上げていっきに陸揚げする。その際舟に溜まった海水はそのままにする。

その後、「ユーアギ（世揚ぎ）」の儀礼が行われる。漕ぎ手は二つの舟の間で、サカサたちに向って東西二列になって立つ。それぞれヤクを捧げ持つように上に向け、先頭が波打ち際に立ち、他の者たちは水の中である。態勢が整うと「ユー

パーレ（舟漕ぎ）。舟が接岸した瞬間

水の神の上陸を称え、歓喜する漕ぎ手や村人たち

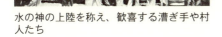

アギジラマ」を歌いながら前に進み、それぞれの舟を回る。舟の舳先でそれぞれ反対に折れ、西側は左回り、東側は右回りとなる。その後から女たちがタオルやザイを両手で振りながら従う。

いんぬすくぬ　よーほー　海の底の　よーほー
まぶるしゅ　守り神
まいぬぱまぬ　よーほー　前の浜の　よーほー
うやがみ　親神

ばがぱとぅまに　よーほー　我が鳩間に　よーほー
あがりょうり　上がってください
くりトゥムリに　よーほー　これトゥムリに　よーほー
うつりょうり　移ってください

この歌謡からは、宗教学的にいくつかの情報を得ることができるが、ここでは「海の底に住む守り神」の正体と、村人の神観念、意識に留意して考えてみる。馬淵東一氏は、爬竜船（パーレ）は雨を呼ぶ二つの竜として、人間が演じている、という趣旨のことを述べている（「ムラプールの性格と構成」の項）。パーレ舟の側面には、舳先の方から船尾まで、ペンキで太く波型の線が描かれている。舳先の方は大きく丸く描かれ、船尾の方は徐々に細くなっていく。明らかに舟自体が竜として設定されている。舟が折り返して、波をかき分けて疾走してくる様は、まるで二つの生き物である。

竜は司水の神で、その住処は海の底と考えられている。パーレ舟は水を司る神を迎えてくる儀礼であるが、舟自体が竜そのものに想定されてもいる。その神に、「我が鳩間島に、これトゥムリにに上がってください」と拝むのである(トゥムリは鳩間村の異称)。

農業を営むにはきわめて条件の悪い島であるが、四面海に囲まれ、特に北は東シナ海の大海原で、漁業を営むには恵まれた島である。一九六〇年代の初めごろまでは、カツオ漁・イカ漁で賑わう島であった。この島に、明治の初めごろから沖縄本島南部の糸満・奥《お》武《う》島あたりの漁民が来て漁業を始めた。沖縄本島南部は爬竜船が盛んな地域である。スポーツ的なものもあるが、神事としての性格を持つものも多い。この島のプールのパーレ(舟漕ぎ)は、彼らによって伝えられたといわれる。

豊穣と降雨を柱とするムラプールの創設は、明治の終わりから大正の初めごろと見ている。ムラプールの祭りがこの島に伝えられた時、この島には降雨祈願の儀礼として、すでにパーレ(舟漕ぎ)が行われていた。それゆえ、この島では武人が登場する綱引きは省かれた。しかし。豊穣祈願の綱引は取り入れられた。次の日はシナピキヌピン(綱引きの日)といい、豊穣祈願の綱引が行われる。まさしく性的模擬行為の演出で、実際に綱を引く前に綱の結合を何度も繰り返し、ゲラゲラ笑ったり、卑猥な言葉が飛び交ったりする。

綱引きの前にはツィナヌミンがある。ところが、その形態が興味深い(写真)。豊穣祈願綱引のツィナヌミンでは、登場人物は本質的に男と女である。そして、神とツカサとして演出される。ここでも、東から登場する人物は男である。しかし、神ではない。西から登場する人物も女である。しかし、ツカサ

豊穣祈願のツィナヌミン(鳩間島)

ではない。男は長刀を持ち、女は両手に鎌を持っている。これは、降雨祈願綱引きのツィナヌミンの形である。しかし、両者は闘わない、中央で合うと、両者立ったまま、東から西へイネ・アワの籠が渡される。五穀の象徴である。それが済むと、両者は一気に引き戻されていく。

両者の演出背景を推測してみる。このツィナヌミンを導入した初期の人々は、何を想定していたかということである。この島には、はるか昔、ヤマトから男がはるばるやってきて住みついたという伝承がある。その男は、飲み水も乏しい村人のために井戸を掘った。男の素性については、三十数節にも及ぶ長い雨乞い歌に、彼がヤマトを出発して沖縄・宮古・竹富・黒島を通って鳩間島にたどり着いたと描く。つまり、彼は船乗りであった。そして、井戸を掘ったということからも推測されるように、彼は鉄の道具を持ち込んだ人物であった。当然、農具も作って村人にあたえたであろう。この種の伝承は各地に存在し、渡来人は「農神」として祀られる。

ツィナヌミンを導入した人たちには、この伝承が想起されたことであろうと思うのである。男はヤマトから来た渡来人で、彼の持つ長刀は武器ではなくその象徴である。また、女は村人の代表で農民を表し、その持つ鎌は武器ではなく農具である。このような発想で、この島では独自のツィナヌミンが案出されたと思っている。

なお、さらに細かく述べることはできなかったが、ヤマトの渡来人は雨乞い歌ではフナヤギサ(船屋儀佐)と呼ばれ、死後神として祀られた。この島でもっとも格が高いと意識され、年中行事の中心となっているトゥムリウタキ(友利御嶽)に祀られている神は、渡来人の神霊ではないかと思っている。神は、本来姿を現さない(可視不能な)存在である。しかしここで祀られている神は、村人の中で共に生きていた人間であった。それゆえ、ここでのツィナヌミンは、あのような形態になったのではないかと見ている。

四　変形ムラプール―シチを行う祖納村

シカムラ（石垣市）で実践された豊穣祈願と降雨祈願の綱引儀礼は、他の村々にも伝わっていった。その折、受け入れた村々では、これまで挙げた大浜・白保・鳩間の事例で見るように、それぞれの伝統や伝承に基づき、意識的に修正をして形を作った。祖納村の隣りにホシタテ（干立）という村がある。そこでは戦後、シカムラから習ってきたという若者たちによって、豊穣祈願と降雨祈願綱引のツィナヌミンが導入された。しかし、三年目で終わり、続かなくなったという。定着する基盤がなかったのであろうと思われるのである。一方祖納村では、ムラプールは独自の「進化」を遂げた。

オンプールの次の日は、村を挙げて綱引きが行われる。この日の圧巻は若者たちの大綱作りである。早朝七時ごろ、所定の場所に若者たちが集まってくる。西表島北岸道路は、祖納村に入ると学校の前を通り、「スーパー星砂」（二〇一六年現在）の前あたりからカーブして前泊海岸に至り、白浜村へと続く。祖納村の集落は北岸道路が白浜村に向かう北側、ニシドマリ海岸から祖納半島の裾を通り、前泊海岸までの間に形成されている。北岸道路がカーブするあたりから集落の中を東西に道路が延びている。その道路に、何本かの南北に延びる道路が交差しているが、東から最初の交差点、十字路が綱作りの場所であり、綱引きの現場となる。

その十字路で、北と南に立つ電柱に横木を渡し、その下で三人一組の三組

早朝から夕方まで、一日かけて綱をつくる

で綱を作っていく。直径一〇cmほどの藁束を差し込みつつ、三方からハイッ、ハイッと声を掛け合いながら藁束を撚って綱に仕立てていく。できた綱は上部の横木に引っかけ、端を引っ張って伸ばしていく。このようにして、直径一五cmから二〇cmほどの綱ができる。それを六本作り、束ねて藁縄でしっかり締めて一本の大綱を作る。直径は三〇cmほどになろうか。かつて村の人口が多かった時代には、その倍の大綱を作ったという。石垣市シカムラの大綱引きは有名であるが、今では、大綱は業者に委託して作らせているという。祖納は昔から稲作が盛んで、今も稲作りが行われている。藁の調達は自前で、困らないという。

大綱は東西(南北の場合も)別に二本の大綱を作り、先端を大きな輪にしてある。東を雄綱、西を雌綱と呼び、雄綱を雌綱の輪の中に入れ、太い棒を差し込んで固定して引く。綱引きが行われるのは午後七時半ごろの日暮れ時、大綱作りはそのぎりぎりの七時前まで続く。その間、観光客も次々と寄り集まり、賑やかにおしゃべりをしながら手伝っている。彼らにとっては、他郷の祭りに参加した思い出となっていつまでも残ることであろう。こうして出来上がった大綱は集落の一区画、そこから東西それぞれ先の十字路までの長さを目途とする。三〇mほどであろうか。

大綱を作り上げると若者たちはいったん家に帰り、休む間もなく祭りの場に戻って来る。十字路の南東側の家の屋敷内の角には人一人が乗る高台が設えてある。その上で、進行役を務める若者が、早くもマイクを使って大きな声で指示を与えている。十字路には藁が敷き詰められている。祭りの最中には、大勢の人がそこで入り乱れて気勢を上げる。すべらないようにするためといわれる。そこを、二基の大型ライトが斜め上から明るく照らしている。

七時過ぎ、進行役の指示で祭りが始まる。敷き詰められた藁の中央ほどに、低いスタンドにマイクがセットされている。なんだか似つかわしくない景色だと思っていたが、進行役のアナウンスで納得した。バサキンを着けた若者が三味線を持って現れ、正座して三味線を弾き、歌いだした。歌は、やはり仲良田節である。その日唯一、プール（予祝祭）の趣旨を表現している催しと思われた。仲良田節については先に述べた。なお、バサキンは芭蕉の繊維で織った布の着物で、染色しない地の場合は薄い黄土色、軽くて涼しい。普段着や農作業着、軽快な舞踊の衣装としてもよく用いられる。

日はとっくに暮れている。それから後は、その日の祭り（綱引き）を組み立てる催しが演劇の場面のように、一幕・一幕と展開していく。この祭りを演劇に例えて述べてみる。第一幕は、各ウガンのツカサ・チチビ、氏子たちの入場である。入場の時刻は事前に公民館長から指示されており、それまではそれぞれのトニモト（ツカサの家）で待機している。祭りの進行は、すべて進行役の指示で進められる。その時刻になると太鼓とドラが打ち鳴らされ、その後進行役は、テレビやラジオの実況放送並みに、その場の雰囲気や状況をスピーカーを通して、祭りが終わるまで熱っぽく伝え続ける。

各ウガンとも、一行は西の方から現れる。集落の中心が、祭りの場からは西の方に展開しており、トニモトがそのあたりに点在しているからである。祭りの場から西の方、最初に交差する道路を南から一行はやってくる。太鼓や銅鑼を打ち、地元の民謡を歌いながら思い思いに手や足を動かし、賑やかに踊りながらやってくる。交差点では、御神輿の子供たちが祭りのハッピ姿で待っている。一行の姿が見えるとヨイサー、ヨイサーと声を張り上げ、両手を前に出したり引いたりして招く仕草をする。その光景が見えると、進行役は一段とボルテージを上げて実況放送を始める。

最初はクシモリウガンの一行である。子供たちの待つ十字路に来ると、ひと塊になってサー、サー、サーと手や足をリズミカルに動かして踊る。これをガーリー（気勢を上げる）という。ひとしきりガーリーが続くと、来た時と同じ様態で祭りの場に向けて進む。一方、祭りの場で待ち構えていた大勢の人たちは、子供たちと同じ仕草で、ヨイサー、ヨイサーと招く。一行が祭りの場に到着すると集団の中に溶け込み、サー、サー、サーと入り乱れて踊る。同じ要領でパナリウガンの一行が到着し、最後はマイドマリウガンの一行である。

そのマイドマリの一行、演出が際立っている。例の通り子供たちのヨイサー、ヨイサーの動きが見えると、「来た、来た、白い煙が見えてきたぞ」と、進行役が声を張り上げる。集団の視線がいっせいに西を向く。確かに、一行が通ってくる道路のあたりから白く立ち上る煙が見える。やがて、子供たちの前、交差点に来てその正体を現した。大きなたいまつである。三mほどの太い竹竿の尖端に金属製の籠を乗せ、それから白い煙が出ている。どのような仕掛けになっているのか、炎は見えない。とにかく、意図はたいまつである。交差点で例のごとくしばし気勢を挙げた後、たいまつに先導されるように祭りの場へ向かう。

ところで、各ウガン一行のその日の装いである。各ウガンともツカサを先頭にし、その後にチチビ(男性神役、ツカサの補佐)、男女の氏子たちと続く。ツカサは祈願の折、着物の上から白い打掛け(一般にウスルイとも)を羽織る。帯はしない。チチビは黒の上布の着物を着け、帯をする。これが両者の祭りの正装である。しかし、その日ツカサはカカンを着、上からスディナを着けている。カカンは細かいヒダのある長い、足のくるぶしまで届く白いスカートである。スディナはやや短め(膝の下あたり)で、多く上布を材料とする紺地のかすりの着物である。スディナの特徴は、裾から腰のあたりまで、両側に裂け目があることである。八

祭場へ向かうパナリ御嶽のツカサ

祭場へは氏子単位で向かう。先頭を行くクシモリ御嶽のツカサ

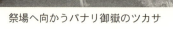

重山上布のミンサーの帯をする。カカンもスディナもその特徴から動きやすく、舞踊の衣装として用いられる。

　チチビは白の七分ズボンに、動きやすい思い思いの白の上着を着けている。後に続く氏子たちは普段着のままであるが、女性は着物姿が多い。一行全員の特徴は、藁か藁縄で無造作に帯を締め、頭には藁で鉢巻をしている。そして、全員はだしである。

　マイドマリウガン一行が祭りの場に合流すると、ガーリーはいっそう熱気を帯びて展開する。そのような中、進行役の「西の子神輿隊、元気あるか」の声が響く。それに応えて、子供たちがワッショイ、ワッショイと神輿を担いで登場する。神輿といっても、昼の各ウガン回りとは違い、ここではたくさんの大きな風船を結びつけている。西の子は「西表の子供」の意であろう。この神輿隊、聞いていくとかなりの年輩たちから続けられており、この祭り(綱引き)の性格を示す一つの現象と見ている。子供神輿隊は、その後もガーリーのたびに、何度も出たり入ったりして喝采を受けていた。

　次は第二幕である。東西から数人の若者たちによって板の台が持ち上げられ、二人の人物が乗って登場する。この板の台はカンザダイ(神座台)と呼ばれる。二人の人物は東が青年会長、西が公民館長である。両者とも白の七部ズボンに、青年会長は短めのバサキン、公民館長は紺の着物を尻まくりして着けている。両者とも藁縄で帯をし、藁縄でたすきがけ、頭は藁で鉢巻をしている。そして、両者

祭場へ向かう氏子

子どもみこし隊

ともはだしである。この藁縄の帯とたすき、藁の鉢巻は次の年の豊作の象徴で、どこの村でも共通の現象となっている。

東西二つの台が十字路の中央で合わさると、おそらくここ祖納村独自の演出と思われるセレモニーがある。青年会長がマイクを握って、大綱を公民館に寄贈する旨の口上を述べる。それを受けて公民館長がマイクを取り、感謝の言葉を述べ、来年も豊作であるように願うと結ぶ。このセレモニーは、参加者全員に、綱引きが村(共同体)の行事であることを強く意識させる。綱引きはどの村においても共同体全体の行事として行われるが、このように、行事の冒頭で宣言して行われることはない。

綱の寄贈を受けて挨拶する公民館長

このセレモニーが終ると、祭りの場が一気に盛り上がる。しばらくガーリーが続くと、プールの綱引きにはどの村でも現れる二つの演目が登場する。初めに登場するのは、「種子授受」と呼ばれる演目である。八重山地方には、五穀の種子は海のはるか彼方の異界から訪れる神によってもたらされるという伝承と信仰がある。そのはるか彼方の異界は「ニライ・カナイ」と呼ばれ、多く東方を想定する。また神の現れ方も、村によって多少の違いがある。プールの綱引きに伴う種子授受は、東から神に扮した人物が登場して行われる。つまり具象神である。

ガーリーが退くと、実況放送が始まる。東と西でカンザダイが持ち上げられ、ゆっくり近づいてくる。東のカンザダイには神に扮した人物と供の若者が乗り、西のそれには農民に扮した二人の若者が乗っている。神に扮した人物は黄色の着物を着て杖を持ち、立っている。頭には紫色の少し広めの布で鉢巻をしている。

供の若者は水色の着物を着て、片膝をついて坐っている。頭にはやはり紫の鉢巻をし、イネ・アワの穂の入った籠を捧げ持っている。一方、西の台に乗る二人の若者は農民らしくバサキン（上述）を着、神を崇めてのことであろう、こちらも片膝をついて坐っている。東西二つのカンザダイが中央で合わさると、東から西へ種子の籠が渡される。次の瞬間、二つのカンザダイは後方へ引き離されていく。この催しは、プールに綱引きのあるほとんどの村で行われているが、この村のそれはやはり少し違う。そのことについては、後で考えてみたい。

カンザダイが引いた後には、周りから参加者がどっと繰り込み、狭い十字路からはみ出さんばかりの塊となって踊る。その中で、ひときわ目を引く人物がいる。マイドマリウガンのツカサである。手には直径一〇cm、長さ一m五〇cmほどの白い木の棒を持ち、それを上げたり下げたりして踊っている。木の棒は事前に若者たちが用意し、頃合いを見て渡す。白く見えるのは木の皮をはいであるからである。彼女には重要な役割があり、その日の立役者である。ここでも子供神輿隊の活躍がある。

そして、舞台は第二幕最後の演目となる。東西からカンザダイが持ち上げられ、東の台には長刀を持って構えた男が、西の台には両手に鎌を持った男が乗っている。東の男は白のズボンを着て、裾は白黒縦縞のすね当てで締めている。上半身は黒の上布の着物を短く折って着け、白の帯でたすきをしている。頭は風呂敷を三角に折ってかぶり、白い布できりっと結んでいる。額には、兜の前飾

東から神が登場。従者はイネ・アワの籠を持つ

五穀の象徴、イネ・アワの籠を受けとる。ここでは二人の農民である

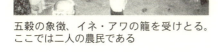

りの意味であろう、厚紙を切り抜いた鍬形を挿している。一方、西の台の男はバサキンを着け、藁縄で帯をし、頭にはわらを巻きつけている。

衆人が手に汗して見守る中、二つの台が少しずつその間隔を縮めて近づいてくる。進行役はますます興奮して、その様を実況放送する。二つの台が中央で会うと大きく銅鑼が一打され、二人は丁々発止と戦う。銅鑼や太鼓が乱打され、指笛が鳴り、方方から大きな声援が挙がる。五、六分も戦いが続くと銅鑼が大きく一打され、二つの台は素早く東西に引き裂かれていく。

この催し、ほとんどの村で共通の演出で行われている。登場する二人の人物についても牛若丸と弁慶、士族と農民、巷で評判のガギボウ(鎌棒技)を舞台に乗せたなど、いろいろな解釈がなされている。この村では、両者は士族と農民と解釈されているようである。ところが、他の村々ではいろいろ解釈される中で、鎌を持つゆえに農民と解釈されるが、衣装までは農民の身なりをしていない。しかし、こちらは明らかに農民の身なりで、当初から農民として演出されたと思われる。

さて、祭りの舞台(綱引き)はいよいよ最後の幕、クライマックスを迎える。集団がいちだんと熱気を帯びて踊る中、東西からヨイサー、ヨイサーの掛け声で二つの大綱が寄せられてくる。二つの綱は集団の障害にならないように、それまで十字路から離され、道の中央に放置されている。二つの綱が十字路の中央まで寄せられると、綱の結合がある。数人の若者が両側から力を合わせ、東の綱の輪を西の綱の輪の中に入れるのであるが、タイミングや要領が要る。時々大声を上げ、怒号さえ飛び交う。うまく綱が結合されると、マイドマリウガンのツカサの出番である。それまで持っていた木の棒を二つの輪に差し込む。これで二つの綱が

綱引き前のツィナヌミン武人の戦い

固定される。

　そして綱引きとなるが、その綱引きが一般の綱引きと違う。進行役が大声で、「これは氏子の綱引きである、一般の人は触らないでください」と、何度も放送する。氏子の組み分けについては決まりが無いようで、綱引きになると一方の側から、「こちらは人間が少ない、ここにも分かれて来い」などの大声が上がる。いざ綱引きが始まると、銅鑼や太鼓が乱打され、周りから大きな声援が挙がる。

　八重山地方の綱引きでは西側を勝たせるという信仰がある。東の神の国（ニライ・カナイ）からユー（豊作）を引き寄せるとも、女性（雌綱はその象徴）は神高いからとも言われるが、すべての村に普及しているとはいえないようである。しかし、ここではその信仰が守られ、西側を勝たせるように仕組まれているという。しばらくヨイショ、ヨイショと綱を引きあう中、銅鑼が大きく一打され、東の綱が西へ引きずられて綱引きがおわる。

　その後はやはり入り乱れてのガーリーであるが、その中で、マイドマリウガンのツカサは綱の結合に自ら挿しこんだ棒を抜き取り、その棒を上げたり下げたりして踊っている。やはり一番目を引く。そして、進行役の放送で各ウガンの氏子一行が引き揚げていく。マイドマリウガンのツカサは、やはり棒を持って踊りながら帰っていく。

　さて、氏子一行が退いた後は一般の綱引きとなる。綱の結合には、ヌチボウ（貫棒）と呼ばれる柱ほどの木の棒が新たに使われる。その棒を二つの綱の輪の中に

神職、氏子が一つになって綱を引く

綱を結合した貫棒を持って踊る前泊御嶽のツカサとナリヤ御嶽のツカサ（左）

挿しこみ、固定して綱を引く。初めから祭りを作り上げてきた青年会の面々はもちろん、近隣の家々からも次々と人々が飛び出してくる。観光客も加わってワイワイと大声を挙げながら、大勢で綱を引く。ややあって、ドラの一打で、ここでも東の綱が西に引きずられるようにして大綱引きが終る。

その後のガーリーは、一日の中でいちばん熱く燃えているように感じられた。一年に一度の大きな行事が終ったという実感があり、達成感がある。集団が、互いに労をねぎらいつつ、声を掛け合い、肩を抱きしめたりして踊っている。この祭りを演劇に例えて述べてきたが、舞台は大団円で幕が下りようとしている。そのような場面である。夜が更けるにつれ、三々五々と人が去り、集団がまばらになっていく。最後には数人の若者たちだけが残り、名残を惜しむかのように夜更けまで歌い、語り合っていた。

一方、先に退却した氏子の一行も、それぞれのウガンの神元屋(ツカサの家)で労をねぎらい、祝宴となる。マイドマリウガンの神元屋では、ツカサが綱引きで使ったヌチボウを床の間に飾り、手を合わせて収める。私がその日の朝、大立家(ツカサの家)を訪ねた時は昨年のヌチボウがそのまま飾られていた。この棒はどうするのですかと尋ねると、午後までに庭に出しておき、後で焼却処分するとツカサの母親に教えてもらった。

次の日の朝早く、若者たちが祭りの場に集まり、後片付けや掃除をしていた。大綱はニシドマリ海岸(北泊海岸)に運び、切って処分する。私が、海に流すことはしないかと尋ねると、そのようなことはしないと答えていた。

貫棒は一年間、前泊御嶽のトゥニムトゥで保管する

祭りの性格

プールで綱引きを行う村々においては、綱引きの形態に多少の違いはあるが、本質的にはほとんど同じである。このように、同じ形態の綱引きが同じ趣旨の祭りで行われているのには、同時に発生したとは考えられず、どこかにその源があったはずである。その源は、石垣市シカムラのムラプールの綱引きにあった。シカムラの綱引きは、豊穣祈願と降雨祈願の儀礼として、二部形態で構成されている。豊穣祈願の綱引きは性的模擬行為として、降雨祈願の綱引きは竜の争いとして演出されている。そして、綱の結合の主体として「ツィナヌミン」が仕組まれ、それぞれに扮した人物が板の台に乗って東西から登場する。

豊穣祈願の綱引においては、古来の信仰を背景にして、ツィナヌミンは神とツカサとして演出されていた。しかし、儀礼の本来の趣旨は男と女で綱の結合、模擬生殖行為の主体を表わしていた。また、渡されるイネ・アワの籠もその種子ではなく、豊穣の象徴で、ツィナヌミンは巷で言われるような「種子授受」を表わさなかった。

祖納村の綱引きにおいても、「種子授受の儀礼」と呼ばれるカンザダイの演出がある。しかし登場する人物は、東は神であるが西は二人の農民である。種子授受の意味がここでは文字通り解釈され、ストレートに種子を受け取る側は二人の農民で、男である。綱引きとの関係はない。

ここではツカサやチチビも特別の存在ではなく、集団の一人一人となって溶け込んでいる。それでも綱引きが、予祝祭の儀礼として唯一暗示しているのがツカサの持つ木の棒である。この木は、地元ではザブル木(ヤンバルアカメガシワ)と呼ばれるが、神前に供えたものではなく、若者たちが用意したものである。村の古老に聞いたところ、この木は燃料にも木材にもならず、日常生活ではまったく役に立たない木であるという。ただこの木が他と違うのは、例えば石垣に放っておいても、かならず芽を出すことだと教えてくれた。

これで、この木の棒が綱の結合のために選ばれた理由が分かる。ここでも綱引きは性的模擬行為として演出されている。綱引きは雄綱と雌綱を結合し、木の棒で固定して引く。最後に挿しこむ木の棒は男根の象徴である。しかし、東西のカンザダイに乗る人物とは、直接的な関係はない。この綱引きは、かつてはサカサたちだけの、つまり女たちだけの綱引きで、マイツバオン前の女たちの綱引きのように綱の結合後はただ揺するだけであったという。それが、後にはチチビが加わり、現在では氏子同士の綱引きに大きく変化している。

シカムラのムラプールでは、第二部の綱引きの前にツィナヌミンがある。時刻は夕暮れ時で、東西両方でそれぞれ十数本のタイマツが焚かれ、その中を東からは長刀を持った男、西からは両手に鎌を持った男が登場する。両者のツィナヌミンが合わさると激しい戦いがあり、その後大綱引きがある。そこでの綱引きは水を司る竜の争いと想定され、ツィナヌミンの二人の人物の戦いは竜の争いの具象化である。綱引きは降雨祈願の儀礼として演出されている。タイマツは暗いから焚くのではない。対照的な「火と水」の関係で演出され、「雨乞い」の儀礼なのである。

ここ祖納村の綱引きでも、カンザダイに乗った二人の人物が登場する。シカムラの綱引きでは、戦う東西二人の人物の正体については巷に様々な解釈がある。祖納村では士族と農民として設定されているようで、出立ちもそれらしく、なるほどと思わせる。今後の課題であろうが、この村では「士族と農民の争い」が伝承として多く残されている。それはともかく、重要なことは綱引きとの関係である。シカムラの綱引きではツィナヌミンと綱引きがセットになって演出され、豊穣祈願と降雨祈願の儀礼は分離して行われる。しかしここでは、カンザダイはまとめて行われ、綱引きとの関係はない。

祖納村の綱引きをシカムラの綱引きと比較しながら述べてきたが、綱引きの構成要素は基本的には共通している。しかし、ここでは合理的に解釈され、独自の特色ある綱引きの形態が創り出されている。儀礼は、宗教行為としての意味は持たない。カンザダイに乗る人物と綱引きとの関係については述べた通りであるが、その外にもいくつか指摘することができる。

ツカサが持つ木の棒は、マイツバオン前の綱引きで一人の女が神前から授かる木の棒の変容であろう。また、かつてはツカサだけで行われていたといわれるが、それもマイツバオン前の女たちだけの綱引きに準じたものであるということができる。さらに、マイドマリオンの氏子一行が入場してくる際には高くタイマツを掲げて現れるが、それもシカムラの大綱引きで、ツィナヌミンが登場する際に灯される十数本のタイマツの変形と見ることができる。

なお挙げれば、青年会長から公民館長への大綱贈呈のセレモニー、子ども神輿隊の活躍、進行役の設定と実況放送なども、この地ならではの特色ある祭りの形態であろう。プールは予祝祭で、綱引きは象徴的な宗教行事となる。ところが、この地の綱引き行事を見ると宗教性は希薄となり、全体を通して娯楽性・イベント性の傾向がきわだっている。なぜ祭りがこのような形態を持つようになったのか。

「プールのために一年を働く」という言葉がある。ここでいわれるプールはムラプールである。しかし、よく観察すると、ムラプールはシチが行われていない村々で盛んである。なお正確に言えば、それらの村々でも、かつてシチは行われていた。しかし次第に姿を消していった。家レベルのシチであった。ムラプールは、村全体の人々の連帯と結束を目差して計画され、予祝祭を基盤として実践に移された。家レベルでシチを行っていた村に、ムラプールの意図はより強く影響を与えたのである。

祖納村は川平村・干立村・船浮村と合わせて、現在もシチが行われている数少ない村の一つである。これらの村のシチで共通する祭りの性格は予祝祭である。古のシチの予祝祭が、それぞれの村で形態は異なるが、趣旨は受け継がれているということになる。またこれらの村では、シチが村人の連帯と結束を図ってきた。

つまり、これらの村ではムラプールの目指す三つの要件、連帯と結束、予祝祭が何百年も前から実践されてきた。従って、ムラプールの導入は不要であったはずである。事実、川平村ではムラプールは行われていない。川平村では、「シチのために命は欲しいものだ」という言葉がある。

しかし、新しい波が静かに寄せてきた。外部から新しい文化が入る時は、必ず古い文化(伝統)との摩擦が起こる。その際、伝統の優位性が強調され、新しい文化を拒絶するか、あるいは融合して混成文化を作り上げるか、選択が生じる。この選択は、何世代かにわたり現れてくるものである。川平村でも、ムラプールの芽生えらしきものが現れた。二つの御嶽で、氏子によるカシラが製作された。そのことについて宮良賢貞氏が、「祭りに古式を伝えている、川平のプーリィに、今年から旗頭が出現したが、それは邪道であろう。石垣の町のまねは、やめたいものだ。」と、評している(「八重山地方の夏祭り―石垣島字川平のプーリィ―」『沖縄文化』第九巻三号、一九七二、沖縄文化協会)。

川平村以外の、祖納・干立・船浮のシチを行ってきた村では新しい文化の波を受け入れ、独自の形態のムラプールを作り上げた。干立村では、綱引きだけを行うという。ツィナヌミンはない。船浮村ではツィナヌミンも入れた綱引を行っていたが、今は行われていないという。その中で、祖納村だけにまとまった形のムラプールが行われている。

そして、この綱引き行事を別の視点で見ると、祭りの本質をよく伝えている。祭りは、集団(共同体)の連帯と結束を強化する機能を本質的に持っている。この祭りでは、公民館長が冒頭でそのことを宣言する。ツカサやチチビ、公民館長もその地位を離れて集団の一人となり、子供から大人まで、決して広くない十字路で心が一つになる。村を離れた人々も、毎年その日のために里帰りし、祭りに参加するという。祖納村が、いちばん熱くなる一日である。

第三部　大本はシチ――古見村のプール

古見村は西表島東部、マイラカワ（前良川）とシイラカワ（後良川）に挟まれた地域に集落が形成されている。近隣には仲間貝塚・平西貝塚などが知られており、かなり古くからその地域に人が住んでいたことがわかる。村の発生は明らかでないが、古見は早くから「クミ」として知られていた。程順則（名護親方寵文）の「指南広義」は琉球と南シナ間の航海安全のために著わした書であるが（一七〇八年）、その中に出てくる「姑弥」（クミ）は西表島を表わすというのが定説となっている。また『中山伝信録』（徐葆光、一七一九）の「琉球三十六島」中でも西表島は「姑弥」と記され（「西南九島」内）、村の名称が島を表わすほど、古見はかなり繁栄していた村であったと推測される。

村の前には良港があり、背後には手つかずの森が広がって豊富な木材が手にはいる。格好の立地条件から王国時代にはスラ所（造船場）が設けられ、公用船・地船を建造した。政治的にも経済的にも要衝の地で、村の長には首里大屋子職（方言でシナバグ、シュナバグ）が任ぜられた。首里大屋子職は間切のカシラ（頭）候補にもなる、他村の役人ユンチュ（与人）よりは高い役職であった。八重山地方では外に西表・黒島・波照間に置かれた。

村の両側には南に前良川、北に後良川の二本の大きな川が流れている。人々は潮の干満を見計らいながら川を渡っていた。当初村人で架けた木の橋があったが、それでも多くの人命が失われた。尚敬王三年（一七一五）、時の古見首里大屋子宮良長休の懇願により、八重山蔵元の事業として取り上げられ、前良川にミチャリバシ（三離橋）、後良川にウイダバシ（大枝橋）の二大石橋が架設された（喜舎場氏前掲書）。

前良川

この石橋は戦後まで、かなり長く使われていたが、その後本格的な鉄橋に替わり（一九五六年）、現在に至っている。今では豊原を起点とする県道が二つの橋を通って東岸をまわり、西表島西部の祖納・白浜まで通じている。毎日バスや自動車が往来し、外部との交渉も容易になった。大原港が整備され、フェリーが石垣島との間を一日九往復している。飛行機に乗り継いで、沖縄本島との日帰り旅行も可能になった。

このように、インフラの整備は進んだが、人々の生活環境は厳しい。良田に恵まれ、人々は稲作を中心に農業を生業としてきた。近年は畑作でパインアップル、牧畜なども営まれている。しかし、過疎化の進行で人口は漸減し、最近の統計では村の人口は六九である（二〇一六年一〇月末現在、竹富町役場）。かつての村の活気は失われつつある。

この村には、ここを発祥の地とする来訪神、アカマタ・クロマタ祭儀が三〇〇年も前から濃密に行われてきた。しかし、人口減少は必然的にその担い手を失わせ、祭りや祭儀は省略されたり、また簡略化されたりして大きく変容してきている。この祭りや祭儀も例外ではない。今では郷友会（島を出た人々の他郷での親睦会）の人たちが里帰りしなければ、祭りが成り立たなくなるほど厳しい環境にある。そのような状況のなかでも、本質的な領域はしっかり守られ、この祭りと祭儀は執り行われている。

異形な神々の出現と祭儀の秘密性は、早くから県内外の研究者に注目され、多くの報告が世に出ている。それでも敢えてこのテーマを取り上げたのは、この祭りと祭儀を別の視点で考えてみようと思うからである。

古見集落（中央を県道が貫いている）
（撮影・提供・冨里保雄氏）

一　御嶽と村―その変遷

古の古見村と御嶽

まず始めに、古の古見村を史料で押さえておきたい。取り上げるいちばん古い史料は「慶長検地記録」（一六一一年）である。薩摩は琉球侵攻後（一六〇九年）、二か年で琉球全土の検地を行った。当時八重山は六間切に行政区画されていたが、その一つ古見間切には、三離・大枝・平西・与那良・平川・ひけ川・崎枝・鳩間・小浜の九つの村が括られていた。そして、それぞれに石高を記す（下地馨『宮古の民俗文化』一九七五、琉球出版会）。

次は、時代が下って「八重山島年来記」（『石垣市史叢書』一三、以下「年来記」と表記）の人口調査資料である（一六五一年）。その中では、全八重山の人口を「八重山の人数は、五二三三五人」として、大枝・平西・三離・与那良四か村の人数二二三人とする。そしてそのあとに、崎枝村の人数一六人と述べる。

さらに時代は下って一七三七年、史料は「参遣状」（『石垣市史叢書』九）である。その中でも人口調査資料が載っている。古見村の人口は男女七四四人として、三離村二六〇人、大枝村男女三六五人、平西村男女五五人、与那良村男女六四人である。四つの村の人数を合わせると、古見村の七四四人となる。その後に挙げるのは「仲間村」で男女五一七人、「崎枝村」が消えている。

以上の史料から見えてくるのは、大枝・平西・三離・与那良の村がひとまとまりで扱われていることである。「年来記」では「四か村」と表わされ、「参遣状」では「古見村の内」として、四つの村が挙げられる。そこから、一七世紀半ばから一八世紀の半ばごろ、古の古見村は大枝・平西・三離・与那良の四つの村で構成されていたことが分かる。

ここからは、御嶽との関係で考えてみたい。ここで取り上げる史料は『由来記』（一七一三年）で、巻二一は「八重山編」である。首里王府は石垣島に出先機関として蔵元を置き、全八重山の村をいくつかに括って統治した。その括りを間切といい、一六二八年には大浜・石垣・宮良の三間切制が敷かれ、二五の村が行政区画された。石垣間切には殿城・竹富・黒島・花城・古見・新城・小浜の七つの村が括られた。

『由来記』は八重山蔵元が首里王府に提出した報告書(一七〇五年、いわゆる「八重山島由来記」)が基になっている(ほとんどそのまま)。同報告書は蔵元の役人が一七〇一年から一七〇三年に亘り、八重山地方の村々(与那国を除く)を調査してまとめられた。つまり一八世紀初頭である。ここでまとめられた習俗は一七世紀、あるいはさらにその以前から行われていたと見ることができる。その中に、「八重山島嶽々名并同由来」の項がある。古見村と花城村については次のように記す(神名・御いべ名省略)。

三離御嶽　古見村
かめ山御嶽　古見村
崎枝御嶽　古見村
したつ御嶽　花城村
をか御嶽　花城村
小離御嶽　花城村
与那良御嶽　花城村

古の村は、守り神(御嶽)を祀る血縁的な集団(マキ・パカ)として形成され、発展していった。つまり、御嶽にはそれを擁する村があった。三離御嶽にはミチャリという村があり、かめ山御嶽にはカメヤマという村が

あった。ここでいう古見村・花城村は間切で括られた村で（上述石垣間切）、課税対象となった村である。古見村の内には、ミチャリ・カメヤマ・サキエダ等の小村が、それぞれの御嶽を擁して存在していたという構図になる。

　ところで、上述の通り古の古見村には、その「内」として、大枝・平西・三離・与那良の四つの村があった。ところが『由来記』では、古見村の内大枝・平西が消え、そこにかめ山・崎枝が入っている。また与那良は、花城村の内として移されている。これらの編成については、追って後述する予定である。

　さて、御嶽の数は古見が三つ、花城が四つで計七つである。花城村は古見村の北方、後良川口の平西島を含み、カサ崎から北方、今の美原村あたりまでの領域を指し、課税対象としての区画の名称であったと思われる。年代は不明であるが、その後花城村は廃村になった。廃村になったというよりは、域内の村々が外に移り、そこを再びまとめて花城村と呼ぶようになったと思われる。現在古見村には、ミチャリ(三離)・カネマ(兼真)・シタズ・ウカ(請原)・ピニシ(平西)・ユナラ(与那良)のムーヤマ(六山、山は御嶽のこと)が存在する。これで見ると、古見村と花城村のかつての御嶽が混在していることが分かる。

『由来記』の記述と照合してみると「ミチャリ」は「三離御嶽」(古見)そのまま。大原・大富方面から古見へ向かい、マイラバシ(前良橋、前良川に架かる)に差しかかる手前五〇mほどの地点、道の右手に二つの小島がある(口絵)。フカミチャリ(外三離)・ウチミチャリ(内三離)と呼ぶ。ウチミチャリの方が大きく、クバの木がうっそうと茂っている。マングローブが島を取り囲み、陸続きのように見えるが離れ島である。その島に三離御嶽はあった。今は道の左側、対照的に五〇mほど入った林の中に拝殿が設けられ、そこで祭儀を行っている。

カニマは「かめやま御嶽」(古見)がカネヤマとなり、さらに「ヤ」が脱落してカネマとなって表記も「兼真」となったが、発音は次第に「ネ」が転化して「カニマ」になったと思われる。喜舎場永珣氏は兼真を「くんしん」と読み(一九七七『八重山民俗誌』上巻)、牧野清氏もそれに倣ってか、「クンシン」とよんだこともあるようだと述べる(一九九〇『八重山のお嶽』)。しかし、これらは「兼真」と表記されるようになった後の読み違えで、どちらも誤りである。牧野氏はまた、「カネ山」を「かめ山」

ミチャリ・カニマ御嶽

神棚。右：ミチャリ、左：カニマ

と記したものと考えられるとも述べるが、それも誤りである（上掲書）。先述の通り、音韻変化で「カメヤマ」が「カネマ・カニマ」となっても、その逆は成り立たない。

この御嶽は、ミチャリオンの拝殿に同居するように拝所が設けられている。拝殿の中では右側にミチャリオンの神棚、左側にカネマの神棚が設えてある。いずれにも香炉を安置する。牧野氏の調査では、この御嶽は古見村と仲間崎の中間あたりにある無名の小島にあったといわれる。潮の干満で祭儀の執行がたびたび困難になったので、戦前現在の地に移したという（牧野、前掲書）。現在のティジリビはミチャリオンが新《あら》初蔵氏、カネマオンは松本貢氏である。

シタズは「したつ御嶽」（花城）の、ウカは「をか御嶽」（花城）の転訛であることは明らかである。他の四つの御嶽が二つの拝殿に同居するように拝所が設けられているが、この二つの御嶽は、現在の古見村御嶽の中では珍しく単独で祭儀が行われている。シタズ御嶽は前良川を越えて一〇〇ｍほど行った道の右側、五、六〇ｍほど奥の林の中にある。ウカ（請原とも）御嶽はさらに行って村のほぼ中央、古見小学校の向かい、公民館の裏の道を進んで海岸寄りの左側にある。現在のティジリビはシ

ウカ（請原御嶽）

神棚は一つ（請原御嶽）

シタズ御嶽。神棚は一つ（カラスが入らないように網をかけている）

タズオンが新盛《しんもり》一雄氏、ウカオンは次呂久義彦氏である。

ピニシ（平西）の御嶽名は『由来記』には見えない。しかし、観察を続けていくと、「小離御嶽」（花城）とピニシ御嶽が同一であることが分かる。後良川の河口に小島がある。潮が引くと歩いて渡れる。ピニシ（島）と呼ばれ、かつては人が住み、畑も作っていた。古い史料には「平西村」と出ている（「年来記」、一六五一年）。御嶽もあった。人が去り村が消えても、折目には出かけて祭儀を行っていたという。今は出かけることはせず、別のところから拝んでいる（後述）。香炉も波に流されてしまった。

ピニシと狭い水路を隔てた北には、カサザキ（嘉佐崎）へと続く陸上に花城村があった。早朝水を汲む音が聞こえると、「それそれ、ピニシの人たちは起きてるよ」と、囁きあったという。それほど近い位置にピニシは存在する。そこから、少し離れている御嶽、「小離御嶽」と呼ばれるようなったのであろう。私が話を聞いたピニシ御嶽のティジリビ、冨里邦弘氏はピニシ御嶽と呼んだり、小離御嶽と呼んだりしていた。

後良橋より見るピニシ（平西）島

与那良御嶽と慶田城御嶽

与那良御嶽（花城）も『由来記』に記載する通りである。ところが、この御嶽はケダシク（慶田城）とも呼ばれる。それに対しては、これまでに異なるいくつかの見解が出されている。喜舎場永珣氏は、両者は同一という見解を示している。しかし、所在地が疑問で、氏は自身が作成した「往昔の古見村の略図」の中で、慶田城御嶽を「一名ユナラ御嶽」として記号をもって特定するが、その位置は平西村（離れ小島）の北東、カサ崎寄りの地点である(『八重山民俗誌』上巻)。この見方には、注目しておきたいことがもう一つある。一般には与那良御嶽を「一名ケダスク御嶽」とするのに対し、氏の見方はその逆だからである。

一方牧野清氏は、それは誤りであるとして、「与那良御嶽は古見部落東北約一粁、一般県道の東にあり、慶田城御嶽は、古見部落の西北方(美原部落西方)山中に位置していて、別々のお嶽である」と、伝承を引合いにして述べる。さらに与那良御嶽については、「本嶽は古見村の豊年祭で、赤マター神の拝回する最終のお嶽となっている。拝殿は元は瓦葺であったが、現在は木造トタン葺きとなっており、内部に壇を設けて香爐がおかれている。環境はかなり荒廃という感じである。境内にはちょくちょくたる福木の大木、高く伸びたクバ(びろう)などの群生する密林である(牧野、上掲書)。

この記述で示している所にあるのは遥拝所、「御通し御嶽」である。形状は確かに述べられた通りで、内部に設けられた壇には右にピニシ御嶽の香炉、左に与那良御嶽の香炉が置かれている。牧野氏が与那良御嶽と見る建物は、実は遥拝の施設で、氏の誤認である。御通し御嶽はなんらかの事情で村が移転したり、祭儀に通うことが困難になった場合などに設けられる。察せられるように、御通し御嶽には本御嶽が存在する。この事例の場合、牧野氏が「別々のお嶽」とした慶田城御嶽が実は与那良御嶽で、それが本御嶽である。

一四世紀の後半、八重山地方は群雄割拠の時代であった。一五〇〇年、大浜村のオヤケ・アカハチが首里王府に抵抗して兵を挙げた。身の危険を感じた石垣村の豪勇、長田大主(方言名ナータフージィ)は西表島古見に逃亡し

ピニシ(右)、与那良御嶽(左)の遙拝所

た。その時彼を援護したのが、かねてより盟友であった祖納(西表)の豪勇、慶来慶田城用緒《けらいけだぐすくようしょ》であった。長田・慶田城両雄が出会ったところに後の人が神を祭り、拝むようになった。牧野氏が与那良御嶽と見るのはこの拝所であり、喜舎場氏が慶田城御嶽としながらも与那良御嶽ともいうとするのもこの拝所である。ところが、両者が示すその位置はそれぞれ異なっている。喜舎場氏が示す位置は後良川の北方、カサ崎へと続く陸上にあり、牧野氏が示す位置は後良川の南、後良橋へかかる右手の山中にある。

著名な両先学の高説ではあるが、私は、歴史的背景を整理して、私なりの見解を述べようと思う。与那良御嶽について『由来記』は、「由来相知れず」と記す。アカハチの乱は一五〇〇年、『由来記』の基になった報告書、「八重山島由来記」のまとめは一七〇五年である。当時、既にこの御嶽の由来は分からなくなっていた。それでは、御嶽としての実体はどうか。牧野氏が与那良御嶽とする拝所は、先述の通り御通し御嶽として存在する。しかし、喜舎場氏が慶田城御嶽とする拝所は、古見村の古老たちに聞いても、祭儀が行われていたという事実も記憶もないという。

与那良御嶽の神職は、現在は冨里邦弘氏がティジリビを勤めている。同氏は先々代まで記憶しているが、先代は母親の冨里さかえ氏であった。その邦弘氏も、喜舎場氏のいうところで祭儀を行ったことは、見たことも聞いたこともないという。結局喜舎場氏のいう慶田城御嶽(一名与那良御嶽)は、伝承の真偽は別にして、実体もなければ、その所在も確認できないのである。

ところが、現在与那良御嶽と呼ばれている所は香炉が安置されて御嶽としての実体があり、毎年祭儀が行われて機能を果たしている。この御嶽は、牧野氏が慶田城御嶽と呼ぶところと一致する。嘉佐崎から北へ進むと「美原」と呼ばれる小さな集落がある。台風で甚大な被害(高潮)を受けた由布島の人々が、総移動して新しく村を建てた(一九七一)。そのあたりは古くからユナルダバルと呼ばれてきた。与那良御嶽はユナラ村の

美原
（写真提供：竹富町役場）

与那良御嶽のイビ前
（撮影・提供：通事孝作氏）

人々が拝む拝所故そう呼ばれたのであり、またユナラ村はユナルダバルにあった故にそう呼ばれた。「年来記」（一七三八年の条）に次の記述がある。

古見村の内、与那良は、古見村より一里半の道程で、役人の指図も不便である。しかし高那村へは半里ほどの道程で諸事に便利なので、高那村役人の管轄とするように仰せ付けられた。

高那村は一七三三年、ユチィンと呼ばれていた地域に、小浜島から寄せ百姓して造られた村である。それでは、ここでいう与那良（村）はどこにあったか。「年来記」の記述により「古見村より一里半」、「高那村へは半里」とする地点を想定すると、先述の美原村あたりとなる。そのあたりに、ユナラ村はあったと考えられる。なお見ていくと、『角川日本地名大辞典』（四七、沖縄県）は見出しに「よならむら　与那良村」を挙げ、次のように述べる

方言ではユナーラという。西表島の北東、与那良川下流左岸の微高地に位置し、東に由布島を望む。（中略）一六二八年の三間切制移行時の村の書上げには村名は見えず（八重山島由来記）、石垣間切花城村に統轄されたと考えられる。「由来記」の与那良御嶽は花城村の項に記す。しかし一七三七年の調査報告では古見村に属し、人口六四で村回り六町五五とある（参遣状）。翌一七三八年に、古見村からは一里余も離れているが、高那村へは半里なので何かと都合がよいとの理由で高那村の統轄とした（参遣状）。

ユナラ村は、明治一〇年前後に廃村となったようである（大浜信賢『八重山の人頭税』）。村落があったと推測さ

れるあたりから与那良御嶽を見ると、その位置はこのようになる。

本御嶽は大字古見の小字慶田城（底）に所在しており、由布島の対岸にある美原集落の北西、牧場の南端、丘陵地の間に鎮座する。（中略）御嶽は拝殿や鳥居はなく、低い石積みの痕跡が僅かに残り、イビの前に中門が建つ。門の奥に馬蹄形の敷石があるが、その上に香炉が一基置かれている。周辺には亜熱帯常緑樹が繁茂している」。（「竹富町史便り」第一九号、二〇〇一、竹富町史編集室）

それでは、なぜこの御嶽が一名「慶田城御嶽」とも呼ばれるのか。それについても伝承がある。長田・慶田城二人の盟友は協議して、とにかく舟を造って時節の到来を待つことにした。そして、所の山中から適材を切り出し、粗削りして由布島に運び、そこで舟を造った。粗削りした時の土地は「フニヌチビ」（舟のしっぽ）と呼ばれた。二人が山中で木を切ったところに、後の人が神を祀り、拝んだ。それが慶田城御嶽となったという。しかし、その御嶽は、『由来記』には記載がない。

『由来記』に載る御嶽で、八重山地方のそれには「神名」と「御いべ名」が付いている。神名はその御嶽の聖名、つまり別称で、御いべ名がそこに祀られている神の名であるいうことが定説となっている。先に挙げた古見村と花城村の御嶽では両者を省略したが、与那良御嶽の神名と御いべ名を書き出すと次のようになる。

与那良御嶽　　花城村
神名　　慶田底神山
御いべ名　　慶田底神をれの袖たれ大主

ケダソコ（慶田底）はケダスク（慶田城）の聞き違えによる誤記であろう。この御嶽は、伝承の証になるほど一致している。この御嶽創建の背景を考えると、慶来慶田城用緒が立役者であったことが分かる。アカハチの乱の折、アカハチと対立し、首里王府に荷担した長田大主が命がけで西表島に逃亡してきた。その彼を、慶田城が援護した。身の回りの必需品や食料も供したであろう。何より、舟を造り、時が来て長田大主を島から脱出させることに成功した。いずれも命がけの行為ではあったが、その功績は大きかった。乱がおさまり、長田大主は古見首里大屋子に任ぜられている。首里大屋子職は、間切のカシラ（頭）の候補にもなる重要な役職であった。

御嶽の名称「神山」は、舟材となった材木を神の恵み、その樹木を育んだ山を神の山と意識したからであろう。神名は、その御嶽の位置する環境（石・木・川・山など）を引き合いにして付けられている場合が多い。慶田城が舟を造り、長田大主を島から脱出させたのは史実であろう。舟材となる木を切った山、そこに建てられた拝所、そして舟を組み立てたとされる由布島は直線で結ばれ、動線となる。

「御いべ名」、つまりそこに祀られている神は、まさに慶来慶田城用緒その人である。「慶田底」と「大主」は同意語で人物を表わし、「神をれの袖たれ」はその人物の風貌を表現している。おそらくはその人物の体格や身にまとう衣装などから発散する威厳、今流でいえばオーラを意識しての表現であろう。

この慶田城御嶽から見下ろす平地はユナルダバルと呼ばれたが、このあたりはまた、ケダスクバルとも呼ばれた。現在の美原村のあたりである。ケダスクバルの名称は、もちろん慶来慶田城用緒に因んで付けられている。西表島西部の豪勇の名前が遠く離れた地に御嶽の名称ともなり、平野の地名ともなっている。さらに、御嶽の神名・御いべ名の両方に、ケダソコ（実は慶田城）の名が入っている。当時あるいは後の人々が、彼の人物をいかに畏敬の念をもって見ていたかが伺え、また両雄の邂逅（出会い）という歴史的事件がいかに大きな衝撃を与えたか、想像することもできる。

しかし、遠隔の地にあった。ティジリビの冨里邦弘氏は、今は車で行けるが、昔は歩いて行ったので、祭儀を済ませ、帰って来るのに三時間はかかったと話していた。ピニシとユナラ、現在拝殿はシイラバシ（後良橋）に差しかかる手前、道の右手の坂を五〇ｍほど登った小高い山の中腹にある。右側にピニシ、左側にユナラの神棚が設えてある。

謎の崎枝村と大枝村

さて、ここまで『由来記』に載る古見村と花城村の御嶽について検証してきた。『由来記』には合わせて七つの御嶽が載るが、そのうち六つの御嶽は現在もムーヤマとして祭儀が継承されている。ところが、『由来記』では古の大枝御嶽（村）が消え、崎枝御嶽（村）が挿入されている。『由来記』の編纂は一七一三年で、「年来記」の年代一六五一年と、「参遣状」の年代一七三七年の間である。

『由来記』の「崎枝御嶽」については牧野清氏が見解を示している。氏は、崎枝御嶽を擁する村を崎枝村として、その位置を大富部落の東南、仲間貝塚と隣接したあたりと述べる。そして、慶長検地記録（上述）の「高弐百弐拾石五斗三升七合弐勺弐才　崎枝村」を引き合いに出し、「当時かなりの人口を擁した村と推測されるが、その創建の事情等は不明である。崎枝御嶽はその当時建てられ、信仰されていたものと考えられる。」と述べる。

その崎枝村は、一六五一年の人口調査では人数一六人と、小村になっている（「年来記」）。そして、「参遣状」の人口調査（一七三七年）では崎枝村が消え、仲間村が現れる。人口は先述の通り、男女六一五人である。氏は、黒島・竹富・新城から寄せ百姓して人口補充が行われ、崎枝村から仲間村に名称変更が行われたと推測する。しかし、この推測には疑問が残る

慶長検地記録では上記の通り古見村の内として、みつ離・大枝・平西・よなら・平川・ひけ川・崎枝と続き、その次は離島の鳩間・小浜である。牧野氏は崎枝村の位置を大富部落の東南、仲間貝塚と隣接したあたりと推測するが、「正保国絵図」（一六四四年）によると、崎枝村は今の豊原村あたりで、仲間村があったと氏が想定するところからはかなり南に位置する。人口についても、氏は「検地記録」の「高　弐百弐拾石五斗三升七合弐勺弐才　崎枝村」を引き合いに出し、「当時かなりの人口を擁した村であった」と推測する。この推測は、その通りであろうと思われるが、その後の人口は一六人となるまで激減している（「年来記」）。村の位置、人口の推移から考えて、牧野氏が推測されるように仲間村に名称変更したのではなく、仲間村の創建で、崎枝村が仲間村に吸収されたと考えるのが妥当であろう。

牧野氏は八重山地方の御嶽を隈なく調査され、高著『八重山のお嶽』をまとめられた。その中には、今では伝承も消え、所在さえ確認できないものも数多い。本稿でもいくつか引用させてもらったが、あと一つご教示願いたいと思う。古の古見村は大枝・平西・三離・与那良の村で構成されていた。大枝は「ウブタ」とも「ウイダ」と呼ばれる。大枝が「ウブユダ」（方言）と発音され、「ユ」が脱落して「ウブダ・ウブタ」になり、あるいは「ブ」が脱落して「ウユダ」、さらに「ウイダ」になったとも思われる。この大枝村にも御嶽があった。その御嶽について、氏は次のように述べる。

本御嶽は『八重山島由来記』には記録されていない。「ナカムル御嶽」の別名もあり、古く大枝村（平民村）の信仰したお嶽である。その所在地は後良川の南岸、そして昔の大枝橋の北にあった。アカマタ祭儀の

行われた御嶽である。

氏にしては、他の御嶽や村の記述に比して簡略である。大枝村はどこにあったか。それに関しては目に見える資料がある。喜舎場永珣氏は「往昔の古見村の略図」を作成して、その中で、古見村を三離村（ミチャリムラ）・大枝村（ウイダ）・花城村（ハナスクムラ）・平西村（ピニシムラ）の四村より成る、と図示している。ただし、与那良村が消え、花城村が入っている。興味深い。

喜舎場氏は昭和三年と四年、長期にわたって古見村に滞在し、アカマタ・クロマタ祭儀について調査している。後に「赤マタ神事に関する覚書」としてまとめられた。当時健在であった多くの古老やツカサをしたことのある老女たちから、多岐にわたって話を聞いている。今日では確認できなくなった祭儀形態や場所についても語られている。その中に、古見村の図がある。御嶽の名称や位置も示され、古の古見村を構造的に見ることができる。事実の検証は今後の課題として、引用して挙げてみる。

この図で見ると古見村は前良川と後良川に挟まれ、中を通る県道によって上下（方位では南北）に二分され、さらに南北を貫く境によって左右（東西）に分けられ、四分割されている。謎の大枝村は村の北東、後良川の南岸になっている。牧野氏は、この図を参照されたのであろうか。

本御嶽と遥拝御嶽—その後の花城村

御嶽には創建者がいる。御嶽はその創建者の血統の家をトゥニムトゥ（宗家）とする一族の守り神を祀り、祭儀を行う施設である。その一族の集団を中心として集落が形成され、マキとかパカとか呼ばれた。この小集落は血縁的・自然発生的な集落で、ミチャリ・ウブタ・ユノラ…などはこれに属する。やがてこの血縁的な集落がいくつか結合してより大きな地縁的な集落となり、「古琉球」時代（伊波普猷）は「シマ」、近世（薩摩侵攻後）は「村」と呼ばれるようになる。この村は課税対象の単位で、間切で括られた村である。つまり、人為的にいくつかの村を束ねた行政区画であった。古見村や花城村はこれに相当し、両者は石垣間切に属していた。ところで、『由来記』に載る花城村は後良川の北方、カサ崎へと続く陸上にあったとされる。その花城村が、廃村になって歴史上から姿を消している。その年代も理由も分からない。しかし、いくつかの資料を根拠にして、その後の花城村を推測することはできる。根拠の一つは御嶽の形態である。

現在古見村で祭儀が行われ、機能している御嶽はミチャリ・カネマ・スタジィ・ウカ・ピニシ・ユナラの六嶽である。これまで検証してきた通り、崎枝御嶽を除いて、すべて『由来記』に記載する御嶽と対応する。この内、スタジィ・ウカ・ピニシ（小離）・ユナラは花城村に属していた。

これら御嶽の特徴は、すべて元は別のところにあったということである。つまり、本御嶽は別のところにあり、現在の御嶽の性格は「遥拝御嶽」、「通し御嶽」のそれである。元琉球大学教授で、沖縄の村落・グスク・墓・御嶽の研究で大きな業績を残した仲松弥秀氏は、通し御嶽について次のように述べている。

> 移動した村落か、分村した村落に多く、或いは距離的・地形的関係上交通的制約のために、御嶽に自由に行けない村落の場合に、通し御嶽なるものを新たにつくって、そこで祭礼が行われる。（中略）この場合は本御嶽を忘れることなく、少なくとも年一度は参詣して祭祀が行われるのが普通の有り方となっている。ところが明治も後年になるにつれて本御嶽での祭祀をうとんずるようになって、遂には本御嶽の存在さえ忘れ去って、通し御嶽を本御嶽と思い込んでいる村落がふえて来ているのが現状である（『神と村』一九七五、伝統と現代社）。

八重山地方の御嶽には、その核としてイビ(ウボとも)が存在する。そこは神のおわすところで、御嶽の中では最も聖なる空間とされる。その昔、そこに神を感じ、あるいは神を見た人は、そこを拝所として神を祀るようになった。後にそこで祭儀が行われるようになると、そこは聖なる空間として特別に意識されるようになり、外部からは特定の人(ツカサ)を除いて出入りができないように石垣で囲いがされた。「イビ」である。つまり、神の降臨される空間で、イビこそ御嶽である。拝殿は後から造られた付属の施設で、鳥居が立つのはさらに後のことである。

この度(二〇一七年)、古見の六つの御嶽を回ってみて、その形態からも「通し御嶽」であると実感した。古来の、一般的な御嶽と形態や構造が異なる。イビがない。いや、イビと意識された箇所はある。拝殿の裏の藪や林の中の特定のところが、イビと想定されている。牧野氏の調査によれば、ミチャリ御嶽のイビは拝殿の西方凡そ数十mの密林の中にあり、カネマ御嶽のそれは、さらにその西方三〇mほどの奥に位置しているという(牧野、前掲書)。いずれも御嶽と一体となっていないのである。

ところが、本御嶽として祭儀が行われている与那良御嶽には本来のイビが存在する(前掲写真)。また波照間永吉氏(沖縄県立芸術大学名誉教授)の論文では、ピニシィ御嶽での祭儀の形態が図示されているが、それを見ると、ツカサが祭儀を行っている所は石垣で囲いがされている。それには出入り口があり、ティジリビはその外から拝むようになっている(「古見のプーリィの祭祀と歌謡」『沖縄芸術の科学』第一〇号、沖縄県立芸術大学付属研究所紀要、一九九八年)。石垣の内部が正にイビで、ツカサはそこで神と向き合い、祈願をするのである。

古見村でムーヤマとされる御嶽には、ここで述べるような形態のイビが存在しない。この現象は、先に引用した仲松氏の指摘した通り、何らかの事情で本御嶽から離れ、止むを得ず「通し御嶽」を建てた結果として生じた。古見村の御嶽には、ファーウッカン（子御嶽）なるものが存在するという。よく尋ねてみると、それこそ本御嶽のあったところである。

花城村が歴史上から消えた時を想定してみても、現在の地に人々が御嶽（実は「通し御嶽」）を建ててから数百年は立っていることであろう。しかし、『由来記』に記載する御嶽がそのまま受け継がれているのである。確かに、御嶽に最も重要な神職と考えられているツカサは継承者が途絶え、どの御嶽においても男性神職のティジリビが祭儀を行っている。多くの村で、同じ傾向から御嶽が全く機能していない状況が続いていることを考えると、これは驚きである。代々敬虔な人々によって祭儀が行われてきたからであろう。先に引用した仲松氏の文中、（中略）とした箇所には次の文が入る。「もちろん、本御嶽の神を招請して作為的に創設した御嶽である」。

その後の花城村について考えるもう一つの資料は、喜舎場氏が作成した往昔の古見村の図である。この図で示される花城村は、現在古見村集落の中心を占める。そして、『由来記』に記載する花城村の御嶽が、すべてこの地域に存在する。この現象から、花城村の人々が何らかの事情でこの地域に移り住んだと推測することができる。

二　祭りの概況

古見村のプールに関しては喜舎場永珣氏の「赤マター神事に関する覚書」（前掲書）や宮良高弘氏（札幌大学教授、民族学）の「八重山群島におけるいわゆる秘密結社について」（『民族学研究』第二七巻第一号、一九六二年、成文堂新光社）などの研究が早くから世に出て知られていた。そして近年では、波照間永吉氏の詳細な調査・報告書が出されている。特に波照間氏の報告は村の期待と協力もあって、時代の趨勢を考えた時、最後の調査・報告になるであろうと思わせる力作である。

しかし、伝統行事とは言っても、祭りは時とともに変化しつつ今日に至っている。喜舎場永珣氏の上記報告の調査は昭和三年（一九二八）と四年（一九二九）である。それから八〇年近く立とうとしている今日（二〇一七年）、その時代と対照させてみると、祭や祭儀は相当変容していると実感する。

本稿は古見村プールの成立をシチ（祭）との関係で考察し、具象神アカマタ・シロマタ・クロマタの正体を考えてみようとしている。それゆえ、祭りの実際については、現状を中心に略記することにしている。ただし、祭や祭儀の本質に関わると思うことについては、上記諸氏の論文や報告を参照しつつ、また地元の古老たちに聞いて適宜補足して述べることにした。

神を祭る団体

沖縄地方においては、古来の宗教形態として御嶽信仰がある。八重山地方においても例外ではない。御嶽は、本来血筋を同じくする一族の守り神を祀る装置である。神を祀るには、祭儀を執行する人物が求められる。その人物、神職は八重山地方ではツカサ（神ツカサ・チカー・サカサとも）と呼ばれ、沖縄本島地方ではヌルと呼ばれる。どちらも女性である。

御嶽には創建者が存在する。その家、宗家は「トゥニムトゥ」と呼ばれ、ツカサはその家筋から出ることになっている。御嶽の神職にはもう一人、ツカサを補佐する人物が存在する。ティジリビ（ベ）と呼ばれ、こちらは男性で、これもトゥニムトゥの系統から出ることになっている。実際にはツカサの夫・兄弟・甥・叔父などの事例が多い。

ツカサを頂点として、祭祀集団として一族の集団、ヤマニンズ（ヤマは御嶽、ニンズは人数で集団。神社の氏子に相当する）が存在する。この人の塊が、村の原初の形であったと考えられる。やがて、隣接するこの血縁集団が婚姻や共同作業、その他共通の目的で連帯を深め、今日見る共同体としての「村」が形成される。つまり、いくつかの血縁集団が地縁集団としてまとまり、村の基礎をなしていることになる。

しかし、現実としての村は、このような純粋の血縁集団のみによって形成されていないことは言うまでもない。その後他からの移住者が定住し、先住者集団の中で混在しているからである。それでも、年中行事の祭儀となると御嶽集団としての性格が顕在化する。以上は、八重山地方におけるどの村にも共通の、一般的な信仰形態である。

ところが、古見村にはその上に、画然としたもう一つの祭祀団体が存在する。古見村のプール（豊年祭）には、全身つる草をまとった異形の神が出現する。その顔面の色によってアカマタ・クロマタ・シロマタと呼ばれる。「マタ」はウムティ（面、顔）の転訛という。この神々は、また「世持神《ゆーむちがみ》」とも呼ばれ、五穀豊穣の神として恭しく迎えられる。生まれながらにしていずれかのヤマニンズの一員となる御嶽集団に対し、この神々を祭るのは、厳しい審査によって選ばれた者だけで構成される団体である。ここではそれが重複している。ムーヤマが遠来神のいずれかと関わっているのである。具体的にはアカマタ神は平西・与那良、クロマタ神は三離・兼真、シロマタ神は請原・宇根の御嶽と深く結びついている。そこから、平西・与那良のヤマニンズからこの祭祀団体に入会する者は、必然的にアカマタ神祭祀団体のグループに属することになる。同じようにして三離・兼真のヤマニンズである者はクロマタ神の、請原・宇根のヤマニズである者はシロマタ神のグループに属する。

本稿は、アカマタ・クロマタ祭祀団体を詳述することを目的としない。しかし、以上の理由から、先に進むためには、この団体の構成をもう少し触れておく必要があると考えている。この団体に入会することを、「ウムトゥイリ」という。「ウムトゥ」は、人が神に変身する空間、場である。そのような聖なる空間、神の領域に入ることと観念されるゆえ、入会には厳しい条件が付され、すべての会員には絶対に守らなければならない掟が課されている。

この団体に入会することができるのは、古見村においては男性だけである。入会するには、年齢が一七、八歳に達していなければならないとされる。そして、最も重要な条件として、古見村出身で古見村に永住することが求められる（ただし、「出身」の運用については、多様な状況―婚姻・移住など―のなかで、柔軟に解釈しているようである）。その上で、さらに品行方正でなければならない。

このような条件を満たし、入会を希望する者はその親がユブシウヤ（烏帽子親）を立て、その人物を介して審査を申し出る。入会審査はトゥピー（当日）、つまり神々が来訪する日の未明、アカマタ・シロマタの入団希望者は請原御嶽の境内、クロマタの入団希望者は三離・兼真御嶽の境内において会合が持たれ、長老たち（祭祀団体の最高位者）によって入会の可否が決定される。入団を認められた者は、ユブシウヤを通じて本人に伝えられ、ウイタビ（初旅）と呼ばれるようになる。

しかし、入会を認められた者（ウイタビ）は、もう一つの関門を通過しなければならない。ウイタビの入団お披露目といえば聞こえはいいが、実は過酷な試練が待っている。トウピーの次の日、つまり、プールが終った翌日、アカ・シロのウイタビはアカのトゥニムトゥで、クロのウイタビはクロのトゥニムトゥで「ヤームトゥヌギシキ」（宗家の儀式）に臨む。庭にむしろが敷かれ、暑い陽ざしの中、ウイタビはその上に長時間正座させられる。

その儀式なるもの、ギラムヌたち（後述）の太鼓と唄に合わせて、両手を大きく開いたり合わせたりする。

これは与えられた苦難でチィトゥミ（務め）とも呼ばれ、ウイタビにとっては避けることのできない通り道となっている。それゆえ、学術的にはイニシエイション（通過儀礼）とも見做される。

入団者は、一年間はウイタビと呼ばれ、アカマタ・クロマタ祭儀に関することを徹底して指導を受ける。ただし、神が生まれる神聖な場に立ち入ることは許されない。入団二年目はマタタビ（又旅）と呼ばれる。三年目はギラムヌ（立派な者）と呼ばれ、祭儀の中心的な行動隊となる。さらに、その上にはシジャ（兄貴）と呼ばれる人たちがいて、下位の者たちを指導・指揮する。そして、最上位にはウヤ（親）と呼ばれる長老たちがいる。

この祭祀団体は、このように階層的な構成になっている。しかし、階層的とは言っても、年齢別による階層ではない。実際三〇代、四〇代のウイタビが現れることもあるのである。階層的なこの構図を軍隊の階級、初年兵・二等兵・一等兵…等に見立て、最上位のウヤは大将とも呼ばれる。もっとも聖なる神事に携わる人たちの集団が、最も俗なる軍隊になぞらえられる。それでいて成員がそのことについて違和感を覚えず、日常語として通っているのはこの仕組みに確信をもっているからであろう。ウヤはアカマタ・クロマタに関するすべてのことに精通し、経験を積んできた人たちで、祭儀に関しては絶対の権威を持っている。

アカマタ・クロマタ祭儀に関しては、たとえ団員相互間においても、祭りの期間以外では語ってはならないとする厳しい掟がある。部外者に対しては言うまでもない。このような性格から、この祭祀団体ついては「秘儀団体」、「秘密結社」などの見方もある（上掲宮良論文）。

オンプールと御嶽巡り

村の年中行事、祭りは御嶽を中心にして行われる。祭りで祭儀を司るのはツカサと呼ばれる女性神職である。それに、補佐役として男性神職のティジリビがつく。ところが、いま多くの村々で神職、特にツカサが不在となる現象が起こっている。古見村においても例外ではない。ムーヤマといわれる六つの御嶽には、かつては全御嶽にツカサが存在した。しかし、現在（二〇一七年）はどの御嶽にもツカサが存在しない。ツカサが死亡・退任（病気・老衰・移住など）で不在となっても、継承者が出ないのである。これは他の村々においても同様であるが、それでも古見村においては、どの御嶽においてもティジリビが存在して祭儀が行われている。

イビは神が降臨し、在《まし》すところで、御嶽の中で最も聖なる空間とされる。そこに入ることのできるのは女性だけで、とくに祭儀を司るツカサに限られる。ティジリビ（男性）はイビの外から手を合わせて拝むだけで、祈願のフチ（口、願い言）は唱えない。しかし現在は、ティジリビがイビに入り、願い言も唱える。古来の信仰形態から見るならば、これは大きな変容である。それでも、ツカサもティジリビも欠け、公民館（村）の役員が祭儀を執り行っている他の事例から見れば、ここではなお古来の信仰形態が辛うじて踏襲されていると見るべきであろう。

プールの初日はオンプールといわれる。この祭儀の形態は、八重山地方においては、プールを行うどの村でも共通している。その日午前八時から九時ごろ、ツカサはティジリビ・バキ（脇）ツカサ（ここではブザという。女性）を伴って御嶽に入る。次々とヤマニンズ（ところによっては村の幹部）が参集する。頃合いを見て、ヤマニンズが用意した供物を拝殿の神棚に供えて香炉に線香を上げ、祈願を行う。それからツカサはイビに入り、神と向き合って祈願を行う。拝殿においてもイビにおいても、ツカサの祈願に合わせて、ティジリビや参列したヤマニンズも外から拝礼する。

一般に、この日の祭儀は収穫感謝と願解き（シュビニガイ）といわれている。しかしそれは違う。オンプールに先だって（前日まで）御籠りがある。ツカサがティジリビやバキツカサ、ヤマニンズの主だった人たちを伴って二日二晩、ところによっては三日三晩、御嶽に籠って厳かで、しめやかな祈願を行う。この祭儀が収穫感謝と願解きの祭儀である。御籠りが明けて行われるオンプールは予祝祭で、祭儀はつぎの年の豊穣を祈願するユーヌニガイ（世の願い）である。かつては古見村においても、ツカサを中心にして、このような形態の祭や祭儀が濃密に行われていた。

二〇一七年の古見村のプールは六月二〇日から六月二三日（新暦一一日から一四日）の四日間にわたって行われた。六月二〇日がオンプールの日である（ほんとうはアサヨイ「朝祝い」という。とある婦人が教えてくれた）。祭りの力仕事は男たちの役目である。それぞれの御嶽で祭儀が行われる。朝早く、ティジリビ・ヤマニンズはそれぞれの御嶽の掃除をする。

御嶽の清掃が済むと、男たちは料理を作る。意外に聞こえるが、御嶽巡りで訪れる一行をもてなすための準備である。かつては、御嶽の境内で釜を設けて作っていたようであるが、今は他で作って、時間になると持ち込むようである。

午後四時ごろ、ティジリビが付き添いの者数人を伴ってやって来る。ティジリビの弟妹やトゥニムトゥと関わる人たちで、供物の用意や片づけなど、祭儀の補助をする。祭儀の準備ができると、ティジリビは黒染めの着物に着替えて「イビ」に入り、祈願をする。趣旨は、神の加護でつつがなく収穫を迎えられたことを感謝し、次の年の豊作と村人の無病息災・安寧である。

イビでの祈願が終ると、ティジリビはパイデン（拝殿、イビに向けて建てられる）に入り、設えられた神棚の香炉に香を上げ、同趣旨の祈願をする。しかし祭儀は、ここでは終わらない。これから二日、あるいは三日、昼夜香を絶やさないように上げ続けるのである。プールが三日（三日プール）の場合は二日二晩、四日プールの場合は三日三晩、ティジリビほかヤマニンズの中で、交代でパイデンに詰める。これは、かつての御籠りの変容であろうと思われる。ツカサが揃って存在したころは他の村と同様、御籠りが行われていたという。ツカサが不在となり、本来女性神職に限られていた祭儀を男性神職が行わざるを得なくなり、簡略化された祭儀の形態が踏襲されることになった。

午後六時ごろ、ミチャリ・カニマの拝殿（ウッカンヤと呼ばれる）に他の御嶽のヤマニンズの面々と招待客、学校の校長や職員・郵便局長などの主だった人たちが集まってくる。ところがここに集う人々、本来ヤマニンズといわれる人たちは、ここでは性格が違うようである。ここで行われる祭儀は、アカマタ・クロマタ集団によって執り行われる。一同が揃い準備が整うと、まずクロマタ神祭祀の大将新初蔵氏（ティジリビ）がミチャリオンの神棚に線香を上げ、祈願をする。それから供えられたお神酒を下ろし、アカマタ神・シロマタ神祭祀の大将やウヤたちに御神酒を注ぎ、ルクジュー（豆腐五cmほどに細く切り、揚げたもの）を差し上げる。さらに招待客にもお神酒を注い

御嶽巡りの参拝者１

御嶽巡りの日のミチャリ・カニマ御嶽。手前の青竹はアウドゥニと呼ばれる。聖化の意味があろう

御嶽巡りの参拝者２

御嶽巡りの参拝者を待つ新初蔵氏

でまわす。この祭儀も、かつてはツカサによって行われていた。同じ要領で、次はカネマオンの祈願が松本貢氏（ティジリビ）によって執り行われ、お神酒が一座にまわされる。

庭にはむしろを敷き、若者たちが十二、三人二列縦隊になって座っている。この若者たちも、ここではギラムンと呼ばれる。庭で参列する若者たちは、アカマタ・シロマタ集団のギラムンたちである。庭のギラムンたちにもお神酒が回ってくる。

挨拶をかわす新初蔵氏と冨星邦弘氏（ピニシ御嶽のティジリビ）

祭儀が終ると、しばし懇談となる。その折おもてなしの料理が振舞われる。その料理は、かつては境内で男たちが精出して作っていたが、今は都合のいい家で作って運んでくるようである。おもてなしをするのは、ここではクロマタ神祭祀集団（ミチャリ・カネマ）のギラムンたちである。とにかくこの祭りは、終始男たちによって執り行われる。地元の女性、二、三人に祭儀について聞いてみたが、男たちの仕事で分からないと答えていた。

しばらく懇談が続いた後、大将から指示が出る。庭のギラムンたちは素早く立ち上がり、隊列を整える。それから前の二人が太鼓とドラを打ち、ミチャリユンタを唄う（省略）。ミチャリ・カネマの拝殿は、県道より五〇mほど中に入っ

しばし談笑する参拝者。右はカニマのティジリビ松本貢氏

ミチャリ・カニマの祭儀が済み、ギラムンたちがミチャリユンタを歌う

て建つ。ユンタを三節まで唄うと、ギラムンたちは境内から県道に出てウヤたちを待つ。一同が揃うと、ギラムンたちは太鼓やドラを打ち、クンムラユンタを唄う。その先導によって、一行は前良橋を渡ってシタジィ御嶽に向かう。

クンムラ　ウヤキバラ　　　　古見邑　裕福な邑の
ギラムヌ　　　　　　　　　　青年(団員)たち
キューヌピィバ　クガニピィバ　　今日の日を　黄金の日を
　シシャリヨーリ　　　　　　申し上げて下さい
カンヌマイ　ヌシヌマイ　　　神の御前　主の御前に
シシャリティ　　　　　　　　申し上げて
　ヤイヌユーバ　クナツユーバ　　来年の豊穣を　来夏世の豊穣を
　ニガヨーリ　　　　　　　　祈願して下さい
ヤイヌユーヌ　クナツユーヌ　　来年が　來夏世が
ナウラバ　　　　　　　　　　稔り豊かになれば
イシミキリ　カニミキリ　　　石のように固く　金のように固い
ショーラバ　　　　　　　　　稔らば
イシミキリ　カニミキリ　　　石のように固く　金のように固い
シヌガユフ　　　　　　　　　果報であります
ナイシュン　シクラナニ　　　真積して　蔵に積むほど

クンムラユンタを歌いながら先導する

ミチャリ・カニマからシタズ御嶽へ向かう

ショーラバ　　　　　　　　　稔らば
ナイシュン　シクラナニ　　　真積して　蔵に積むほど
イシヌカフユ　　　　　　　　実入りの果報であります
タルカタル　ジリガジリ　　　誰れを　どなたを
トゥユマーリー　　　　　　　ほめたたえよう
チカサマイ　ティジリショール　司の前が祈願される
トゥユマーリ　　　　　　　　ほめたたえよう
タルカタル　ジリガジリ　　　誰れを　どなたを
トゥルマール　　　　　　　　ほめたたえよう
ユムチマイ　シマムチヌ　　　世持前　島持ちを
トゥルマール　　　　　　　　ほめたたえよう
ギラムヌ　サヨカリ　　　　　青年（団員）を
トゥユマーリ　　　　　　　　ほめたたえよう

（宮良高弘「八重山のいわゆる秘密結社」『南島史論―富村真演教授還暦記念論文集』より）

シタジィ御嶽は前良橋を渡って一〇〇mほど、道の右側を五〇mほど奥に入った雑木林の中にある。御嶽に到着しても、ギラムンたちはしばらく歌をうたい続ける。ウヤやシジャたち、主だった人たちが拝殿に入って揃うと、鳴り物を止める。かつてはツカサが一行を迎え、祭儀を主導した。しかし現在（二〇一七年）はツカサ不在、シタジィ御嶽のウヤである新盛一雄氏が祭儀を主宰する。

祭儀が始まると、他の御嶽のギラムンたちは庭で控え、当御嶽のギラムンたちはおもてなしの料理の準備にとりかかる。祭儀は先のミチャリ・カネマ御嶽の場合と同じ要領で進められる。その頃になると、山の中でもあり、あたりは暗闇に包まれる。特別に引き込まれた電球が、あたりをかすかに照らす。祭儀が終り、しばしの懇談の後、一同はそろそろと立ち上がり、次のウカ御嶽へ向かう。やはりギラムンたちが太鼓やドラを打ち、クンムラユンタを唄って先導する。

村の中には街灯がない。証明がぼんやり照らしている所は学校と公民館あたりである。暗い夜道を、一行は数本のたいまつの灯りをたよりに進む。されど、その光景は神秘的で、厳かささえ覚える。ウカ御嶽から最後のピニシ・ヨナラ御嶽へまわり、祭儀が終了する頃は夜半を過ぎている。ここでプールの初日、オンプールが終る。

ところで、八重山地方のほとんどの村では、オンプールの日に御嶽巡りを行っている。そして、その形態もほとんど似ている。オンプールは予祝祭である。朝八時から九時ごろ、既述の通りそれぞれの御嶽で祭儀が行われる。その祭儀が済むと、村で祭儀を行うすべての御嶽のツカサやティジリビ、村の幹部らが定められた御嶽に参集する。全員でその御嶽を拝み、祈願を行う。それから定められた順序で御嶽をまわる。午後は、再びそれぞれの御嶽に老若男女、ヤマニンズが揃い祝宴となる。

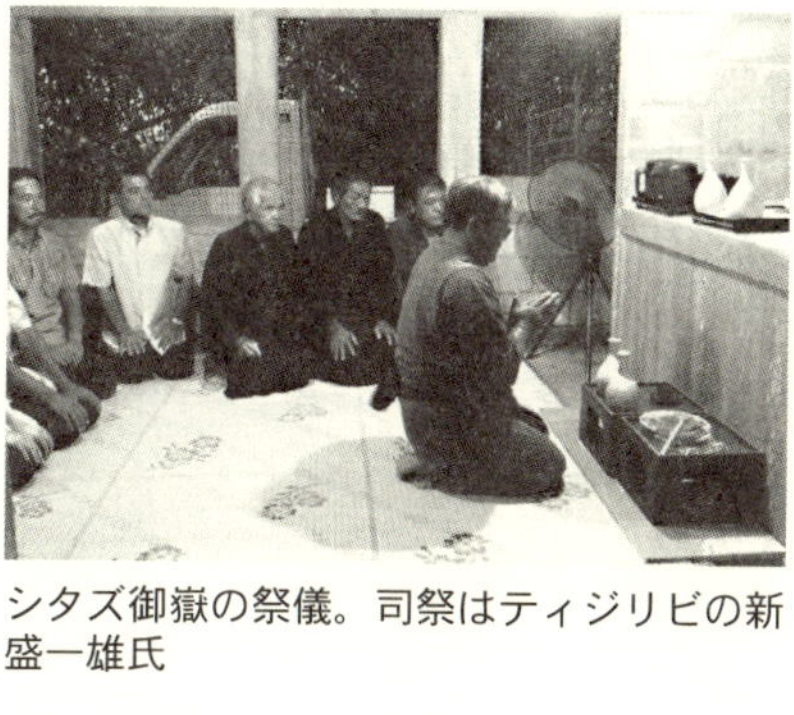

シタズ御嶽の祭儀。司祭はティジリビの新盛一雄氏

シタズ御嶽からウカ（御嶽）へ向かう。あたりは暗闇に包まれている

御嶽は本来血統を同じくする一族(ヤマニンズ)の神を祀る装置である。御嶽まわりは、それぞれ独自に奉斎する神を持つ神職らが、日頃は己の神と全く縁のない他の神を拝み、祈願してまわる行為である。なぜこのような、祭儀の形態が成立したのか。

御嶽創建の頃は、その御嶽を中心にして、一族から成る小さな集落が形成されていた。時とともに地縁的な結びつきで集落が大きくなり、村落共同体(村)へと発展する。結局村の中には複数の御嶽が存在することとなる。村は、構成員(村人)が協同して事に当たらなければ、共同体として存続し得なくなる。固い絆と連帯意識が求められる。御嶽の神々も一族のみを守る神ではなく、村と村人を守る神としての機能が求められる。御嶽まわりは、神々も力を合わせ、村と村人全員のために働いてもらうことを期待し、約束させるために編み出されたと考えている。

古見村のプールにおいても、かつてこのような祭儀の形態が営まれていたのではないだろうか。然《さ》る婦人が語った、「アサヨイ(朝祝い)」という言葉は、遠い昔の記憶を留めているのではないかと思うのだが、確認する術はない。現在行われている御嶽まわり(参詣といわれる)は、確かに他の村々で行われている御嶽まわりと共通の要素も持っている。しかし、ここではアカマタ・クロマタを祭る行事として大きく傾斜しているように思われる。この現象は、朝の御嶽まわりが新しく意味付けされて成立したのか、それとも朝の祭儀が省略されて一つの祭儀が残ったのか、いくつかの理由とパターンが考えられるが、今後の課題にしたい。

遠来神を祭る人たち

プールのトゥピィ(当日、正日)と言われるのはアカマタ・クロマタ神が来訪する日で、オンプールに対しムラプールとも言われる。古い記録(上掲喜舎場・宮良論文)ではプールの二日目、つまりオンプールの次の日となっている。ところが今日では、トゥピィがオンプールから中一日おいて三日プール、中二日おいて四日プールとして実施されるようになっている。

中一日、中二日は特別の行事がある様子もなく、何をする日ですかと尋ねても、笑いつつ言葉を濁してしまう。結局はトゥピィの準備(神々の衣装作り)のようであるが、人手が足りないのである。古見村も人口流出が甚だしく、他郷で暮らす人々が里帰りしないと祭りが成り立たなくなっている。

トゥピィの午前には、アカマタ・クロマタ祭儀の儀礼としてフナクイ(舟漕ぎ)が行われた。しかし、一〇年ほど前からほとんど行われていない。波照間永吉氏の論文では、「近年では筆者が調査を許された一九九一年が一番新しいもの」として、写真を添えてシロマタ祭儀の舟漕ぎ儀礼を報告している。ただし、アカマタ・クロマタ祭儀の舟漕ぎもあったかは不明。

舟漕ぎはかなり古く(一八世紀半ば)、アカマタ・クロマタ出現伝承にともなって祭儀の儀礼として行われてきた(次項)。史料によれば、「古見三村より三艘出し云々」とあり、アカマタ・シロマタ・クロマタ祭儀の儀礼として、伝統的に三艘で舟漕ぎをしてきた。現在は、ほとんど行われなくなっている。先学の論文や報告を参照して、往年の舟漕ぎを概略再現してみる。

舟漕ぎはそれぞれの御嶽の前の海で行われた。乗り込む陣容は、一〇歳前後の少年がシルシバタを持って舟の前部に立ち、以下太鼓持ち・ドラ持ち、漕ぎ手の面々である。盛んであったころは一〇人前後にもなったという。舟の用意が整うと、まず組の大将(かってはツカサ)が浜で供物や神酒を供え、盛り上げた砂に香を上げて祈願する。それから神酒を舳先から船尾まで振り掛けて舟を浄める。

そして、舟漕ぎとなる。太鼓やドラに合わせてフナクイユンタを唄い(省略)、舟はゆっくり沖へ漕ぎ出す。所定のところで陸に向きを変えて戻る。その際は、ヘット、ハット、ヘット、ハット、ヤークリ、ホッホーと、声を掛け合いながら早船で戻る。舟を浜に引き揚げるとフナクイ儀礼は終了する。

その日の夕方、日が暮れようとするころ来訪神が出現する。その異形な姿と祭る集団の特異な性格から、この神々については早くから学会にも注目され、これまでに多くの論文や報告が世に出されている。その中で喜舎場永珣氏の報告は、祭りの進行を時間と場所を追いつつかなり丹念に述べている。文章が分かりにくく、疑問とする点も多いが、調査の年代がいちばん古く、往年の祭りの実態を把握するには今のところ最も有効な資料といえる。概略を述べるとこうである(クロマタ神の場合)。


トゥピィ(当日、正日)の朝、舟漕ぎを終えるとツカサ・古老・ギラムヌたちがトゥニムトゥ(当時貝盛家)へ向かい、時を待つ。日が西に傾き薄暗くなりかける頃、ギラムヌたちがツカサに挨拶して神迎えに出かける。ツカサ。古老たちはシンザイと呼ばれるところ(前良川の北岸)に移動して神の来臨を待つ。神は、ちょっと姿を現すと隠れ、また姿を現すと隠れる。この行為を九回繰り返し、川を渡って待つ人々の前にやっと全貌を見せる。その間、ギラムヌたちが舟からドラや太鼓を打ち、ユンタを唄いながら神を迎えて先導する。満潮時で川を渡れない場合は、舟に神を乗せて案内する。

シンザイに上がると、神は一同の前を静かに通って、トゥニムトゥへ向かう。一同は頭を下げて神をじかに見ようとしない。ギラムヌたちが先頭にシルシバタ(黒色)を持ち、マイダチ(前立ち)がドラを打って神のお通りを知らせる。トゥニムトゥでは村人たちが恭しく神を迎える。しかし、頭を垂れ、神に視線を向けない。

トゥニムトゥで「小休息」ののち、神は三離御嶽に向かう。そこでは、先回りしたツカサが迎える。三離御嶽には神棚が二つ設えてある。左はクロマタ親神を祀るカネマ、右はファガミ(子神)を祀るミチャりである。そこでは、厳かな祭儀が行われ、それから神は、オーセ（旧村番所）に向かう。オーセでは、「村役人等が礼服を着用して神の到来を待っている」。そして、先行したツカサが、神の到来をまって厳かな祭儀を執り行う。

喜舎場氏の報告は、このあとアカマタ神・シロマタ神来訪の様子を述べる。出現する場所や立ち寄るトゥニムトゥ・御嶽は異なるが、道順や祭儀はクロマタ神の場合とほとんど同じである。クロマタ神は前良川を下ってこられるが、アカマタ神・シロマタ神は後良川を下ってこられる。ウームトゥ（大本、地名）で時を待ち、ギラムヌの太鼓の合図で村に入ってこられる。まず二神はシロマタ神のトゥニムトゥ（冨里家）に揃って立ち寄って祭儀を受けられ、次にアカマタ神のトゥニムトゥ（赤嶺家）に立ち寄られ、そこでも祭儀が執り行われる。そのあと二神は、オーセに向かわれる。オーセでの祭儀が終ると、クロマタ神とアカマタ神・シロマタ神は二手に分かれて（時間差はある）「聖地に御帰り」になる。これも氏の報告を要約して、概略を述べるとこうである（アカマタ神・シロマタ神の場合）。

オーセから二神はフンザキに行かれる。ウイダバシ（大枝橋、後良橋の前身）の上流、後良川の南岸にあった地名である。かつてそのあたりにはウイダ村があり、ウイダ御嶽があった。村人たちもここまで来て、二神を見送る。そこから先は行くことはできない。ギラムヌたちが神のお供をして送る。前に赤と白のシルシバタを持ったマエダチのギラムヌが先導し、続いてミバライのギラムヌが太鼓とドラを打ちながら前途を浄める。神は曲り曲がった山道をたどって行かれる。ときどき振り返って村人の方を見る。その度に、シルシバタを倒して村人の方へ向ける。ギラムヌたちが「別れの歌」をうたう中、神は、遂に山奥へと消えて行かれる。

この祭りは、特別の祭祀集団によって執り行われ、外部の者はいうに及ばず、村の住人であっても、関係者以外は見たり聞いたりすることはタブーとなっている。喜舎場氏の報告も、直接祭りに参列して書いたものとは思われない。ほとんど同時進行する、しかも多岐にわたる祭儀を一人でたどることは不可能である。力強いインフォーマントの協力があったと思わざるを得ない。

ならば、その人(たち)の個人的な見解も影響しているであろうし、また氏の推測も反映していることであろうと思われる。疑問とする点は多いが、ここでは取り上げないことにする。ともあれ、氏の偉業があったればこそ私たちは、かつてこの祭りと祭儀が、この村で濃密に行われていたことを知るのである。

喜舎場永珣氏の調査は一九二八年と一九二九年、それから六〇年余が経過して波照間永吉氏の論文が出た。基になった調査は一九九一年、今から一五、六年ほど前である。祭りと祭儀の実態はどうであったか、再度波照間氏の論文を参照して概略を述べてみる。

現在は一組として神を迎えている。一つの建物を二神のトゥニムトゥとして祀った措置で、意図的な祭りと祭儀の改変であろう。しかし、一五、六年前(まで)はアカマタ神・シロマタ神は時間差をつけ、分けて別々に迎えていた。最初はシロマタ神のトゥニムトゥ、冨里家である。

初めにシルシバタを先頭にして太鼓やドラを打ち、ユンタを唄いながら一団が入ってくる。伴われるようにシロマタ神が出現する。縁側では冨里ツカサ(ツカサが存在した)が庭に向き、願いごとを唱えている。シロマタ組のウヤ(当時仲本氏)が冨里ツカサに、「シィシィマタ　シサリ」(シロマタ神様　ああ尊)と口上を述べる。シ一同も拝礼する。村人としばらく向き合ったあと、神は家の裏へとお隠れになる。次に、同じようにしてアカマタ神が出現する。今度はアカマタ神トゥニムトゥのウヤ、次呂久氏が冨里ツカサの脇に寄り、「アカマタ　シサリ」と口上を述べる。ややあって、アカマタ神も建物の裏へとお隠れになる。家の裏では、特別の祭儀が行われているようである。

この後、シロマタ組・アカマタ組一行は、アカマタ神のトゥニムトゥである次呂久家へ向かう。次呂久家においても、同じように二神を迎える。次呂久家で二神がヤマニンズ（氏子たち）たちに福を授けた後、神はいよいよ聖地、神の国へお帰りになる、その模様について現在と重ねて述べることにする。

社会情勢の変化、とりわけ人口流出や人々の意識の変化、祭祀組織の弱体化等にともなって、現在の祭りの形態はかなり変化している。今日この祭りが、既述のように行われているかは分からない。私が尋ねた二、三の古老は、はっきりとは答えなかったが、言葉の端々からは否と言っているような印象を受けた。繰り返しになるが、かつてこの祭りでは、遠来神を迎えるために濃密な祭儀が行われていた。

トーピー（二〇一七年八月一三日）の夕方、私は民宿の主人夫婦に伴われてアカマタ神・シロマタ神のトゥニムトゥへ行った。波照間永吉氏の論文の基になった調査は一九九一年、今から一五、六年前である。それによると、かつてシロマタ神のトゥニムトゥは冨里家（ピニシ御嶽）、アカマタ神のトゥニムトゥは次呂久家（ウカ御嶽）で別々であった。二神はまず冨里家に来訪され、次に次呂久家に行かれた。現在は冨里家の屋敷跡にコンクリートの大きな家を建て、両方のトゥニムトゥとしている。奥の壁に神棚を設け、右をアカマタ神、左をシロマタ神として祀る。

アカマタ・シロマタの神が来訪するトゥニムトゥ（かつてシロマタ神のトゥニムトゥ冨星家があった）

行ってみて驚いた。建物の中、外に大勢の人が集まっていた。滞在した五日間、村の中はほとんど人通りがなく、これだけの人が住んでいるとは思えなかった。聞いていくと、村を出た人々がこの時に合わせて帰ってくるそうである。また、日取りが重ならなければ、小浜島や宮良(石垣市)からも人々が来ることがあるという。古見村のアカマタ・クロマタの神事は小浜島に伝わり、さらにそこから宮良に伝わったといわれる。

建物は後良橋にさしかかる一〇〇m手前、県道から左へ二、三軒入ったところにある。南向きに門があり、門を入ると視線を遮るように、高さ一・五m、幅三mほどの生垣がある。神は門を入ると、その左側から人々の前に姿を現す。待つことしばらくすると、激しくドラを打ちながらミバライのギラムヌが入ってきた。あたりがシーンとして、緊張がみなぎる。人々の前を右から左へ、ハーア、ハーアと大きな声を上げながら、小走りに走って激しくドラを打つ。次に、同じような動作を繰り返し、ミバライは門の外へ出ていった。

それから一〇分ほどして、再びミバライが同じ動作で現れ、同じ動作で出て行く。その余韻が残る中、太鼓とドラの音《ね》に合わせ、歌声が聞こえてきた。神を称える唄をうたいながら、先ず赤と白のハタ(竹竿に細長い流しの布を結ぶ)を持ったマイダチが現れ、続いて太鼓・ドラ持ち、そしてウヤやシジャ、他のギラムヌたちが入ってくる。

一同は右から左へ、集まる村人たちの前を横切るようにして進む。庭の端まで行くと、ウヤたちは椅子に腰かけ、マエダチや太鼓・ドラ打ち、歌い手たちは立ってうたい続ける。そして、シロマタ神が出現する。神はゆったりとして人々の前に現れ、静かに見渡しておられる。聞くところによると、神は見るのではなく、拝むのだそうである。私の隣では、親に教わってきたのか、子どもながら頭を垂れて手を合わせていた。しばらく村人を見渡しておられた神は、静かに建物の裏にお隠れになった。続いてアカマタ神が出現するが、同じようにして、神はお隠れになる。

家の裏では祭儀が行われているのであろう。シロマタ神トゥニムトゥのウヤ、次呂久義彦氏が盃に御神酒の瓶と盃を持って裏から現れ、神の供をする一同に注いでまわす。ほどなくして、再びシロマタ神が家の裏から村人の前に現れ、そして門の外へ去っていく。続いてアカマタ神も現れ、同じように門の外へ去る。神が聖地へお帰りになるのである。マイダチがシルシバタを持って先頭に立ち、太鼓・ドラを打ち、ウヤやシジャ、他のギラムヌたちが従って二神を送る。それから先は村人を含め、一般の人々はついていくことはできない。一行は門から左へ、県道に出て後良川に向けて進む。

アカマタ神・シロマタ神の一行が去ると、村人たちはどやどやと門を出て、右へ向かう。そして畑中の道を通り、クロマタ神のトゥニムトゥへ向かう。クロマタ神のトゥニムトゥは山里家、今は住む人が絶え、建物は村で管理しているという。小学校の西隣、県道に面している。県道は西表島の東部から北岸を通り、西部まで続いている。往き来する車の量も多い。クロマタ神は県道を通ってこられる。時が近づくとギラムヌたちが右左に分かれて、運転者にていねいに回り道を指示している。

クロマタ神のトゥニムトゥへの来訪と退出は、アカマタ神・シロマタ神の場合とほとんど同じである。クロマタ神がトゥニムトゥから退出されると、村人たちは急ぎ足で後良橋に向かう。アカマタ神・シロマタ神を見送るためである。人々が後良橋にたどり着いたころ、あたりは薄暗くなっている。遠くピニシ島のあたりに二神一行の姿が見える。トゥニムトゥを出られた神はピニシ島に寄り、特別に祭儀を行われることになっていた。

幸いに干潮の時刻で、後良川は歩いて渡ることができた。潮が引かない年は、舟で渡ったという。神の一行はピニシ島から川上の方、山の方に向かって進む。朧に旗が見え、太鼓とドラの音がかすかに聞こえてくる。おそらく「別れの歌」もうたわれていることであろう。ときどき旗が倒されたりするのは、神が村人の方を振り向いておられるからであろう。神と村人、あちらとこちらで、名残を惜しむ光景である。村人は橋から先へ行くことは許されない。やがて、雑木林の向こうで、神の姿は視界から消えていった。人々はぞろぞろと、三々五々家路につく。

三　遠来神の正体と祭りの性格

年中行事としての村の祭りで、具象神が出現するのは現在もシチ（祭り）を行う川平・祖納（西表）・船浮・干立と、古見・新城・小浜・宮良の村々である。川平村ではマユンガナシ、祖納・船浮ではフダツミ・干立ではオホホ（神と考える）の神々である。一方、後者の古見・新城・小浜・宮良の村々はいずれもプールで、アカマタ（・シロマタ）・クロマタの神々が出現する。そして、アカマタ・シロマタ・クロマタの神々は古見村を発祥の地とする点で、特徴がある。

古見村ではプールに神々が出現する。しかし私は、これらの神々の大本はシチにあったと見ている。そのことを考えてみたい。アカマタ・クロマタの出現については、民間にいくつかの伝承がある。これらの伝承にはいくつかのルーツがあって、長い年月の間に結合したり枝分かれしたりして今日に至っていると思われる。人々の記憶から消えてしまった伝承もあったであろう。

現在研究者の報告では、喜舎場永珣氏が聞き取りで採集した伝承が二つ、宮良高弘氏の一つが知られている。それらに共通することは、人間が神となって村に出現するようになった後の世の人々が、その由来につ

潮の引いたピニシ（平西）島

いて語る形式になっていることである。これらは現在の人々の間に伝えられている伝承であるが、今から三〇〇年ほど前の人々の間でもほとんど似たような伝承が語られていた。それが記録となって残されている。しかも、現在の古見村のプールの祭りと祭儀をよく見ると、むしろこちらの方を実践しているように思われる。史料は『八重山島諸記帳』（以下『諸記帳』と表記）で、その中の「島中奇妙」の項に次の記述がある。

上代古見島三離嶽に猛貌之御神身に草木の葉をまとい頭に稲穂頂出現立時は豊年にして出現なく時は凶作なれは所中之人世持神と名付崇来候終此神曾出現なくして凶年相続候得は豊年之願として人に彼形を似せ供物を備ひ古見三村より小舟壱艇つゝ賑に仕出しあらそはせ祭之規式と勤候利生相見豊年なれは弥其瑞気をしたひにて無懈怠祭来候今村々に世持役と申役名も是に準て祈申由候但此時由来伝噺有之候也

内容をひらたく述べるとこうである。昔古見村の三離嶽（ミチャリオン）に猛々しい姿の神が草木の葉を身にまとい、頭には稲穂を差して現れた。この神が出現する時は豊年で、出現しないときは凶作となったので、村人はこの神を世持神と名付けて崇めて来た。ところが、どうしたことかこの神が現れなくなり、凶年が続いた。村人は豊年願いとして人間がその神の姿となり、供物を備え、古見三つの村からそれぞれ小舟を一艘づつ出して賑やかに仕立て争わせ、それらを作法として執り行った。すると祈願の効果、利生《りしょう》が現れ豊年となった。それからは怠りなくこの祭りを行うようになった。今村々では世持役という（神）役も是に準じて祈り、祭りを行っているのはこれに倣ったのである。

この記述は前半と後半に分けて考えることができる。前半は「上代」の出来事を、後半は「今」（当時）の出来事を述べている。前半はミチャリ嶽に奇怪な神が出現したこと、後半は人間が神に扮して祭りを行ったことである。脈略をたどれば、この記述の主眼が後半にあることが分かる。

「上代」は「はるか昔」というほどの意味で、この種の由来譚では明確に時を定めることを避ける手法としてよく使われる。「昔々あるところに…」の類である。そこから始まる導入部分は神話の世界である。三離嶽に予言の神が出現して時が立ち、後世古見の三つの村には人が草木の葉をまとって神となり、(豊年の)祭りを行うようになった。今日見るアカマタ・シロマタ・クロマタの祭りと祭儀はそこから始まったとしている。

既述のように、往昔の古見はミチャリ・ピニシ・ウブタ・ヨナラの村で構成されていた。そのうち、ヨナラは他の三村とは遠く離れて西表島北岸、由布島の向かいの地にあった。そこから、「古見三村」はミチャリ・ピニシ・ウブタの三つの村であったと考えることができる。この三つの村から小舟を出させて舟漕ぎをした。その舟漕ぎが、今も伝わって行われている。ただ、「賑に仕出しあらそはせ」が舟の飾り立てを争わせたのか、舟漕ぎ競争をさせたのか文脈がたどりにくい。しかしここは神事と見て、前者であろうと捉えておく。

『諸記帳』で述べる伝承を現在に関連付けて検証してみると、祭りと祭儀が大方そのように受け継がれて実践されていると感ずる。三〇〇年ほど前の習俗が、このように継承されているということは驚きである。しかし、いくつかの疑問も浮かんでくる。最初に来訪神、クロマタが現れたのはミチャリ嶽であった。ミチャリ嶽は古の主要な古見村の一つ、ミチャリ村が擁した御嶽であった。ところが、現在はカネマ嶽がミチャリ嶽の上に格付けされ、クロマタ神のトゥニムトゥとなっている。カネマ嶽は、もともとミチャリよりも遠く離れたところに存在していた御嶽である。なぜこのような現象が起こったのか、これが一つの疑問である。

古見三村は、先述のようにミチャリ・ピニシ・ウブタであった。「今村々に世持役と申役名も是に準て」の村々も、これら三つの村であろう。三神はミチャリにクロマタ、ピニシにアカマタ、ウブタにシロマタを当てることができる。ところが、ウブタの村が廃村となり、現在シロマタ神を祀るのはウカとシタジ(特にウカ)

のトゥニムトゥである。ウブタとウカ・シタジとはどのような関係があるのか、どのような経緯でこのような現象が起こったのか、これが二つ目の疑問である。

そして、三つ目の疑問である。冨里家はピニシ御嶽のトゥニムトゥである。そしてティジリビの邦弘氏は、現在アカマタ集団のウヤで、大将でもある。ところが、波照間氏の論文によると、冨里家はシロマタ神のトゥニムトゥであった。つまり、当時と現在は逆転している。これらの疑問の根底には、二つの問題があるように思われる。一つはイエ継承がかなり揺れ動いていること、もう一つは、そもそも「トゥニムトゥ」とは、ここではどのような意味を持つかという問題である。それぞれ、今後の課題としたい。

さて私は、八重山地方の村々で、どの村においても最も大きな年中行事と語られるプールとキチゴンは、シチと深い関わりをもって成立したと見ている。プールとキチゴンは後から導入された祭りであること、またいつごろ成立したかという疑問に、古見村のこの祭りの伝承と発展は大きな示唆を与えてくれる。

その手掛かりとなるもう一つの史料がある。『与世山親方八重山島規模帳』（以下『規模帳』と表記）である。「親方」はウェーカタと詠み、王国時代の官僚の位階である。与世山親方は首里王府から派遣された検視で、宮古・八重山の行政監察官であった。彼が八重山を視察し、帰任後まとめられたのが『規模帳』であった。「規模」はキモと詠み規則のことで、『規模帳』は八重山の行政規則として王府から布達された。一七六八年一二月の日付である。その中に、次の記述（規則）がある。

古見・小浜・高那の三か村では、豊年祭の時にアカマタ・クロマタといって二人が異様ないでたちで神のまねなどをする。良くない風俗なので今後は止めること。

短い文ではあるが、『規模帳』は三つの貴重な情報を提供する。一つは成立年が明示されていること、二つ目はそれによって、一八世紀の半ばごろには「豊年祭」という祭りが広く行われていたと知ること、そして三つ目は、古見を発祥の地とするアカマタ・クロマタの祭儀が近隣の村々にも普及していたことである。このことを、時系列で考えてみる。

首里王府が『由来記』を編纂したのは一七一三年、その中に収められた「八重山編」を八重山蔵元がまとめたのは一七〇五年である（いわゆる「八重山島由来記」）。それより先、一七〇一年から一七〇三年にわたり、八重山蔵元は与那国島を除く八重山全域の御嶽や年中行事等の調査を実施した。従って収められた内容は、一八世紀初頭（当然それ以前から）の八重山の習俗を表わしていたことになる。

当時、シチは七月の行事であった。シチは正月で予祝祭を伴い、ムヌスクリ（作物作り）の始めでもあった。それから一年後、次の年の六月すべての農作物を収穫するとシュビニガイ、つまり収穫感謝祭が行われた。そして二〇日あまりで、また次の年の正月、シチを迎える時間サイクルである。シュビニガイからシチまでの二〇日あまり、農民は農作業を止め、鳴り物や歌舞一切を慎み、物忌みの日々を送った

後に仏教が伝来し、七月（旧暦）が法事の月と意識されるようになった。その結果、祝い事としてのシチがあとにずらして行われるようになった。この衝撃的な変革を契機としてアカマタ・クロマタなどの神が姿を現したと見ている。正月としてのシチは予祝祭を伴っていた。その予祝祭が残され、今日見るプールとなった。

ところで、『規模帳』に見る「高那村」は一七三三年、西表島の東北岸、ユツゥンと呼ばれていた地域に小浜島から寄せ百姓して建設された村である。その頃すでにプール（豊年祭）が行われ、アカマタ・クロマタという「異様ないでたち」の神が出現していた。それから推して、プールという祭りが導入されたのは一七〇五年（「八重山島由来記」）から一七三三年の間ということになる。

ただし、これは高那村が建設された一七三三年を下限として見ているが、祭りや祭儀は荷物のように運ばれてすぐ使われるものではなく、水が流れるように緩やかに伝わっていくものである。プールの発生やアカマタ・クロマタの出現はもっと早く、一七二〇年代に遡るであろうと思われる。

古見村のプールの大本はシチである、と私は見ている。前掲波照間永吉氏論文に、このような件（くだり）がある。舟漕ぎを終えた漕ぎ手を、ツカサが称える場面である。

シタジィウッカンの浜では吉峯チカサが盃とカザリィクビンを持ち、大底チィカサがクジィ（トウヅルモドキ）の葉数本を持って待機している。（中略）舟を浜に乗り上げると、大底朝要・大底博氏は浜に下り立って盃を受け、クジィの葉を受け取って乗り組んでいる者に渡す。それぞれ頭に蔓を巻付け、冠り物する。また、船の舳先にもクジィを一本立てる」。

シタジィウッカンの前の浜を出発して、ハナシクウッカン、ピニシウッカン、キダスクウッカン（シーラ川の河口部右岸）に向かう。舟が到着するのを冨里チカサが迎える。一同は舟から陸に上がり、冨里チカサと対座して（中略）、チカサの持ってきたシィチィカザ（イリオモテシャミセンヅル）を受け取り、頭に巻く。

この引用文は二か所の舟漕ぎの舞台で、舟が浜に着いたあとの状況について述べている。私がここで注目し、取り上げるのは二つの植物、クジィとシィチィカザ（シチカザ）である。

川平村（石垣島北西部）は、現在もシチが行われている村の一つである。そこではシチになると、井戸や公共物などは掃除をして、クジィを巻き付けたり、あるいは両側に青竹を立て、それにクジィを張り渡しておく。西表島西部の祖納も、現在シチを行う村である。そこでは、今も伝統的にシチカザを巻く慣習が、固く守られている。

「シィチィカザ」の「カザ」は蔓の意で、名称からも察せられるように、シチに因んで呼ばれるようになった植物名(方言名)である。戦後のある時期までは、八重山地方ではどの村でもシチが行われていた。シチを迎える日には、夕方シチフルマイをいただくまでに、家中の柱はいうに及ばず、農具などの諸道具や庭の木々、家畜の耳や脚にもシチカザを巻きつけた。果ては子供たちの手足にも巻きつけた。

一日をかけて行われる来訪神を祭る儀礼に、まるで突然かのように、シチには欠かすことのできないクジィやシチカザが出てくる。これは現代、思いつきでその場に取り入れたのではなく、かつての慣習がこのような形で、伝え残されているのである。

上記『諸記帳』の記述で見るように、舟漕ぎは来訪神を迎える儀礼として行われていた。その来訪神アカマタ・クロマタの神は、現代はプールに出現するが、そのルーツ、三離嶽に出現した神はシチの日に出現したと見ている。『由来記』の記述から推察できるシチは、その冒頭に「年帰し」と述べるように、正月であった。そして、この「年帰し」の際立った特色は、祖霊を迎えることであった。往古正月は先祖の霊を迎える日でもあったのである。

本来神は、祖霊とて姿の見えない存在である。その神が姿を現した。その誘因、メカニズムについては、第一部第二章「二　姿を現した神」の項で述べた。見えない神が姿を現す、神話と現実の境界で神は、マユンガナシ(川平村)はみすぼらしい旅人となり、クロマタ神(古見村)は草木を身にまとった異形として現れた。

神が初めて姿を現した時間も興味深い。マユンガナシは「年の夜」に現れたが、伝承から推測されるように、クロマタ神は、「三日遊び申すなり」の予祝祭の日に現れた。すなわち、クロマタ神は予祝の神として出現した。この神が出現するか、しないかによって作物の実りが大きく異なる。この神は農耕と深く関わり、収穫をも左右する神である。つまり、農業の神、農耕神であった。さらに、頭の頂に稲穂を差していることから、稲作に深く関わる神であったことも分かる

神が毎年訪れ、子孫を見守り続けられるよう、人々は知恵を絞った。舟漕ぎはその一つである。クロマタ神の来訪と舟漕ぎは、シチの予祝祭の行事であった。後に、「三日遊び申すなり」の予祝祭は、プールとして行われるようになった。古見村では、アカマタ・クロマタ・シロマタの神を祭る行事が、舟漕ぎ儀礼とともに伝承された。あのクジィとシチカザは、この行事が、かつてシチの予祝祭の行事として行われていたことを表している。

宮良高弘氏は、「黒マタの神」は死者の化身である（前掲論文）、という。しかし、それ以上の説明はない。アカマタ・シロマタ・クロマタは祖霊である、というのが私の見解である。そのことは、この祭儀の儀礼のコンテクスト（脈略、筋）を注意深く観察するといっそう明らかになるはずである。

○　民間の伝承に登場する神は初め人間であった。その人間が神となり、人々はその神の顔に似せて面を作った。

○　『諸記帳』に載る草木をまとってミチャリ嶽に出現した神は民間にも伝わっており、喜舎場氏はその神を「神人」（神通力を得た人）と表している。やはり人であった。

○　出現の場所が御嶽となっている。御嶽は本来一族の守り神を祀る拝所で、その守り神は一族の先祖である。御嶽はもともと葬所であった（仲松弥秀）。

○　トゥニムトゥは御嶽で神を祀る一族の宗家で、そこに集まって神を迎える人々は皆神とは血のつながった子孫、末裔である。

○それゆえトゥニムトゥに神が現れ、神が集まった人々と向き合う様も慈愛に満ち、人々には懐かしさがみなぎっている。

○神を送っていくギラムヌたちは、道々太鼓とドラを打ち、合わせて「別れのうた」を唄う。名残を惜しむ心情が切々と伝わってくる歌である。血のつながった関係でなければ、このような情景は生まれない。

トゥシ　トゥシヌ　シルマタ　　年々来られるシロマタ
パタパタヌ　アカマタ　　季節季節に来られるアカマタ
ワカリブシャーニヤスン　　別れたくないのだが
ヌキブシャーニヤスン　　離れたくないのだが
ナユバシド　ワカリヨール　　どのようにして　別れようか
イカバシド　ヌキヨール　　如何にして　離れようか
バダバヤミ　ワカリヨーラ　　腹を痛めて　別れよう
キムバヤミ　ヌキワーリ　　心を痛めて　離れよう
ヤイニワーリ　シルマター　　来年、いらっしゃいシロマター
クナツワーリ　アカマター　　來夏　いらっしゃいアカマター
ヤイニワーリ　ハナショーラ　　来年きて下さい　話しましょう
クナツワーリ　ハナショーラ　　來夏きて下さい　話しましょう

（宮良高弘　前掲論文より）

○アカマタ・シロマタ二神を例にとると、神はお帰りになる際、ピニシ島に立ち寄る。この行為は、

二神を祖霊と見る一つの（重要な）根拠となる。そこは遠い昔、祖霊が神となる前の懐かしい故郷であったからである。

○しかし、もしそうであったとするならば、シロマタ神が立ち寄るのは別にあるのではないか、という疑問が浮かんでくる。つまり、ウブタ村である。ウブタ村が消え、一つの建物をアカマタ・シロマタ共同のトゥニムトゥとして祀るようになった故、シロマタも一つの村、ピニシを故郷として立ち寄るようになった。つまり、祖霊なる神（シロマタ）には、他には替えられない懐かしいふるさと、ウブタ村があったはずだということである。

八重山地方には神を迎え、送る祭りが数多く営まれている。その中では異界（例えばニライ・カナイ）の神も含まれる。しかし、それらの神は姿を現さない。厳かな中にも静かに迎えられ、静かに送られていく。ところが、古見村では村人総出で遠来神を迎えて篤く祭り、送る。このように、神と村人（祖霊と子孫）が一体となった祭りは、この祭りが伝わったといわれる小浜・新城・宮良を除けば、他にはない。八重山地方では異色の祭りといえよう。

本稿は、古見村のプールを現地で観察し（二〇一七年八月）、考察した私の結論である。この見解が、古見村の人々に受け入れられるかどうかは分からないが、一研究者の調査報告として理解していただきたい。また、細部については調査不十分の点も多々あろうかと思うが、その点はお許しいただきたい。

第四部　シチとキツガン

一　合理的な発想で創設された祭り

キツガンは一般的な学術用語では結願祭といわれるが、地元ではキチゴン、あるいはキツガンなどとよばれる。願解きの意味がある。ここからはキツガンで通すことにする。しかし、その実施状況を見ると、キツガンを行う村は限られている。現在キツガンの行われている状況を見ると毎年キツガンを行う村、期間を定めて行う村（石垣村は六年に一度、宮良村は四年に一度）、全くキツガンを行わない村に分かれる。かつては行なっていたが、今は行なっていない村もある。また、キツガンをシチと呼ぶ村もある。期間を定めて行う祭りとなると、もはや願解きの意味を持たせることはできないであろう。この現象は、キツガンが便宜的に創設された祭りであったことに由来する。

そもそも願解きは、それまでの農作業や収穫を神に感謝する祭儀である。農民にとって最も重要で、主要な農作物はイネ・アワ・マメであった。とりわけイネは田の整地から種蒔き・植え付け・管理・収穫まで、ほとんど一年間休まることなく農作業が続く。収穫を終えた後、六月には願解きの祭儀、シュビニガイ（首尾願い）が執り行われる。潔斎して御嶽に籠り、厳かに執り行われる祭儀である。夜を徹して執り行われることからユードゥシ（夜通し）、あるいはユーグマリ（夜籠り、ユングマリとも）といわれる。

柳田國男氏は各地の宵宮（祭り前夜の斎場）を調査し、それらがコモリ・オヨゴモリ・ゴヤゴモリなどと呼ばれていると述べる。そして、「つまりは『籠る』ということが祭の本体だったのである。即ち本来は酒食を以て神をおもてなし申す間、一同が御前に侍座することがマツリであった」と述べている（柳田、二〇〇二「日本の祭」『柳田國男全集』一三、筑摩書房）。ユーグマリは文字通り「オヨゴモリ」である。

シュビニガイから二〇日余り、七月の中ごろにシチがきた。シュビニガイからシチまでの間、農民は物忌に服し、控えめの生活を送った。仏教の伝来でシチが二、三か月後に移して行われるようになると、シチに伴っていた予祝祭、『由来記』で述べる「三日遊び申す也」が残され、シュビニガイに続けて行われるようになった。プールである。察せられるように、ユングマリのシュビニガイと予祝祭としてのプールは、趣旨の異なる祭りで、もともと別々に行われていた祭りであった。今日ではそれが前後して行われているため、両者をセットにしてプールと称しているが、それは違う。

『与世山親方八重山島規模帳』（一七六八年）に、「古見・小浜・高那三ケ村の儀ほふり祭之時あかまた・黒またとて…」の記述が見える（『石垣市史叢書』二）。アカマタ・クロマタ祭儀は風俗上よろしくない、やめるようにという通達である。この中に出てくる「ほふり祭」は「穂利祭」で、プールのことである。つまり、一八世紀の中ごろ（一七六八年ごろ）には既に先述の祭り、シュビニガイ（収穫感謝・願解き）とプール（予祝祭）の形態が作り上げられていたことが分かる。

プールはシチ（正月）に伴なっていた予祝祭であったが、さらにその後、今度は逆にシチの後を追うようにして新しい祭りが創設された。キツガンである。これには二つの要因が重なって作用した。『由来記』で「年帰し」と述べるように、往古シチは正月であった。シチが正月で一年の初めであるならば、その前に一年の終わりがなければ締りがつかない。キツガンは、このような発想で導入された。

そしてもう一つ、シチが二、三か月ずらして行われるようになると物忌みが明け、予祝祭としてプールが執り行われるようになった。かつて「三日遊び申す也」と述べられたように、人々は次の年の豊作を願い、賑やかに祭りを執り行った。そして、祭りが終ると、人々は農作業を始めた。ところが、二、三か月農作業を続けるとシチがきた。シチは正月で、また仕事始めの日でもあった。そこで、仕事納めの祭りを行わざるを得なくなったのである。キツガンにはこのような意図も込められていた。

キツガンは、このように論理的な発想で、便宜的に創設された祭りであった。それゆえ、先に述べたように毎年行う村と期間を定めて行う村、全く行わない村とかつて行っていたが廃止した村などに分かれるのである。また、祭りの形態を見ても、キツガンを行う村で六月のシュビニガイ（ユングマリ）を行う村と行わない村、両方行う村などに分かれる。このように見てくると、かなり混乱しているような印象を受ける。この現象も、結局はキツガンが後から便宜的に設けられ、村によって選択に戸惑いがあったからであろうと思われる。

由来についても、村によって受け取り方が異なる。竹富島のキツガンについて郷土史家の上勢頭《うえせど》亨氏は、「明治八年頃、八重山地方に食糧飢饉があり、当時の竹富の役人、知念与人《ちねんゆんちゅ》は島の神々に豊年を賜りますようにと一心に祈願した。その念願がかなって五穀豊穣を迎え、その感謝の願解《がんとき》祭として施行されたのがキツガンの始まりである。」、と述べる（上勢頭、一九七〇『竹富島誌』法政大学出版局）。この説を受けてであろうか、清明《しんみ》御嶽（前の御嶽《まいぬおん》、キツガンが行われる）に設置された御嶽の由来説明板には、「旧暦八月の初め頃、ここで行われるキツガンは、明治八年に豊作祈願が叶った感謝祭として始められました。」と、記している。伝統行事としては、とにかく新しい。

これとは対照的に、小浜島の歴史・民俗研究家の黒島精耕氏は、小浜島のキツガンの始まりははるか昔に遡ると説明する。氏は、かつて小浜島ではシチとキツガンは別々に行われていたが、これを年中行事として一つにまとめたのは大嵩親雲上玻手呂で、一八〇〇年前後の人物であるという。そして、これが氏の見解の最も重要な根拠であるが、シチとキツガンを一つにまとめる契機となったのはミルク（弥勒、小浜島ではメエラク）信仰の伝来であったとする。氏は、小浜島にミルク信仰が伝えられたのは一七九九年で、この年から小浜島のキツガンは始められたとする（二〇一二年四月八日付「八重山毎日新聞」）。シチとキツガンは別々に行われていたとする見解は、これまで述べてきたように私も全く同意見である。しかし、人物と年代の確定が気になる。

キツガンを由来や祭りについて見た時、興味深いのは喜舎場永珣氏の立場である。氏は、八重山地方の村々を隈なく回り、精力的に収集した膨大な資料と自らの解釈・見解をまとめている。しかし、プールについては多くを語るが（例えば「石垣島のプールと真乙姥綱曳」・「爬龍船の神事―黒島」など）、キツガンについては取り上げていない。理由は分からないが、関心がなかったのは確かであろう。

二　祭りの概況

本項はキツガンの創設と祭りの性格をシチとの関係で明らかにしようとしている。それゆえ、祭りの実際については詳述を避け、概況を述べることにする。キツガンの祭りの形態はほとんど同じで、前夜に籠りの祭儀があり、次の日の朝は御嶽回りの祭儀、続けて祝祭が行われる。その村の伝統的な芸能によって特色も現れるが、ミロク神（弥勒は神である）の登場、棒術や獅子舞などの演目で共通点も多い。ここでは、小浜島と川平村を事例として述べることにする。祭りには供物の取り揃えを含め、事前の準備、後の処理などが伴うが、それらは省くことにする。

事例一　小浜島

小浜島は、石垣島の南西約一一kmに位置する、周囲一六・六kmの島である。ヨナラ水道を三km隔てて、西方に西表島がある。村は島のほぼ中央に形成され、碁盤型に区画されて展開する。道一つで北部落と南部落に分けられるが、民族学者がよく使う「双分性」の観念はないようだ。祭りの折、際立って顕在化する。水が豊富で稲作が盛ん、豊かな島である。

小浜島ではキツガンをシツ（シチ）と呼ぶ。あるいは、初日だけをシチと見る人もある。この現象は、先述の黒島氏の論稿で見るように、かつてシチとキチガンは別々に行われていたが、一つにまとめて行うようになったという認識が根底にある。年代を確定することは困難であるが、キツガンを観察するかぎり、両者を一つにまとめたのは事実であろう。それを確認する一つの手がかりがある。

小浜島のキツガンは九、一〇月の己亥に日取りして行われる。この「戊・己の亥の日」は、時は二、三か月ずれるが、『由来記』の「七・八月中ニ己亥日、節ノ事」をそのまま踏襲している。『由来記』で述べるシチは、「年帰シトテ家中掃除、家・蔵・辻迄改メ、諸道具至迄洗拵、皆々年縄ヲ引キ」と、「三日遊ヒ申也」の二つの要点で構成されている。シチがずらして行われた折、後者の「三日遊ヒ申也」はプールとなって六月に移された。従って、シチと呼ばれる祭りは、前者の「年帰シトテ…」の一日だけであった。この一日は、もちろん「己亥日」に行われた。この一日に、キツガンを重ねて行うようになったと思われるのである。

小浜島のキツガンは四日にわたって行われる。初日は「アーラシツ」と呼ばれ、九、一〇月の己亥に日取りして行われる。アーラシツ（新しいシツ）は『由来記』の「節の項」（巻二一）で述べる「年帰し」に当たり、新しい年（正月）を表わす。聞いていくと、一九五〇年代の中ごろまでは、伝統的なシチの行事を行っていたという。キツガンの初日は、確かにシチの日であった。

キツガンの祭場となるカフニ御嶽

カフニ御嶽のイビ

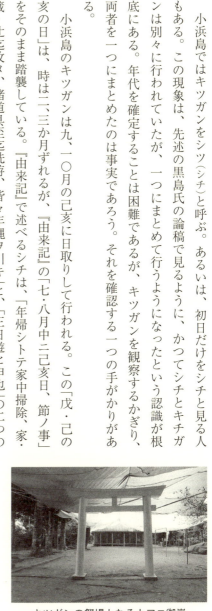

しかし、今ではシチの実体は消え、「アーラシツ」は名称だけを留めるまでになっているという。特に若い世代にはなじみがない。初日は午後三時ごろから、北部落はメーラクヤ（弥勒家、弥勒の面を保管する）、南部落はフクルクジュヤ（福禄寿家、同）で祭儀と、スクミ（舞台総稽古）が行われる。そして、夜はカフニ御嶽で各御嶽のツカサがユングマリ（夜籠り）して、キツガンの最も重要な祭儀、収穫感謝と願解きが執り行われる。

二日目はショーニチ（正日）と呼ばれ、村人がキツガンを祭りとして実感する日である。早朝、もう一つの重要な祭儀が執り行われる。この祭儀は、村の幹部や長老たちが御嶽回りをして行われる。前の晩、カフニ御嶽でユングマリしたツカサたちはそれぞれの御嶽に入り、時の来るのを待つ。

八重山地方の村々の御嶽は、村の発生・移動・廃村などの過程を反映して実質機能している御嶽、本御嶽を遠く望む遥拝所としての意味を持つ御嶽があり、形態は多種多様で複雑である。小浜

メーラク家の祭儀

ユングマリを司るツカサたち

フクルクジュ家の祭儀

ユングマリ

島の御嶽も例外ではない。現在ツカサが存在し、機能している御嶽はティダクシ（照後）・カータ（川田）・ナカヤマ（仲山）・サクッピィ（佐久伊）・カフニ（嘉保根）の五つの御嶽である。これらの御嶽は、存在する位置によってティダクシ・カータはイリヤマ（西山、山は御嶽の別称）、ナカヤマ・サクッピィはナカヤマ（中山）、カフニはアールヤマ（東山）の三つに分けられる。御嶽回りはイリヤマから始まってナカヤマ、そしてアールヤマのカフニ御嶽の祭儀でおわる。

前日のユングマリの祭儀が収穫感謝と願解きであったのに対し、御嶽回りの祭儀は次の年の豊作と村人の無病息災、村の安泰を願って行われ、全く別の祭儀である。御嶽回り祭儀の後、午前九時ごろからカフニ御嶽の境内で多彩な歌舞・芸能の催しが行われる。御嶽回りの祭儀とこの催しは切り離すことはできない。薗田氏のいう祭儀と祝祭の関係である（薗田『祭りの現象学』第二章「祭り―表象の構造」一九九〇、弘文堂）。祝祭の中で演じられる演目はすべて儀礼で、神を喜ばせ、願いが聞き届けられるように演出する。ゆえに「奉納」といわれる。以下簡略にして述べる。

鳥居と拝殿との間の空間が祭場となる。かなり広い。拝殿ではツカサたちが祭場に向いて坐り、外では椅子に腰かけて村の幹部や長老たちが陣取る。そしてその周りを、一般の村人や観光客らが大勢詰めかけている。初めにザーマーリ（座回り）と総称される演目がある。

小浜島のキツガンは祝祭が多彩で華やか、八重山地方では話題になる祭りで

ザーマーリ。先頭には北部落のメーラク

中山御嶽。拝殿には右にナカヤマ（仲山）、左にサクッピィ（佐久伊）の遙拝所神棚がある

ある。祝祭の芸能は北部落・南部落が交互に演じる。まず北部落のメーラク（弥勒）が先になり、鳥居を通って登場する。幼女二人が両側からメーラクの袖を取り、旗持ちの男児が続く。以下踊り手（男踊り・女踊り）・地謡（歌三味線・笛）・馬舞い・長刀・太鼓・獅子舞と、全出演者がそれぞれの衣装を着け、それぞれの所作をしながら入ってくる。一同は右回りに回ってツカサや長老たちの前を通り、退場する。北部落のザーマーリの後は、南部落のザーマーリがフクルクジュ（福禄寿）を先にして、やはり全出演者を従えて登場する。

南部落のザーマーリが済むと、境内に仮設の舞台が設けられる。毎年のことで、組み立て式の材料が用意されており、係りの若者たちが手際よくそれを組み立ててゆく。舞台が完成すると、参集した一同の者がカフニ御嶽に向かい、ツカサの合掌と礼拝に合わせて拝礼する。そして、いよいよ本番である。ここでは竹富町教育委員会編集の『小浜島の芸能』（二〇一六年）を参照して、演目のみを列挙する。

1（北部落）　メーラクが眷属を従えて登場し、正面奥の椅子に座る。その前で、眷属たちが次々に踊る。踊りが終ると、「ヤーラーヨー節」で退場する。

グジンフウ（御前風）・赤田主・マクチャンチィキィ・マミドーマ・稲摺り節・小浜節・馬乗者

メーラクの入場の後、南部落の数々の芸能が演じられる

メーラク・フクルクジュ入場の後は、南北それぞれの演目・太鼓・棒踊が演じられる。

2（南部落）　フクルクジュが眷属を従えて登場、眷属たちが踊る。踊りが終ると、小浜節で退場する。

赤馬節・夜雨節・稲摺り節・めでたい節・カタミ節・前の浜・馬乗者

3公民館長挨拶　続いてグジンフー（踊り）

4（北部落）　初番狂言（シュンギン）

オータカ・クドゥチ（口説）・与那原節・小浜口説・月ヌマサカイ・大岳節・春の踊り・カミクー（亀甲）節　「ヤーラーヨー節」で退場する。

5（南部落）　シュンギン（初番狂言）

かぎやで風・クドゥチ・鳩間節・猫ユンタ・浜千鳥・ニゴウグヮ（二合小）・アガローザ・谷茶前・南洋浜千鳥・久高節

6（北部落）　ブーピキ（苧引き）

7（北部落）　カンザクキョンギン（鍛冶狂言）

後で取り上げて、改めて述べる予定である。

8（南部落）　カシカキ（踊り）

9（南部落）　サクホーキョンギン（作方狂言）

これも後で取り上げて、改めて述べる予定である。

10（北部落）　イニマジン（稲真積）

11（南部落）　ティンガナシィ（天加那志）

12（北部落）　ハピラ

カシカキ（踊り）

チィドゥリィ節

13（南部落）　ユチィダキ（四つ竹）
14（北部落）　松竹梅
15（南部落）　チルカミ（鶴亀）
16（北部落）　五穀の舞
17（南部落）　バシィヌトゥリイブシィ（鷲の鳥節）
18（北部落）　アギクンノーラ・チィドゥリィ節
19（南部落）　胡蝶の舞
20（北部落・南部落）　アカンマ（赤馬）節

朝の九時ごろから演じられた芸能が終了するのは午後五時頃である。舞台は解体して片づけておく。観客が引いていくなか、拝殿の中ではツカサたちが神衣装を着け、村の幹部らも参加して拝礼を行う。その後、神饌をいただき、しばし懇談となる。直会である。

キツガンの三日目はトゥンドゥミ（止め）と呼ばれ、村の幹部らによる祭りの後処理や、北部落・南部落に分かれて反省会・慰労会が行われる。最後の日は、「タマシコーサミ」（未詳）と呼ばれ、メーラクヤ・フクルクジュヤのそれぞれにおいて、面を収める祭儀が行われる。

事例二　川平村

キツガンを行っている村の祭りの形態はほとんど同じである。すなわち、ユングマリして収穫感謝と願解きの祭儀を厳かに行う。小浜島・竹富島・鳩間島では村の中心となる御嶽でユングマリの祭儀が行われるが。

川平村ではそれぞれの御嶽でユングマリが行われる。前者は遥拝の形態を取るが、後者は直接神と向き合っていることになる

そして、次の日の朝は御嶽回りをして新たな願掛けを行い、午後群星御嶽で多種の演目、演出で行事が行われる。祭儀と祝祭である。次は二〇一六(平成二八)年の祝祭のプログラムである。前半のプログラムは路地で行われ、後半は仮設の舞台を設置して行う。祝祭の中心は後半にあることは明らかであるが、前半は斎場を浄める働きがあろうか。

前半プログラム

1 神前礼拝(神ツカサ)

2 開会の挨拶

3 総踊り(余興人全員)

4 座見舞い

太鼓(ペッソー)

獅子舞

5 川平校児童太鼓(双手・片手)

6 本舞・太鼓(突き太鼓・片手太鼓)・棒・獅子舞

後半プログラム

1 主催者あいさつ

ペッソー(太鼓)

2　来賓祝辞
3　乾杯の音頭
4　初番
5　御前風
6　川平口説
7　川平鶴亀
8　アッコンプル狂言
9　瓦屋節
10　かたみ節・宮良川節
11　古見の浦節
12　黒島節
13　ふっぱ
14　万歳三唱
15　閉会の挨拶

三　祝祭の定番と祭りの性格

祝祭には多彩で多くの演目が演じられるが、結局は娯楽として、あるいはショーとして選ばれ、演出される場合が多い。そのような中で、祭りの趣旨、性格を表わす演目が一つや二つ、毎年定番として必ず演じら

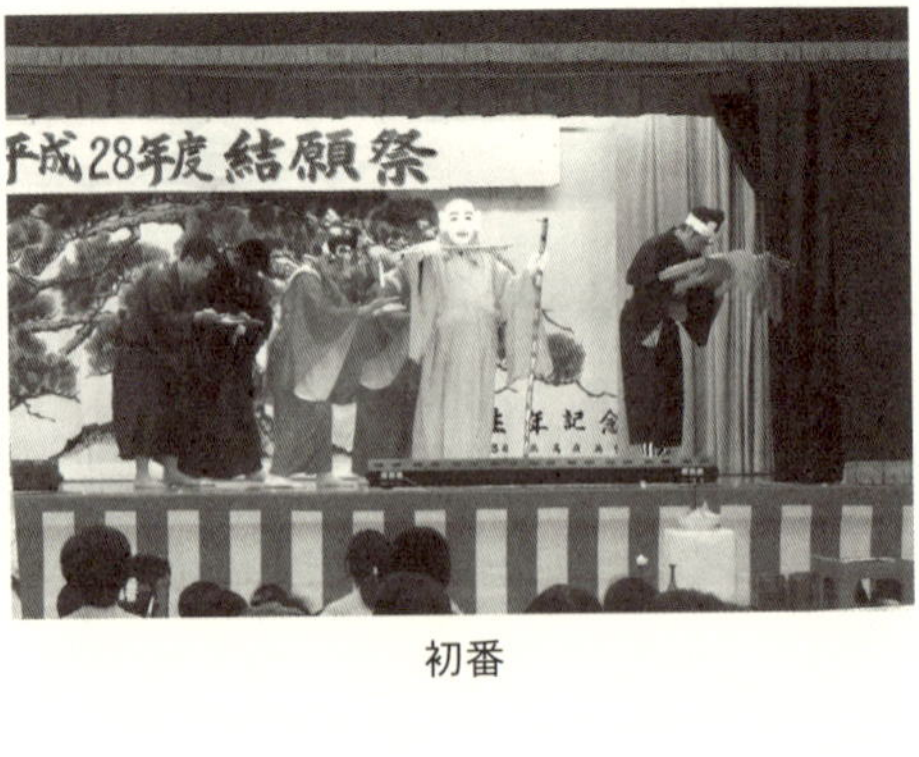

初番

れるものがある。現在キツガンの行われている村の祝祭を通して見た時、次の三つは定番として演じられ、キツガンの性格を特色づけていると思っている。以下においては、この三つの演目を中心に述べることにする。

1　シュンギン
2　主たる農作物はイモ（芋掘り狂言）
3　田畑を耕す、農具の整備

（一）シュンギン

キツガンの祝祭の形態は、前段に「ザマーリ」（座回り、小浜島）・「スーブドゥリ」（総踊り、川平村）を設ける村もあるが、祭りの趣旨を演出する祝祭は後段にある。舞台が設えられ、多くの演目が演じられる。初めに登場するのはミルク踊りである。ミルクは「弥勒」のことで、小浜島ではメーラクと呼ばれる。五穀豊穣・子孫繁栄の来訪神と考えられ、大勢の眷属を引き連れて現れる。舞台を一回りして退場していく村の場合もあるが、小浜島の場合のように、着座して眷属（子孫）たちの披露する踊りを楽しむとする場合もある。ミルク踊りはほとんどの村のプールで必ず登場し、またのめでたい宴席ではミルク節が歌われたりする。かなりセレモニー的な風潮が強い。それとは対照的に、シュンギン（祝言）あるいはショバンキョンギン（初番狂言）と呼ばれている演目はキツガンのために演出された演目で、その他の場で演じられると場違いとなる。形態は少しずつ異なるが、現在キツガンを行っているすべての村で演じられている。ここでは竹富島と小浜島の事例を取りあげる。

事例一　竹富島

竹富島のキツガンは小学校の隣り、清明御嶽の境内で行われる。この御嶽は島の元とも考えられており、その神に向かって祭りが行われるのである。登場人物は四人、自分たちを老人と認め、そのように呼び合う仲間である。まず始めに指揮者と目される人物が登場し、名のって口上を述べる。その出で立ちが興味深い。羽織・袴に杖を持ち、かんかん帽を被っている。

これまで念じ、願ってきた結願を今日の佳き日に解き上げようと、島中・村中の老いも若きも踊りを仕込んで賑わっておるのに、私たち老人も心うきうきとして家でじっとしているわけにはいかない。私たち老人仲間が揃い合って、清明御嶽の前（神前）、六山（六御嶽）・八山（八御嶽）の神前に結願の解きを申し上げ、来年の夏は余るほどの豊作を賜りたいと思って来ましたよ。

と口上を述べ、（名前を挙げて）仲間の三人の「老人」を呼ぶ。呼ばれて登場した三人も、全く同じ衣装、姿である。総指揮の老人がこれこれ云々と呼んだ理由を述べると、呼ばれた三人も呼んでくれたことに謝意を述べ、尤も至極であると打ち揃って出かける。

清明御嶽（竹富島のキツガンの祭場）

清明御嶽の祭儀

清明御嶽の神前で、総指揮の老人が「結願の解き上げをしましょう」と述べると、四人は帽子を取り、杖を前において正坐する。そして、神前に向かって二礼、二拍、一礼して解きの言葉を唱える（省略）。さらに総指揮の老人は、「解き上げをした上は、島中、村中の者たちの長寿願いをしましょう」、と誘う。四人は、島中、村中の者たちの長寿のニガイフチ（願い口、唱え言）を述べる（省略）。次に総指揮の老人は、昔の人は解き上げをし、長寿願いをしなさった後はユンタ巻踊りしてよい年を賜った。私たちもユンタ巻踊りしてよい年を賜りましょうと誘う（口絵）。

アラミョウニ　ハギウルシティ　　新見舟を　　造り降ろして
　ヤーラーヘー　　（囃子）
ミルクユウバ　ダキヌシティ　　豊作の世を　　抱き載せて
　ヤーラーヘー　　（囃子）
タキドゥンニ　トゥルスキティ　　竹富島に　　取り付けて
　ヤーラーヘー　　（囃子）
ミルクユウバ　ダキウルシティ　　豊作の世を　　抱き降ろして
　ヤーラーヘー　　（囃子）
トンマトン　トンマトン
トンシクトン　トンシクトン　　（囃子）

シュンギン。老人仲間の指導者が祝いの口上を述べる（竹富）

シュンギン。ユンタ祭りをしてよい年を賜りましょうと呼びかける（竹富）

ユウバ　ヌウリ　ユウバ　ヌウリ　　　　世(穀物)は稔れ　世は稔れ
メーシンノウリ　メーシンノウリ　　　　もっと稔れ　もっと稔れ(囃子)
ノウラシ　ミーイラシ　　　　　　　　　稔らせ　実いらせ
ノウラシ　ミーイラシ　　　　　　　　　稔らせ　実いらせ(囃子)
ホーヘー

このあと、四人は子や孫たちの踊りやキョンギンを見物し、帰りの歌(ユンタ)を唄い、巻踊りをして退場する。(この項は私の実地観察と竹富島出身の高嶺方祐氏のご教示による。氏はユンタ「新見船」を自ら歌いつつ、実際に踊って見せてくれた。そのあでやかさに感動した)

事例二　小浜島

スータイ(総代、村の代表)が登場し、舞台の中央で正面に向かって口上を述べる。自分はこの村のスータイである。村の親(長老)がシチ・キツガンの日取りをしてくださったので、この佳き時間に出かけてフーユ(大世)・ピルユ(広世)、世果報を賜りたいと思って出てきました。このような趣旨の口上を述べた後、二人のアヤク(相棒、役職名は田ぶさ)を呼ぶ。

二人のアヤクが登場し、スータイに挨拶の言葉を述べる。スータイは先の口上の趣旨を伝え、一人は用意してあった供物を持ってきなさい、一人は村の親を案内してきなさいと言いつける。二人は幕内にはいり、程なくして一人は供物を入れたお膳を捧げ持ち、一人は村の親を案内してくる。スータイが村の親に挨拶をし、佳き日取りをして下さり、今の佳き時間に世果報を賜るように祈願をしようと思っております、と述べる。

祈願の場所は、アローラ(荒れ野)のカンダ丘である。四人は横一列になって正坐し、スータイが供物のお膳を捧げて祈願の言葉を唱える。(劇中では小浜島の方言で唱えているが、簡略にして訳文を記す。以下同)

村の親　総代　荒れ野のカンダ丘に
東方に向かい　東に向かって　祈願をすると
小浜島の上に　ナカンズニ(小浜島の別称)の上に
大世《フーユ》　広世《ピルユ》(世《ユ》は穀物、果報)を　余った世を迎えさせてください
粟・米を作ると　一束から七升、八升を着く　粟・米を作らせてください
芋を作ると　一本から　一〇斤、二〇斤にもなる　芋を作らせてください
作る物の　もろもろの作物を作るので　千石、万石　作らせてください
来る六月には　大神様に　大御初を献饌させてください(以下省略)

祈願が済むと、神に捧げた酒をまずスータイが頂き、次に盃を村の親に渡して神酒を注ぐ。盃が二人のアヤクにわたって飲み乾した後、スータイが語り始める。昔の親たちは、ここカンダ丘にいらして、折目ごとの定めをやっていただいた。星拝みは種子取が近づいていることを賜った。などと語る折も折、神が現れ、神の言葉を伝える。

シュンギン(小浜)。スーダイ・二人のアヤク、村の親

シュンギン(小浜)。神が現れる

来る春に　出る姿は　皆さん　肝（心）驚かすな　胸驚かしな
皆さん　戴いた弥勒様は　私である
皆さん　物種（穀物の種子）である　米種子　芋種子である
皆さん　夏水に漬けて　冬水におろし
皆さん　言葉を忘れることでもあれば
　深山鶯がさえずる時こそ　春の時節である
皆さん　手に取れば　手に拝んで　神仏に献饌して　直会してください
皆さん　位（位階）を言い付けてあげよう
　チョータンヌフーシュー（長者の大主）とは　皆さんのことですよ

神はこう告げて、スーダイに種子の籠を授け、姿を消す（幕内に入る）。スーダイは、神から授けられた種子のかごを押し戴き、私たちは「これを献饌して嘉保根御嶽の大座、神座においでいただいて、世願い（結願祭）を祈願いたしましょう。みんなもいっしょに祈願して下さい」、と言って祈願する。

御嶽の境内は、鳥居・拝殿・イビが直線に結ぶように配置されている。舞台は鳥居と拝殿の間で、架空のその線が中央を通るように設営されている。神前に向かって右手に幕が張られ、その裏が出演者の着替えや地謡（三味線）・笛・太鼓）たちの所定の席になっている。舞台の上では、祈願が済むとスーダイ以下の一同は幕を背にして座り、次々と演じられる踊りを見物する。七つもの踊りが終ると、一同は立ち上がり、地謡たちが演奏し、うたう「ヤーラーヨー節」に合わせて退場する。

（二）　主たる農作物はイモ

プールの祝祭はイネを中心にして演目が演出されている。キツガンの祝祭も演目は多彩であるが、農作物を主題とした演目は唯一「イモ掘り」である。農作業のサイクルを一年として見るならば、六月にすべての農作物の収穫を神に感謝し、願解きをしている。その二、三か月後に再び願解き（キツガン）をするならば、作物はイモしかない。

イモ掘りは劇化されて川平村の「芋掘り狂言」と竹富島の「芋掘り狂言《あっこんぷり》」、そして鳩間村の「ピラ」（へら、農具）がある。前二者は演劇で物語があり、四人あるいは三人の人物が登場して掛け合いをしながら劇（狂言）が進行する。セリフがあり、所作があって三〇分を超える。そのすべてを辿るのは不要であり、ここではイモについて語るセリフを抜き出して述べることにする。

竹富島と川平村の芋掘り狂言については狩俣恵一氏（沖縄国際大学元教授・副学長）の詳細な報告がある（狩俣、二〇〇三「石垣島川平と竹富島の『芋掘り狂言』」『石垣島調査報告書（１）』沖縄国際大学南島文化研究所）。登場人が語る言葉は当地の方言であるが、対訳がつけられている。それを借用することにする。その際、登場人物間の混同を避けるために若干手直しをした。お許し願いたい。

事例一　川平村（芋掘り狂言）

登場人物は前浜家のナベーマと後浜家のブナレ（以上二人は女性）に男二人である。初めに、三味線に合わせてナベーマ登場し、観客に向かって次のように名乗る。

ええ、これ

私は前浜家のナベーマです
結願祭にあたって
父や兄弟たちが
真地原の荒れ地を開墾して
芋をたくさん
実らされたので、(神前に供える)芋を
掘ってお供えするようにと言われたので
こうして出かけるところです。

一人で行くのは心細いと思い、ナベーマは友人のブナレを誘う。イモ畑に着いた二人は早速仕事にかかるが、見事なイモの出来栄えに感激する。夢中になって続けた結果、二人の籠はイモでいっぱいになり、自分の力では持ち上げられないほど重くなっていた。あれこれ思案した二人は、そこに現れた二人の男、松原のコーニと漢那のヒラに頼むことにする。

二人は、結願祭が近づいたのでウムッツィ(イイダコ、ウムズナとも)を捕りに行くところであった。二人は少し間の抜けた男として設定されている。ナベーマとブナレはコーニとヒラを欺いて芋籠を頭に乗せてもらおうと画策する。二人の女と二人の男の掛け合いと所作が軽妙、滑稽で観客の笑いを誘う。どたばたの中で二人の女はまんまと目的を達し、幕となる。

芋掘り(川平)

事例二　竹富島（芋掘《あっこんぷり》り狂言）

竹富島の場合も、やはり初めに人物が登場し、己の身分とこれから行おうとする仕事の目的を述べる。竹富の場合、登場人物は即妙に村の実在の家や人物が取り上げられるようで、たいていは公民館長になるようである。みんながよく知る家や人物であり、初めから爆笑となる。

私は、A家の○○です
今年も、結願祭が近づいてきました
お父さんもお母さんも
朝に夕に話されることは
結願祭の前に、共同作業をするので
芋を掘って、人夫の食料を準備しなさい
と言われました

川平村の場合は最初から神に捧げるイモ掘りが目的であるが、竹富島の場合は、結願祭の前に行われる共同作業の、人夫の食料となるイモ掘りとして場面が設定されている。しかし、場面としては現れないが、以下のやり取りから、この作業が神に捧げるイモ掘りであると推測することができる。

A家の○○は、（B家の）△△さんよ、△△さんよと、友人を誘う。二人は女で、

アッコンブリ（芋掘り、竹富）

一人は妊娠三か月であるという設定である。二人がイモ掘りを終え、休みながら恋の話やおなかの中の子供の話をしている中、彼女たちの話を小耳に挟みながら男が登場する。

俺は、C家の××です
A家の○○とB家の△△が
芋掘りに行ったので
芋を運びに行くところです

川平村の男二人は偶然の通りがかりであったが、竹富島の男は初めからイモ運びの目的で遣らされている。川平村の狂言では芋籠であったが、こちらは二つのモッコである。それを天秤棒で両側に下げ、肩に担ぐのであるがバランスが悪い。それに、男は先ほど耳にした女の腹の中の子供のことが気になってしようがない。あれやこれやで、勘違いやくいちがいが起り、行動が思いがけない方に展開する。その度に爆笑となる。
それでも、ついにイモの入ったモッコを担いだ男は、イモの豊作を神に感謝し、女たちに、〝お前たちは唄をうたえ、俺は囃子を入れよう〟と促す。女たちを前にして、男は踊りながら退場する。

申し上げます、神様申し上げます
こんなにも、芋の豊作を
賜ることができましたので
まず、最初に、六御嶽・八御嶽の

神様の前に、芋の初を上げ、残りは
私たちみんなでいただきます

（唄）
今年作った芋は　あちらを見ても
こちらを見ても　実っている
富貴であるよ　世果報であるよ
来夏作る　芋は
赤腹牛の　角のように
富貴であるよ　世果報であるよ

事例三　鳩間島（ピラ）

キツガンがイモの豊作と収穫を感謝する祝祭であることを、私たちは奉納芸能の中に見ることができる。このような奉納芸能は、だいたい冒頭部分でその祝祭の性格を示すものが定番として現れる。キツガンでは、初めに「ミルク節」・「ザピラキ（座開き）」があり、めでたい踊りが続く。

ミルク節は来訪神の祝福を授かる踊りである。「ザピラキ」は、小浜・竹富のシュンギンと全く同性格の演目である。この村の最長老と認ずる大主《うふぬし》役の男が登場し、御嶽の神々の加護で村中の者がからだ健康、農作物も満作だと口上を述べる。その後で、かぎやで風節をひとさし舞い、退場する。かぎやで風節は、今日の喜びはしぼんだ花が再び開くようだと歌い、沖縄地方では祝宴の最初によく踊られる。

その後で、「ピラ」と呼ばれるキョンギン（演劇）が出される。ピラは「へら」で、主に草取りや苗植えに使用される農具である。バショウ布の着物を着け、ワラ縄でたすき掛けした素足の男が大きなピラを持って登場する。舞台中央に来ると一礼して次のように口上を述べる。その後でイモ畑の草取りの所作で舞い、退場する。キツガンが、イモの収穫を中心として行われていることを示す芸能である。

くりや	これなる者は
くぬむらぬ	この村の
むじくいくーさ	畑作に精を出す
はまさちどぅやる	浜崎という者である
さてぃ	さて
わったー	われわれが
へーさんでうむれ	早いと思ったら
むらがしらぬちゃー	村頭の皆さまが
へーくんでな	早々とおいでになっている
さてぃ	さて
わったーし	われわれが

ザピラキ（座開き、撮影・提供：富里勝行氏）

ピラ（鐴、撮影・提供：平井順光氏）

ちくてーる
かんだー
どぅーどぅー
みぐとぅやっさ

かたばるぬ
がにぬ
あなかち
あぎてねーし
どぅーどぅー
みぐとぅやっさ

んだ
まじてぃちぇー
ふってぃんだ
（ここで土を掘り起こす所作）

さてぃさてぃ
さんせーなる

作った
イモは
堂々と
見事である

潟原（干潟）の
蟹が
穴を掘って
上げてあるように
堂々と
見事であるよ

どれ
まずひとつ
掘ってみよう

さてさて
三歳なる

んまぐゎーぬ　馬の
はちまらはんちゃんねーし　陰茎に似て
どぅーどぅー　堂々と
みぐとぅやっさ　見事であるよ

むちぬぶてぃ　持ち上って
むらじゅーにみしてぃ　村中に見せ
みじらさんしみてぃ　珍しくもさせ
ひるまさんしみてぃ　不思議にもさせ
ちくらさにはしまん　作らさねばなるまい

んだ　どれ
まじてぃーちぇー　まずひとつ
んむぐさそーてぃんだ　イモ草を取ってみよう
（ここから芋畑の草を取る所作で舞う）

プールとキツガンは、結局性格的には同じ祭事である。どちらも願解きの祭事とされる。ただプールはイネ・アワ・マメが主となり、キツガンにおいてはイモが主となる。これを農耕年の中で考えてみると興味深いことが見えてくる。キツガンの前にはクンガチクニチがある。クンガチクニチはイモの初を大鉢に盛り、神に捧げて収穫を感謝する祭事であった。一方プールの一月前、五月にはイネの初穂を神に捧げるスクマの祭事が行われる。そのスクマに、イモの初を神に捧げるクンガチクニチの祭事が対応しているのである。そしてそれぞれの後にキツガンとプールが行われ、この二つが対応している構図となる。

（二）　農作業と農具の整備―小浜島

先述の三つの事例はイモで、農作物であった。小浜島の「カンザクキョンギン」（鍛冶狂言）・サクホーキョンギン（作方狂言）は農作業そのものと、農具の製作・整備を芸能化したもので、ストーリーがある。この二つの演目は、キツガンの性格とその背景を考える上で興味深い。小浜島のキツガンは、シチとキツガンを一つにまとめて行われたといわれているが、この二つはそれぞれ、シチとキツガンの特色を生かす演目として演出されている。さらに考察するとその背景に、王朝時代の管理された農民の日常も見えてくる。プログラムの上ではカンザクキョンギンが先になっているが、逆にして述べることにする

サクホーキョンギン（作方狂言）

サクホーキョンギンは北部落・南部落で演じられているが。ここでは南部落の事例を挙げることにする。まずはあらすじ（前掲『小浜島の芸能』より引用）。舞台の上手奥よりシンジャナカシィが登場し、口上を述べる。ナカシイは公民館組織の中の役職名で、公民館長の指示で諸連絡などに当たる。シンジャは年上・先輩などの意。

私は南部落のナカシイ、〇〇である。村の区長・公民館長に呼ばれて、北部落・南部落を組分けして共

同作業をしなさいと言われた。三日の日程も今日までである。今日一日の作業を半日でさっさとやってしまって、午後からは行列を組んで行こうと思ってやって来た。

シンジャナカシィは、三人のウトゥトゥ（弟分、後輩）ナカシィを呼び、御前たちは今まで寝ていたのかと咎める。最初の相棒は、自分は一番鶏が鳴いた時からから起きて道具を準備して待っていましたと答える。二番目の相棒は、自分は二番鶏が鳴いた時から起きて待っていたと答え、三番目の相棒は、自分は鶏が外に歩き出してから起きて待っていたと、次々言い訳をする。

それでもシンジャナカシィは三人をいさめつつ、今日一日の作業を半日で終わって、午後からは行列の組を編成しようと仕事に駆り立てる。現場に着くと誰の畑から始めるか話し合うが、結局シンジャナカシの畑から始めることになる。これで、ユイマール（結い回る）で農作業をしていることが分かる。

この四人、性格も能力も互いに違うようである。シンジャナカシは上司（区長・公民館長）から任務を言いつけられるようにしっかり者、後の三人は起きてきた順に、少しずつ仕事に対する熱意がずれているように設定されている。仕事を始めると言葉や行動にくいちがいが生じ、それがコミカル（滑稽）な雰囲気を醸し出す。ショーとしてのキョンギンの演出は成功しているといえるであろう。作業を続けるなかで、シンジャナカシと相棒が次のように話す場面がある。

サクホーキョンギン

ささて、先輩（シンジャナカシのこと）
畑には黍が繁茂していて
鍬の歯が
たちそうもないよ

夏の共同作業は
そのような荒れた田や
荒れた畑を開墾するために
組んであるよ

シンジャナカシの言葉から、キツガンの性格を考えることができる（後述）。マミドーマの歌（農作業の過程が軽快な楽曲となる）が流れ、それに合わせながら作業を続ける。程なくしてターバサ（田ぶさ）が登場、口上を述べる。

私は、督励役の〇〇である
村の後輩たちを
作業に出したが
どうなったのか
検分をしにきて

その様子を報告しなさいと
指示されているので
行ってきて
検分をしようと
その様子を見に
出てきました

四人の案内で、ターバサは作業の仕上がりの検分を続け、幕の内へ入って行く。シンジャナカシが、「督励役が検分して報告に行かれたので、我々は黒島家のかどに行列を組みに行こう。」と誘うと、相棒たちも「そうしてください」と言って、四人は幕の内へ入る。

そして、キョンギンのフィナーレ(終幕)である。シンジャナカシがたびたび発していた行列なるものが登場する。旗頭を先頭にシンジャナカシと相棒三人、あとに鉦・三線引き・ターバサが登場する。一同は三線引きの「六調節」(テンポの早い踊り唄)の伴奏で舞台を一巡して退場するが、ターバサ一人は舞台に残り踊り続ける。ターバサ一人は天秤棒前に竹籠、後ろに蓑を結わえて担いで踊り、最後は自ら六調節の囃子を唄いながら退場する。

カンザクキョンギン(鍛冶狂言)

ターバサが六調節を踊りながら退場

鍛冶屋で農具の犂(すき)を依頼し、その犂を牛にひかせて畑の土を起こすという筋のキョンギンである。主要な登場人物はサクホーキョンギンと同様、シンジャナカシィと二人の相棒(ウトゥトゥナカシィという、弟分・後輩の意)の三人である。それに鍛冶屋のアヤー(親父)、犂を使う二人の農民の計六人である。場面は初めにシンジャナカシに続いて二人の相棒が登場し、鍛冶屋へ行く場面、次は鍛冶屋でカンザのアーヤとやり取りして犂の歯を直させる場面、そして最後は、二人の農夫がその犂を使って畑の土を起こす場面の三場面である。ここでは鍛冶屋での場面は簡略にして、最初の場面と最後の場面を中心に述べることにする(前掲『小浜島の芸能』参照)。

(シンジャナカシが登場し、一礼して口上を述べる)
私はこの村のナカシィである
シチ、世願い(キッガン)を済まし終えて
区長、部落会長から
農作業を一生懸命するように
言葉をかけていかれたので
農作業に出て行くには農具が第一
道具の刃先を研ぎ済まして出で立つものであれば
二日、三日ンかかってやる仕事も
一日、半日で済ませ
区長、部落会長からお褒めをいただくと思い

出て参りました

シンジャナカシは正面に向かって一礼し、奥に向かってウトゥトゥナカシィを呼ぶ。二人のウトゥトゥナカシィ登場、シンジャナカシが、おまえたちは朝早くと言っておいたのに今ごろ起きて来るのか、と咎める。二人のウトゥトゥナカシィは、私は暁から起きて牛、馬に餌をやってきましたと、同じことを次々に答える。シンジャナカシが、カンザのアーヤに道具の歯を研いでくださるようにお願いしてあるから、一人はアーヤを案内してきなさい、一人は供え物を用意してきなさい、と言いつける。

カンザのアーヤ登場、あなたは朝早くと言ったのに、今ごろ来るのかと咎める。四人はカンザのアーヤを先頭に舞台を回り、中央に腰を下ろす。カンザのアーヤのまえに鍛冶道具、ふいご・ハンマー・槌を置き、神酒を備える。カンザのアーヤが鍛冶の神に、立派な道具を作らせて下さいと口上を述べ、祈願する。

ああ尊、今日の佳き日に
尊い鞴《ふいご》窯様
聞き取り　受け取り下さいまして
金《かね》を使えば　きれいな金に
板を使えば　板金らしく
真ん丸金つかえば　きれいな真ん丸金に
相性良く　積み重ねよく
長さも幅も　餡餅《あんもち》の肌のように

勢いよく　伸ばしてくださるように
刃物を作れば　よくできて
走らせて下さい
ああ尊し

祈願が済むと、供えたお神酒をいただく。そして、四人は手拭を頭に締め、仕事にかかる。カンザのアヤーが、あなたは鞴《ふいご》を押しなさいと、シンジャナカシに支持する。シンジャナカシは鞴の取っ手を押したり引いたりしながら、陽気にクドゥチ（口説、歌の調子の一）をうたう。アーヤが、あなたは鞴を押せと言えば踊りをしているのか、とたしなめる。

ウトゥトゥナカシィが熱い鉄に触り、耳、耳と言ってシンジャナカシの耳をつかむ。シンジャナカシから、あなたは自分の耳ではなく、どうして私の耳をつかむのかと、ウトゥトゥナカシィが叱られる。

終始このようにあわてふためき、ばたばたしながらも仕事は進み、依頼した道具の歯は見事にできあがる。カンザのアーヤとシンジャナカシが、二人でそれを高く掲げて確かめる。四人は満足し、初めにカンザのアーヤとシンジャナカシが歌い（次）、続けてウトゥトゥカナシィ二人が歌いながら（唄省略）退場する。

生まれはふびんでも

カンザクキョンギン

咲けば花　絹の花
女童　我が島の
この歌　三線
請い請われ

二人の農夫が、牛に犂を引かせながら登場する（口絵）。カンザのアーヤに研いてもらった犂である。その旨を、口上で述べる。今日の朝、カンザのアーヤに道具の刃先を整えていただいたので、試してみようと出てきました。ウローンチィヌジラマ（歌謡名）の歌とともに給わりますので、皆さんも囃してください。と言って、二人が交互に歌う。それに、「皆さんも囃してください」と言われた皆さんが、囃子を入れる。「皆さん」は、居並ぶ長老たちである。私は二〇一七年のキツガンでその場を見、聞いていたが、感動的な場面であった。まるで、ステージでソリストが歌い、バックで大勢のコーラスが唱和する印象を受けた。少し煩雑にはなるが、厭わず、文字で再現してみる（実際は方言で唄われる）。

ウローンチィヌ（初夏）の　　ヘーイヤサー
若夏が　　ヘーシターリヨー
来ると　　ヨーナーエオー
早朝に　　ヘーイヤサー
朝まだきに　　ヘーシターリヨー

起き生気づき　ヨーナーエオー
東に向き　ヘーイヤサー
東方に向いて　ヘーシターリヨー
拝むと　ヨーナーエオー

デイゴの花は　ヘーイヤサー
明るく美しく　ヘーシターリヨー
咲いて　ヨーナーエオー

ユリの花は　ヘーイヤサー
白く美しく　ヘーシターリヨー
咲いて　ヨーナーエオー

それを見て　ヘーイヤサー
心嬉しく　ヘーシターリヨー
あることよ　ヨーナーエオー

これを見て　ヘーイヤサー

胸嬉しく　　　　　ヘーシターリヨー
あることよ　　　　ヨーナーエオー
（歌いながら、上手奥に退場する）

八重山地方では、農作業の一年のサイクルはシチに始まり、次の年の六月、農作物の収穫をもって終わることが慣習となっていた。この慣習は方式があったのではなく、農作物（主としてイネとアワ）の適切な栽培と安定した収穫を求めて、試行を重ねていくなかから生まれた知恵であった（第一部第一章）。
主たる農作物のイネは冬に種を蒔き、夏六月、台風が襲来する前に収穫する。イネの収穫から次の年のイネ作りのまでの間、つまり夏の農作業は畑にあった。農民の日常の営みが劇化され、キツガンの祝祭では定番となった。サクホーキョンギンではシンジャナカシが、「夏の共同作業は、そのような荒れた田や荒れた畑を開墾するために組んであるよ」、と述べていた
カンザクキョンギンでは、最初に登場する（シンジャ）ナカシが、「シチ、キツガンを済まし終えて、区長・部落会長から農作業を一生懸命にするように言葉をかけられた…」、と述べていた。この口上からは、二つの情報を読み取ることができる。一つは、先述の通り、シチは農作業の始めであったということである。そしてもう一つは、シチのことを語るこのキョンギンがキツガンの祝祭の演目となり、さらに定番となっていることから、シチとキツガンが一つにまとめて行われるようになったことも分かる。

サクホーキョンギンとカンザクキョンギンの背景

両キョンギンをさらに見ていくと、私たちの遠い先祖たちの日常が記憶として反映され、演出されている

ことも分かる。琉球王朝時代、首里王府は八重山を統治するため、出先機関としての役所、蔵元（くらもと）を置いた。現在の八重山支庁に当たる。蔵元は当初竹富島に置かれたが不便ということで石垣島の大川村に移され、それから登野城村に移されて明治時代まで続いた。

蔵元は、全八重山の村を行政的に三つに括って統治した。その括りを間切（まぎり）といい、間切発足当初の一六二九年、宮良・大浜・石垣の三間切には二五の村が括られていた。間切りの長をカシラ（頭）といい、その下に三〇〇人近くの役人が詰めていたという。古見・黒島・西表・波照間など、主要と思われる村には首里大屋子と呼ばれる役人が配置されたが、一般の村にはつぎのような役人と、百姓の中から選ばれた補助役がいた。

（以下の史料の引用は、『石垣市史叢書』による）

与人《ゆんちゅ》＝王府の地方役人の一つ。主に宮古・八重山に設置された。地頭ともいう。

目差《めさし》＝首里大屋子・与人を補佐する。

耕作筆者《こうさくひっしゃ》＝村に詰め、農事勧業にあたる役人。コウサクピシャ。

世持《よもち》＝五一歳以上になり、貢租の義務を免除された百姓（頭迦《ずはずれ》）の中から選ばれた役。村番所で、行政上の問題を処理した。田ぶさとともに、毎朝百姓を耕地へ出し、農耕を督励した。村の総代である。八重山地方ではユームチ、スーダイと呼ばれ、それに選ばれることはたいへんな名誉であったという。

田部《たぶ》さ＝近世、八重山で百姓の農作を監督し、その首尾を役人に報告する者。村により一～四人。

ところで、「参遣状」（八重山蔵元と王府との往復文書集）に次のような記述がある。この記述の前段には、八重山の百姓は田畑の手入れも粗雑で、台風のない年でも不作となって、少々刈り取った稲も食い尽くし云々、要するに八重山の百姓は怠惰であるというのである。冒頭の「それで」は、そのことを受けている。

それで今後百姓を近所の七、八人ずつで組をつくり、世持役が主取となり、百姓のうち五一歳以上の者でたしかな者を七、八人付け、村はずれ、道々の筋に小屋を作り、朝は辰時（午前七時）前に出て各人に書付の木札を渡し、晩は戌の時分（午後七時〜九時）に出て、百姓が帰り次第、右の木札を受け取って通すこと。もし朝に遅れた者はただちに尻をむちで打ち、役人に引き渡すこと（略）。

これは、首里王府から八重山蔵元への通達である。以後八重山では、百姓はそのように管理、監督された。サクホーキョンギンをこの通達に照らし合わせてみると、その通りの筋書きである。最初に登場するシンジャナカシは区長と公民館長に呼ばれて仕事を言いつけられる。この両者は、現在の自治行政の中の役職である。区長は役場から任命される者で、王朝時代の与人や目差の蔵元との関係に同じである。公民館長は元は部落会長と呼ばれ、部落民から選ばれた。こちらは昔の世持に当たる。

シンジャナカシやウトゥトゥナカシィは自主的に仕事に行くのではない。言いつけられていくのである。登場人物は三人であるが、「近所の七、八人ずつで組をつくり」に当たる。シンジャナカシが、「おまえたちは朝早くと言ったのに、今起きるのか」と、ウトゥトゥナカシィたちを咎めるのは、「朝に遅れた者はただちに尻をむちで打ち、役人に引き渡すこと」の、掟があるからである。

途中ターバサが出てきて、「私は、督励役の〇〇である」と、口上述べる。続けて、若い者たちを仕事に出したが、「どうなったのか　検分をしにきてその様子を報告しなさいと、指示されている」と、述べる。ターバサは、先に役職名で述べた「田ぶさ」である。キョンギンでは、その通りの役で出ている

カンザクキョンギンについては、初めにこの演目の位置づけについて考えてみる。カンザクキョンギンは、もともと竹富島で行われていたキョンギン（狂言）であった。今も竹富島では、民俗芸能として県内外でよく知られた「種子取祭」で行われている。竹富島の人々とどのような交渉があったかは知らないが、その演目を、小浜島でも行うことにした（という）。

竹富島の種子取祭は、毎年シチ（己亥の日）から四九日目の「戊子の日」に行われる。往古シチは正月で、ムヌスクリ（農作業の）の始めであった。竹富島で行われているカンザクキョンギンはその定め、慣習を反映して行われているのである。

小浜島の人々が、この演目を移して行うようになったのも意図は同じであろう。小浜島のキッガンは、シチとキッガンを一つにして行うようになったという。それゆえ、キッガンの初日は「アーラシッ」と言われる。若い世代には理解できなくなりつつあるとも聞かれるが、それでも祭儀の中では「シチィングトゥ・ユーニンガイ」と唱えられ、その趣旨が生きている。キョンギンの中でシンジャナカシが、区長・部落会長からシチ祭り・ユー願いを済ませたから仕事を一生懸命するように言われたのは、シチが一年の仕事始めであるという認識があるからである。

次はこの演目の歴史的背景について。「富川親方八重山島諸村公事帳」の中に、次の記述がある。富川親方は、王府から八重山に派遣された検使（行政監察官）であった。この通達が背景にあって、カンザクキョンギンは演出されている。

農具が丈夫でなければ耕作は思うようにできない。手入れに気をつけるようにいつも指示すること。年に二度の浜下りに百姓がすべて集まる時、耕作筆者が調べて、手入れをしていない者はすぐに科鞭五つに処すること。

カンザクキョンギンにおいても主要登場人物は三人、シンジャナカシとウトゥトゥナカシィ二人である。シンジャナカシがやはり区長・部落会長から言いつけられる。しかし、今度は具体的な仕事ではない。農作業を一生懸命するようにという指示である。彼はウトゥトゥナカシィ二人を呼んで鍛冶屋へ行く。しかし、新しい農具を作らせるために行くのではない。

シンジャナカシは、「農作業に出て行くには農具が第一、道具の刃先を研ぎ済まして出で立つものであれば、二日、三日かかってやる仕事も一日、半日で済ませることができる」、と考える。彼の脳裏には、日頃指示されている〔農具の手入れ〕と、耕作筆者が調べて、「手入れをしていない者はすぐに科鞭五つ（むち打ちを五つ科す）に処すること」が浮かぶ。

練り上げられた祭り

シュビニガイとシチは、農作業の始めと終わりとして設定された祭りであった。それは、八重山地方の遠い先祖たちがイネ・アワのもっとも適した育成の時期を求めて、試行錯誤を繰り返していく過程でたどり着いた結論でもあった。シチに伴なっていた予祝祭（三日遊ぶなり）がプールとして行われるようになっても、その後の先祖たちは、そのままの形態で祭りを続けてきた。八重山地方という自然環境の中で、もっとも適した農作物の栽培方法だったからである。イネ・アワをほとんど作らなくなった今日でも、この祭りはどの村どの家でも、同じ時期にほとんど同じ形態で祭りが行われている。

しかし、キツガンは当初からシュブニガイと予祝祭を一体として、そのまま踏襲して行われるようになった祭りである。一年の農作業の始まるのはシチの後とされ、その間には特別の農作業はない。その故であろう、祭儀（ユングマリ・アサニガイ・御嶽回り）の形はプールと全く同じであるが、祝祭の形態はかなり違う。

プールは過去一年の農作業と収穫を反映し、それから一年の農作業の順調と豊作を祈願する。一年の農作業と収穫の過程が表象され、演出された歌舞、芸能が豊かに蓄積されている。さらに、新しく趣向を凝らした演目も自由に創造することができる。季節は六月、明るい太陽の下、プールの祝祭に挙げられる歌舞・芸能は明るく軽快で、そして賑やか、時には激しい。演舞する者も参列する村人も熱く燃える。〝プールのために一年を働く〟と、言われる。

それに対し、キツガンの祝祭はプールと比較すると荘重である。プールの祝祭は路地で行わるのが一般的であるが、キツガンの祝祭は特設舞台が設けられ、その上で特別の出演者が特別の演目を演じる。演目には「シュンギン」・「芋掘り狂言」・「サクホーキョンギン」・「カンザクキョンギン」などのように、一つの演目で十数分、二〇分を要するようなものがある。「御前風《ぐじんふう》」・「かぎやで風《ふう》節」・「鳩間中森・「古見の浦節」など、沖縄本島・八重山各地の古典芸能と称される演目が多く上り、プールの祝祭とは趣が異なる。厳かで、ゆったりとした雰囲気を醸し出す。季節は一〇月から一一月、北風が吹き始める頃である。〝明日からはまた、冷たい水の中に入り、田んぼを耕さないといけないね〟、と囁き合う。

私は、シチが仏教の伝来で二、三か月ずらして行われるようになった結果、シチに伴っていた予祝祭がシュビニガイに続けて行われるようになり、プールと呼ばれるようになったと見ている。この祭りの形態は、既述の通り一八世紀の中ごろには成立していた。現在キツガンの行われている村でも、この形態で祭りが行われていたはずである。それ以外に農耕行事はなかったからである。ところが、後にキツガンという祭りが創設された。この経緯から見ても、また現在のキツガンの形態から見ても。さらに、キツガンを行う村は限られている現状から見ても、キツガンの創設はそんなに古い時代には遡らないと考えている。

おわりに

東北大学大学院（前期博士課程）在学中、指導教官の鈴木岩弓教授に、祭りの研究をしてみたいと語ったことがあった。懇談の場で、何気なく交わした会話であったが、教授は、「大城さん、祭りの調査は、祭りの終わった次の日から次の年の調査が始まっているよ」、と言われた。

仙台から戻った直後から、これも前々からの夢であった郷里鳩間島の歴史と民俗を調査し、二〇一一年、『八重山鳩間島民俗誌』として世に出した。その後今回の調査・研究に入ったが、いざ踏み出してみて、改めて鈴木教授の言葉が強く思い返された。

祭りの研究には、特有のいくつかの困難が立ちはだかる。八重山の多くの年中行事（祭り）は農耕行事で、日（干支）を選んで行われる。同じ祭りは、たいてい同じ月日に行われる。したがって、同じ年に二つの村の調査を行うことはできない。私は、シチの調査で祖納村と川平村を訪ねたが、祖納村には三年、川平村には二年を要した。

祭りは、その核心に祭儀がある。村人の宗教的信条が根底にあり、概して保守的、排他的になる傾向がある。そのような環境の中へ入っていくには、人と人との絆が重要な要素となる。幸いにして、今回は導かれるように多くの人の紹介を受け、話を聞くことができた。

本書は、シチとプール・キツガンの記録ではなく、祭りの本質・本旨に迫るべく、分析と解釈に主眼を置いている。必然的に推測を伴う。言うまでもないが、推測は単なる憶測や恣意であってはならない。小松氏が主張するように、儀礼のコンテクストに従って論理を積み立て、結論を導いたつもりである。

本書の内容は新しく調査したデータに基づいているが、「日本民俗学会」に提出した以前の論稿に加筆して書き変えたところがある。第二部第一章の「事例一石垣村のオンプール」は「綱引き儀礼の伝承と変容」（『日本民俗学』二五五号)、第二章の「一　自治行政から生まれたムラプール」・「二　豊穣と降雨祈願のムラプール」は「御嶽祭祀の変化」(『日本民俗学』第二八二号)を、加筆して書き変えてある。本書の内容と構成に合わせ、読む人を想定して、読みやすく書き変えることにした。

しかし、本書の内容がこのようにまとまった形になるには、喜舎場永珣・比嘉盛章・牧野清・石垣博孝・波照間永吉・川平公民館をはじめ、先学の研究業績に負うこと大である。それなくしては、独り善がりにおちいらざるを得なかったであろう。改めて敬意を表し、感謝申し上げる。

調査現地では多くの人々のお世話になったが、特に次の方々からは多大なご支援とご協力をいただいた。心から感謝申し上げたい。(敬称略、順不同)

石垣市シカムラ

山城馨・光子夫妻、森永用朗・入嵩西整・石垣英和(故人)

川平

宇根永信・悦子夫妻

祖納

那根昂・大立つや子・宮良全修・宮良通晴・波照間用一・竹内世千美・出盛幸子・金城千鶴子・上地美子・

前泊明治(故人)

古見

親盛常雄・冨里邦弘・新盛基代子・冨里保雄

小浜

黒島精耕・棚原国次・新本光孝・棚原敦

竹富
高嶺方祐・狩俣恵一・山盛誠
大浜
下野英相・澄夫妻、広田辰雄
宮良
大盛吉
鳩間
鳩間真吉・屋嘉武雄・寄合富子（故人）・鳩間昭一（故人）・鳩間昭子（故人）
鹿児島市
松原武実
写真提供
比嘉信子（比嘉康雄夫人）・石垣佳彦・平井順光・市川規子・宮良文・荻堂久子・通事孝作・冨里勝行・冨里保雄
図版制作
山川健二

榕樹書林の武石和実社長については、私は個人的に、ある点から日頃尊敬申し上げている。私の本を出して下さるというケチな考えは毛頭ない。決して一般向けでない、読みやすくもない本を長年出版してきておられるからである。研究者にしてみれば、公私を問わず、これほどありがたいことはない。地方の出版社として、このように頑張っておられる姿に敬服するのである。

参考文献

安里　進『グスク・共同体・村』　一九九八　榕樹書林
東　勝実「曽於地方の民謡」『民俗研究』二号　一九五六　鹿児島民俗研究会
池　春相「韓国と沖縄の綱引における性戯性」『韓国と沖縄の社会と文化』　二〇〇一　第一書房
池谷望子・内田晶子・高瀬恭子『朝鮮王朝実録　琉球史料集成』　二〇〇五　榕樹書林
石垣　繁編『登野城村古謡集（第一集）』　一九九一　登野城ユンタ保存会
石垣　博孝「八重山諸島の綱引き」『八重山文化論集』第三号　一九九八　八重山文化研究会・「八重山の舟漕ぎ儀礼―西表島祖納のシチィ（節祭）―」『沖縄舟漕ぎ祭祀の民族学的研究』白鳥芳郎・秋山一編　一九九五　勉誠社
石垣　稔『八重山在来米栽培体験記』一九九二　八島印刷
石垣市史編集室　『石垣市史叢書』一（「慶来慶田城由来記」）・二（「与世山親方八重山島規模帳」）・三（「富川親方八重山島諸村公事帳」）・八（「参遣状抜書」上）・九（「参遣状抜書」下）・一三（「八重山島年来記」）　石垣市総務部
伊藤　幹治『稲作儀礼の研究』　一九七四　而立書房
稲村　賢敷『宮古島庶民史』一九五七　共同印刷社
上勢頭　亨『竹富島誌』　一九七六　法政大学出版局
上間貞俊・小底政市　『八重山大浜村の郷土誌』一九七七　レザール企画
大浜信賢　『八重山の人頭税』　一九七一　三一書房

小川　学夫「曲目より見た諸鈍芝居の流れ」『南島研究』第一〇号　一九六九　南島研究会
小野　重朗『十五夜綱引の研究』一九七二　慶友社
小野泰博ほか編　『日本宗教事典』　一九九四　弘文堂
折口　信夫「国文学の発生」『折口信夫全集』第一巻　一九五四　中央公論社
狩俣　恵一「石垣島川平村と竹富島の『芋掘り狂言』」『石垣島調査報告書』一　二〇〇三　沖縄国際大学南島文化研究所
川平公民館『川平村の歴史』　一九七六　城野印刷所
喜舎場永珣『八重山民俗誌』上巻　一九七七　沖縄タイムス社
『八重山古謡』上下　一九七〇　沖縄タイムス社
『八重山歴史』　一九五四　八重山歴史編集委員会
『八重山民謡誌』　一九六七　沖縄タイムス社
黒島　精耕『小浜島の歴史と文化』二〇〇〇　八島印刷
黒島　為一「石垣四箇村の村プールの起源」『石垣字誌』資料第一号　石垣字会
小松　和彦『異人論—民俗社会の心性』　一九九五　筑摩書房
佐々木高明『南からの日本文化』上　二〇〇三　日本放送出版協会
下地　馨『宮古の民俗文化』一九七五　琉球出版会
新城　敏男「仏教の伝播と信仰」『八重山の社会と文化』　宮良高弘編　一九七三　木耳社
瀬名波長宣『八重山小話』　一九七二　沖縄春秋社
薗田　稔『祭りの現象学』　一九九〇　弘文堂

高野辰之編　『日本歌謡集成』第七巻　一九八九　東京堂出版
竹富町教育委員会　『小浜島の芸能』　二〇〇六　文進印刷
　竹富町史第三巻『小浜島』町史編集委員会　二〇一一　南山舎
谷川　健一　「『鉄文化の南下』をめぐって」『シンポジウム沖縄の古代文化』大林太良・谷川健一・森浩一編
　一九八三　小学館
坪井　洋文　「神道的神と民俗的神」『神道思想史研究』　一九八三　明徳印刷出版
仲宗根幸市　「沖縄から六調を考える」『奄美六調をめぐって―徳之島から』山下欣一・松原武実・小川学夫
　編　一九九〇　海風社
仲松弥秀　『神と村』一九七五　伝統と現代社・『古層の村』一九七七　沖縄タイムス社
日本放送協会　町田佳聲「連綿たり元禄のはやり唄―五尺手拭管見―」『復刻日本民謡大観』第七巻　四国編
　一九七一・『日本民謡大観』第九巻　一九八〇　日本放送出版協会
波照間永吉　「古見のプーリィの祭祀と歌謡」『沖縄県立芸術大学附属研究所紀要』　一九九八　文進印刷
比嘉　盛章　「西表の節祭とアンガマ踊り」『南島』第一輯　八重山文化研究会　南島発行所
外間　守善・波照間永吉　『定本琉球国由来記』一九九七　角川書店
星　　勲　『西表島の民俗』　一九八一　友古堂書店
本田　安次　『沖縄の祭と芸能』　一九九一　第一書房
真栄田義見・三隅治雄・源武雄編　『沖縄文化史辞典』　一九七六　東京堂出版
牧野　清　『八重山のお嶽』一九九〇　あ～まん企画・『新八重山歴史』　一九七二　城野印刷所
町田　佳聲　「民謡漂流考」『日本の民謡と民俗芸能』　一九六七　音楽之友社

松原　武実「大隅八月踊の研究一　分布の問題」『地域総合研究』二〇〇二　鹿児島国際大学附属地域総合研究所
馬淵　東一「爬竜船について」『沖縄文化』第一六号　一九六四　沖縄文化協会
南方　熊楠「往古通用日の初め」『南方熊楠全集』第四巻　一九七五　平凡社
宮城　真治『古代の沖縄』　一九七二　新星図書
宮城　文『八重山生活誌』　一九七二　城野印刷所
宮家　準『宗教民俗学』　二〇〇〇　東京大学出版会
宮良　賢貞「根来神〝まゆん・がなしい〟について」『沖縄文化』　一九七一　沖縄文化協会
「八重山地方の夏祭り―石垣島字川平のプリィ―」『億縄文化』第九巻三号　一九七二　沖縄文化協会
宮良　高弘「八重山のいわゆる秘密結社」『南島史論―富村真演教授還暦記念論文集』　一九七二　琉球大学史学会
「八重山群島におけるいわゆる秘密結社について」『民族学研究』第二七巻第一号　一九六二　成文堂新光社
宮良高弘編『八重山の社会と文化』　一九七三　木耳社
宮良　當壮『八重山語彙』　一九八〇　第一書房
柳田　國男「先祖の話」・「日本の祭」『柳田國男全集』一三巻　二〇〇二　筑摩書房

【よ】

【ら】

【り】

【る】

【ろ】

【わ】

【を】

【ん】

【む】

【め】

【も】

【や】

【ゆ】

【は】

【ひ】

【ふ】

【と】

【な】

【に】

【ぬ】

【ね】

【の】

【た】

【ち】

【つ】

【て】

【す】

【せ】

【そ】

【き】

【く】

【え】

【お】

【か】

索　引

【あ】

【い】

【う】

【著者略歴】

1937年8月　八重山鳩間島に生まれる
1956年3月　沖縄県立八重山高等学校卒業
1961年3月　琉球大学教育学部初等教育科卒業
1961年4月　教職に就く
1985年4月　沖縄県教育委員会指導主事
1993年4月　沖縄県立八重山農林高等学校長
1995年4月　沖縄県立首里高等学校長
1996年4月　沖縄県立高等学校長協会長
1998年3月　沖縄県立首里高等学校長退職
2001年4月　東北大学大学院前期博士課程・文学部人間科学科入学
2003年3月　同学部同学科修了（宗教民俗学専攻）
2013年11月　瑞宝小綬章受章

【著　書】『八重山鳩間島民俗誌』（2011年8月榕樹書林）

八重山・祭りの源流　琉球弧叢書㉛

ISBN978-4-89805-201-3　C1339

2018年　6月18日　印刷
2018年　6月23日　発行

著　者　大　城　公　男
発行者　武　石　和　実
発行所　（有）榕　樹　書　林

〒901-2211　沖縄県宜野湾市宜野湾3-2-2
TEL 098-893-4076　FAX 098-893-6708
E-mail：gajumaru@chive.ocn.ne.jp
郵便振替　00170-1-362904

印刷・製本　（有）でいご印刷　Printed in Ryukyu